AF193435

IFCT186PO

SWIFT 4

IFCT186PO

SWIFT 4

Enrique Blasco Blanquer

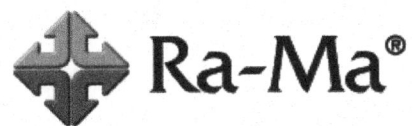

La ley prohíbe
fotocopiar este libro

IFCT186PO - SWIFT 4
© Enrique Blasco Blanquer
© De la edición: Ra-Ma 2025

MARCAS COMERCIALES. Las designaciones utilizadas por las empresas para distinguir sus productos (hardware, software, sistemas operativos, etc.) suelen ser marcas registradas. RA-MA ha intentado a lo largo de este libro distinguir las marcas comerciales de los términos descriptivos, siguiendo el estilo que utiliza el fabricante, sin intención de infringir la marca y solo en beneficio del propietario de la misma. Los datos de los ejemplos y pantallas son ficticios a no ser que se especifique lo contrario.

RA-MA es marca comercial registrada.

Se ha puesto el máximo empeño en ofrecer al lector una información completa y precisa. Sin embargo, RA-MA Editorial no asume ninguna responsabilidad derivada de su uso ni tampoco de cualquier violación de patentes ni otros derechos de terceras partes que pudieran ocurrir. Esta publicación tiene por objeto proporcionar unos conocimientos precisos y acreditados sobre el tema tratado. Su venta no supone para el editor ninguna forma de asistencia legal, administrativa o de ningún otro tipo. En caso de precisarse asesoría legal u otra forma de ayuda experta, deben buscarse los servicios de un profesional competente.

Reservados todos los derechos de publicación en cualquier idioma.

Según lo dispuesto en el Código Penal vigente, ninguna parte de este libro puede ser reproducida, grabada en sistema de almacenamiento o transmitida en forma alguna ni por cualquier procedimiento, ya sea electrónico, mecánico, reprográfico, magnético o cualquier otro sin autorización previa y por escrito de RA-MA; su contenido está protegido por la ley vigente, que establece penas de prisión y/o multas a quienes, intencionadamente, reprodujeren o plagiaren, en todo o en parte, una obra literaria, artística o científica.

Editado por:
RA-MA Editorial
Calle Jarama, 3A, Polígono Industrial Igarsa
28860 PARACUELLOS DE JARAMA, Madrid
Teléfono: 91 658 42 80
Fax: 91 662 81 39
Correo electrónico: *editorial@ra-ma.com*
Internet: *www.ra-ma.es* y *www.ra-ma.com*
ISBN: 979-13-8764-248-8
Depósito legal: M-5103-2025
Maquetación: Antonio García Tomé
Diseño de portada: Antonio García Tomé
Filmación e impresión: Safekat
Impreso en España en febrero de 2025

Con cariño para Mar, David y mi familia.

En especial para Alma,
por corregir cada una de estas palabras.

ÍNDICE

ACERCA DEL AUTOR

Enrique Blasco Blanquer (Alcoy [Alicante], 1986) es ingeniero técnico en Informática de Gestión por la Politécnica de Valencia (campus de Alcoy EPSA). En 2005 estudió el Ciclo Formativo de Grado Medio en Explotación de Sistemas Informáticos; en 2007, el Grado Superior en Desarrollo de Aplicaciones en CIP FP Batoi. En 2009 empezó en la EPSA UPV la Ingeniería Técnica en Informática de Gestión. Finalmente, en 2011 realizó el Máster en Aplicaciones Móviles Android e iOS en la escuela de nuevas tecnologías CICE de Madrid.

Durante un año estuvo desarrollando aplicaciones web en OSOLE Alcoy, trabajó en la creación de las aplicaciones para iPad de Room Mate Hoteles y Husa Hoteles para la empresa Concept TYC de Madrid. En 2012 empezó su carrera profesional como profesor en la escuela de nuevas tecnologías CICE en Madrid. Impartió durante cuatro años los cursos de web con HTML, CSS3, JavaScript, jQuery, PHP y MySQL, el curso certificado de ORACLE con Java SE y Java EE, así como el curso de desarrollo de aplicaciones móviles para iOS y Android, además del de diseño e implementación de aplicaciones hibridas utilizando Cordova PhoneGap. Al mismo tiempo trabaja como desarrollador en distintas aplicaciones para iOS y Android. Actualmente vive y trabaja en Valencia como desarrollador de sistemas SAP FRIORI utilizando la tecnología SAPUI5 en la empresa SEIDOR Valencia.

INTRODUCCIÓN

Dicen que la tecnología tiene vida propia. Nace, crece, aprende, envejece, muere y deja paso a tecnologías preparadas para el nuevo entorno; así sobrevive y sigue avanzando. Por eso somos responsables de seguir su camino estudiando los nuevos cambios y las nuevas necesidades del entorno. En esto, Apple es un experto.

Sus productos estrella —iPhone, iPad y ahora Watch— están en constante evolución. Cada año cambian tanto sus dispositivos como su sistema operativo y, por tanto, la forma en que se programa.

En el 2014 fue presentado un nuevo lenguaje de programación llamado Swift, un lenguaje seguro de desarrollo rápido y fácil de entender, creado por Apple enfocado al desarrollo de aplicaciones para iOS y MAC OS X.

Apple cambió nuestra forma de pensar y ver los dispositivos móviles, nadie, ni en las mejores películas de ciencia ficción, podría haber imaginado cómo terminarían influenciando nuestras vidas estas máquinas. Parte del éxito ha sido encontrar un gran equilibrio entre interfaz, diseño y rendimiento. Aplicaciones fáciles de usar e intuitivas, adaptadas al uso en constante movimiento, y una gran campaña publicitaria, han conseguido que parte de nuestras vidas se vea cambiada.

Los nuevos dispositivos de Apple están llenos de grandes posibilidades: GPS, mapas, cámara de fotos, sensores de movimiento, de aceleración… Con todo esto, una buena idea e imaginación podemos llegar a crear grandes aplicaciones. Pequeñas obras de arte para el uso diario, el entretenimiento o simplemente por la necesidad de crear. Por eso la programación, en mi opinión, es tan bonita, porque permite crear algo desde cero.

Pero para poder crear, primero tenemos que aprender. Este es el primer paso.

SOBRE EL LIBRO

Este libro está enfocado a que aprendas las herramientas básicas para el desarrollo de aplicaciones para iOS. Ejemplos prácticos que van evolucionando desde conceptos mínimos del lenguaje Swift hasta aplicaciones con conexión a base de datos, autenticación de usuarios y despliegue en la App Store.

Paso a paso se van introduciendo la gran mayoría de conceptos necesarios para poder tener prácticas con código simple y limpio. Al final del libro dispondrás de una gran variedad de pequeñas prácticas que juntas componen todo lo necesario para una gran aplicación terminada.

De forma visual y práctica aprenderás a desarrollar tus propias aplicaciones para empezar esta gran aventura del desarrollo. Pero gran parte del trabajo corre de tu cuenta. Tener motivación e ilusión, además de tiempo para realizar cada una de las prácticas, es esencial para el buen aprendizaje.

En cada tema del libro se explica el concepto teórico que se va a desarrollar, seguido de ejemplos prácticos para afianzarlo. Al final de cada práctica se sugiere un conjunto de retos o ampliaciones; es recomendable realizar alguno de ellos para aprender más sobre lo expuesto en las prácticas.

En la programación no se aprende hasta que uno se sienta a desarrollar sus propios proyectos. Por eso se necesita un tiempo para el desarrollo personal, un espacio agradable y tranquilo fuera de distracciones y redes sociales.

En el primer tema aprenderemos conceptos básicos sobre el lenguaje de programación Swift. Sintaxis y herramientas necesarias para el correcto aprendizaje en el desarrollo de aplicaciones en iOS.

En el tema 2 crearemos nuestro primer proyecto, aprendiendo el entorno gráfico de Xcode, la estructura de un programa, elementos básicos para la interfaz del usuario; y nos empezaremos a sentir cómodos experimentando la calidad de programar para iOS. También conoceremos el protocolo modelo-vista-controlador, muy importante para entender el funcionamiento y organización de un proyecto.

En el tema 3 aprendemos todas las herramientas para la creación de las vistas de nuestras aplicaciones y la navegación entre ellas. Con este tema podremos desarrollar nuestra primera aplicación completa con datos estáticos, es decir, textos planos introducidos por el desarrollador.

El tema 4 está enfocado a la consistencia de datos de forma local usando los conocimientos obtenidos hasta el momento. Empezaremos a desarrollar aplicaciones donde introducir datos, eliminar, listar y editar de forma permanente en nuestro dispositivo. Crearemos una aplicación completa para la gestión de notas personales.

En el tema 5, uno de los temas más complejos, entramos en el fascinante mundo del desarrollo de aplicaciones con datos en un servidor externo. Aprenderemos a montar nuestro propio *webservice* con PHP y a interactuar con nuestra aplicación en iOS por medio de XML para la creación, listado, eliminación y edición de datos de forma remota. Para afianzar todos los conceptos desarrollaremos una aplicación donde podremos enviar mensajes entre usuarios. Una vez llegados a este punto ya estaremos preparados para crear un gran abanico de aplicaciones.

En el tema 6 empezamos a exprimir las posibilidades de los dispositivos de Apple. Accederemos a la cámara y a nuestra biblioteca de fotos. También aprenderemos a reproducir audio y vídeo con Swift.

En el tema 7 entramos en el mundo de los mapas, aprenderemos a insertar un mapa en nuestras aplicaciones, a obtener la posición del dispositivo y a jugar con las grandes posibilidades que nos ofrece este mundo.

En el último tema aprenderemos a subir nuestras aplicaciones a la App Store para así poder compartir con todo el mundo nuestras pequeñas obras de arte.

Por último, quiero destacar que el mundo del desarrollo de aplicaciones es interminable, por lo que aquí no acaba todo, ahora toca desarrollar una aplicación para una necesidad real. Solo así, desarrollando, no dejaremos nunca de aprender y mejorar.

CONOCIMIENTOS PREVIOS

No hace falta ser un experto para desarrollar aplicaciones. Tener conocimientos previos de programación ayuda al mejor entendimiento y a un aprendizaje más rápido, pero no es necesario. Este es un libro práctico y visual con conceptos pensados para todos los públicos.

Quienes tengan conocimientos de programación encontrarán un libro donde aprender de forma rápida y clara los puntos fundamentales de toda aplicación en iOS.

Aquellos que ya desarrollen para iOS, pero con Objective-C, podrán tener una gran ayuda y un manual para encontrar las grandes diferencias en el desarrollo con Swift.

Si es la primera vez que te adentras en el mundo de la programación, este será tu primer paso en un gran mundo. Aquí se busca potenciar la motivación del desarrollador, al mostrarle sus pequeños programas en funcionamiento.

Pedimos y damos por supuesta la motivación del desarrollador, así como su dedicación.

REQUISITOS DEL SISTEMA

Para desarrollar las prácticas de este libro es necesario disponer de un Mac de Apple con OS X o superior, y tener instalado el entorno de desarrollo Xcode 7, ya que viene preparado para el lenguaje Swift.

No hace falta una gran máquina; en mi caso, todas las prácticas y el desarrollo se hacen sobre un MacBook Air de once pulgadas, y el rendimiento es más que suficiente:

OS X El Capitan
Versión 10.11.1

MacBook Air (11 pulgadas, mediados de 2013)

Procesador   1,3 GHz Intel Core i5

Memoria   4 GB 1600 MHz DDR3

Disco de arranque   Macintosh HD

Gráficos   Intel HD Graphics 5000 1536 MB

Es recomendable que el sistema esté actualizado, tanto el OS como el Xcode.

Las nuevas versiones traen pequeños cambios en la sintaxis del lenguaje, o nuevas funciones. Durante el tiempo de desarrollo puedes encontrarte con una actualización, lo cual obligará a introducir pequeñas variaciones en el código para que este se adapte perfectamente.

El código presentado en este libro funciona bajo Xcode 7.2.

También es recomendable, pero no obligatorio, contar con un dispositivo iPhone o iPad actualizado a la última versión del sistema operativo, para poder probar las aplicaciones. En Xcode viene integrado un simulador de dispositivos, pero la experiencia final debe probarse sobre un dispositivo físico. Además, probar las aplicaciones físicamente motiva a la hora del desarrollo, ya que ves en funcionamiento tus creaciones.

En el capítulo de base de datos con MySQL desarrollamos un pequeño *webservice* con PHP utilizando el entorno de desarrollo NetBeans 8.0.2 y MAMP para el servidor local.

NetBeans es un entorno de desarrollo para aplicaciones Java SE, Java EE, web y PHP entre otros. Es gratuito y funciona bajo plataforma MAC OS X. Llegado el momento explicaremos de dónde descargar la máquina virtual de Java, y los posibles problemas con ella.

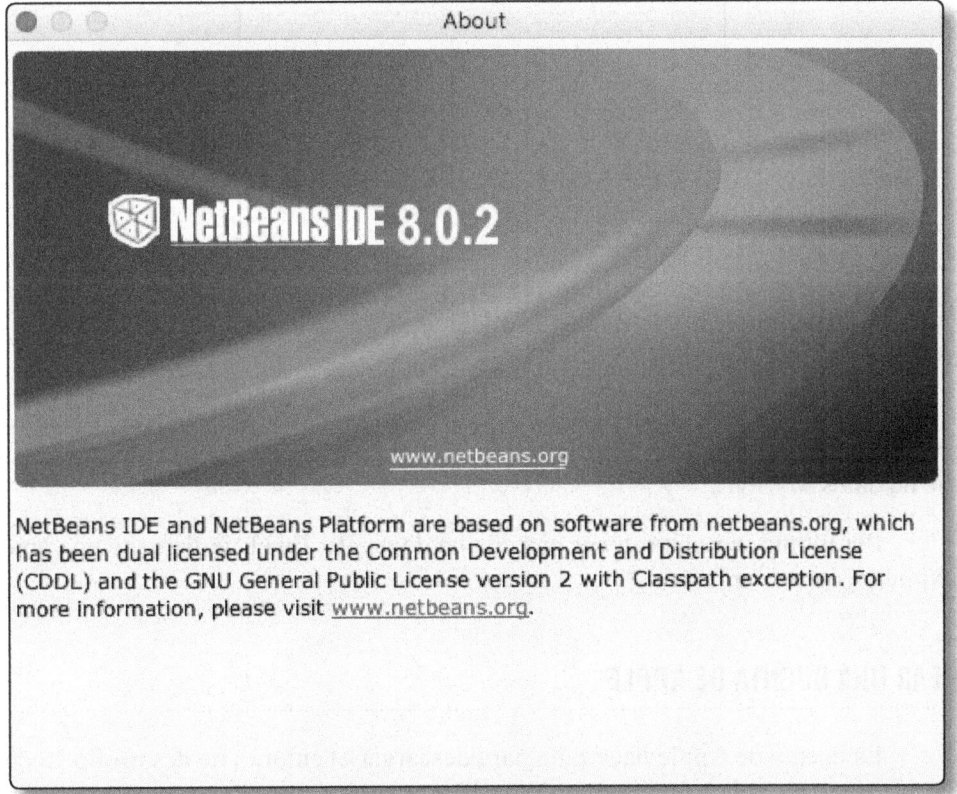

En este caso no tienes que usar NetBeans de forma obligada, dejo a tu elección el entorno de desarrollo para PHP.

Para crear un servidor local y así probar nuestras aplicaciones conectando a un *webservice* utilizamos MAMP para OS X, ya que es fácil de usar y bastante estable.

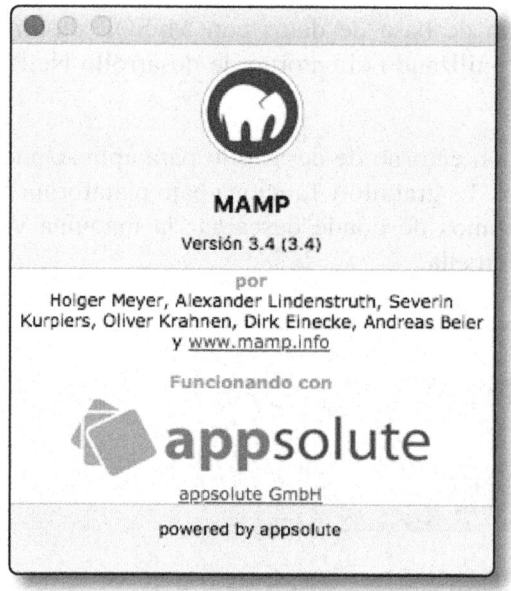

Al igual que con NetBeans, explicaremos en su momento dónde obtener el programa y su funcionamiento.

Existen otros programas, como XAMP, que realizan las mismas funciones, por lo que es de tu elección el uso del programa para lanzar un servidor local con base de datos MySQL.

Por último, necesitas tener una cuenta de Apple. En el siguiente tema vamos a explicar cómo crear una.

CREAR UNA CUENTA DE APPLE

La cuenta de Apple hace falta para descargar el entorno de desarrollo Xcode y probar nuestras aplicaciones en un dispositivo físico.

Es gratuito y muy fácil de hacer. Vamos a ver los pasos para obtener una cuenta (si ya tienes una ID de Apple, puedes saltarte estos pasos):

1. Accede por medio de tu navegador a la página *https://appleid.apple.com/* y entra en **Crear tu ID de Apple**.

2. Introduce todos los campos, como el nombre, apellidos, correo, etc. y presiona sobre **Continuar** (introduce un correo válido, ya que te enviarán un código de confirmación).

3. Accede a la dirección de correo que has puesto en el paso anterior y obtén la clave de confirmación.

4. Introduce la clave de confirmación y ya tendrás tu cuenta de Apple preparada.

PREPARAR EL ENTORNO DE DESARROLLO

Xcode es el entorno de desarrollo integrado de Apple. Incluye la colección de compiladores del proyecto GNU, y puede compilar código C, C++, Swift y Objective-C mediante una amplia gama de modelos de programación. Es la herramienta necesaria para el desarrollo de aplicaciones con iOS.

Antes de empezar lo tenemos que instalar de la App Store. El único requisito es tener instalada la última versión del OS de nuestro Mac.

1. Accedemos a la App Store y en el buscador introducimos "xcode".

2. Buscamos el programa en el resultado de búsquedas y presionamos sobre **Instalar**. El proceso depende de la conexión a Internet y puede llegar a tardar más de una hora en su descarga completa e instalación.

3. La instalación es automática, una vez descargado se procederá a la instalación del programa.

4. Una vez instalado, ya lo podemos encontrar en nuestra carpeta de aplicaciones. Si lo ejecutamos nos encontraremos con la pantalla de bienvenida:

Aquí podremos abrir proyectos existentes, crear un nuevo Playground, crear un nuevo proyecto o abrir un proyecto existente en un repositorio SCM.

Puedes ocultar esta ventana de bienvenida quitando el selector donde indica que se muestre al lanzar el Xcode.

Llegados a este punto, ya tenemos todo preparado para empezar con el desarrollo de aplicaciones iOS con Swift. ¡Buena suerte!

1

SWIFT

Swift es un nuevo lenguaje de programación para iOS, OS X, watchOS y aplicaciones tvOS basado en lo mejor de C y Objective-C, sin las limitaciones de compatibilidad de C. Añade patrones de programación segura y características modernas para que la programación sea más fácil, flexible y divertida. Con Swift han querido hacer borrón y cuenta nueva para poder re-imaginar el desarrollo de software.

Swift resulta familiar para los desarrolladores de Objective-C, no ha cambiado tanto la forma en que se desarrollan las aplicaciones, lo cual facilita el cambio del nuevo lenguaje. Adopta la legibilidad de los patrones con nombre de Objective-C y el poder del modelo de objetos dinámicos, esto posibilita combinar Swift con el código Objective-C. Con Swift se introducen muchas nuevas características y se unifican las partes procesales y de orientado a objetos del lenguaje.

Para los nuevos desarrolladores, Swift es muy amigable. Es el primer lenguaje de programación para software de altas prestaciones tan expresivo y agradable como un lenguaje de *script* sencillo. Es compatible con el Playground, una característica innovadora que permite a los programadores experimentar con el código y ver los resultados inmediatamente sin la sobrecarga del desarrollo de una aplicación.

En mi opinión, Swift ha conseguido ser un lenguaje de programación moderno, preparado para las nuevas generaciones y muy amigable, que consigue que nos centremos en la lógica de la aplicación y no en el lenguaje en sí. Es como disfrutar de conducir sin pensar en cómo se conduce el coche. Todo esto mezclado con la sabiduría de la cultura más amplia de la ingeniería Apple.

El compilador está optimizado para el rendimiento y el lenguaje para el desarrollo, sin comprometer a ambos. Por eso Swift es una inversión de futuro para todos los desarrolladores que queramos vivir en el mundo de Apple.

Tenemos que pensar que Swift es un "recién nacido", pero con la experiencia del más veterano. Por ello, nos vamos a encontrar con un lenguaje en constante evolución en las nuevas características y capacidades.

1.1 PLAYGROUND

Para empezar a conocer el nuevo lenguaje de Apple, Swift, tenemos que conocer "el parque infantil".

El Playground (parque infantil) es un entorno de codificación Swift interactivo que evalúa cada declaración y muestra los resultados cuando se realizan cambios sin la necesidad de crear un proyecto. Esto facilita mucho el aprendizaje del lenguaje, así como la puesta en práctica de pequeños algoritmos que quieras desarrollar para tu proyecto real. Se utiliza para aprender y explorar Swift, como piezas prototipo para una aplicación y para crear ambientes de aprendizaje. El entorno interactivo de Swift te permite experimentar con algoritmos, explorar las API del sistema e incluso crear vistas personalizadas.

Es, por todo esto, un entorno perfecto para empezar a experimentar con este fascinante lenguaje. ¡Manos a la obra!

En primer lugar vamos a ejecutar Xcode, donde nos saldrá nuestra ventana de bienvenida. De todas las opciones seleccionaremos **Get started with Playground**. En caso de que no aparezca la ventana de bienvenida podremos crear un nuevo Playground accediendo al menú de herramientas de Xcode, **File → New → Playground**.

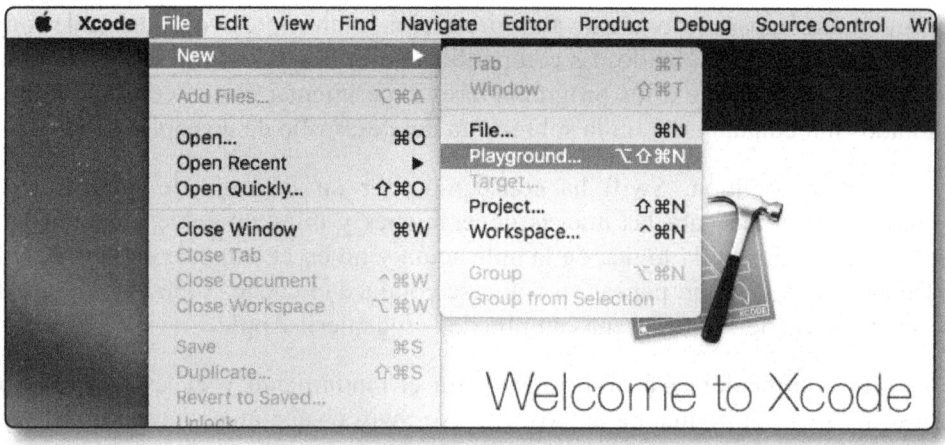

A continuación nos saldrá una ventana donde introducir el nombre de nuestro fichero Playground. En **Plataforma** podemos seleccionar para qué sistema operativo queremos experimentar, en nuestro caso iOS:

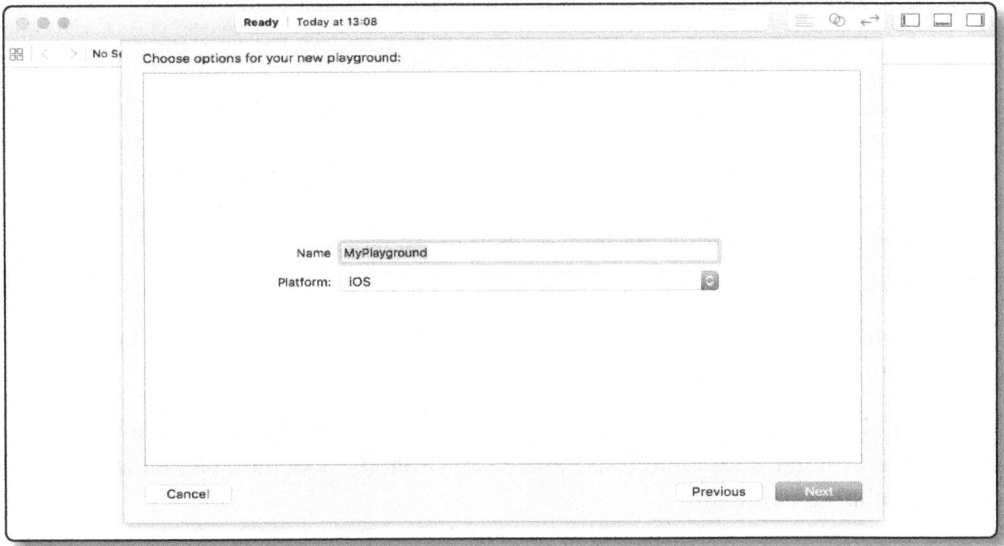

Presionamos sobre el botón **Next**, indicamos una ubicación para guardar el fichero y ya tenemos nuestro Playground preparado para estudiar:

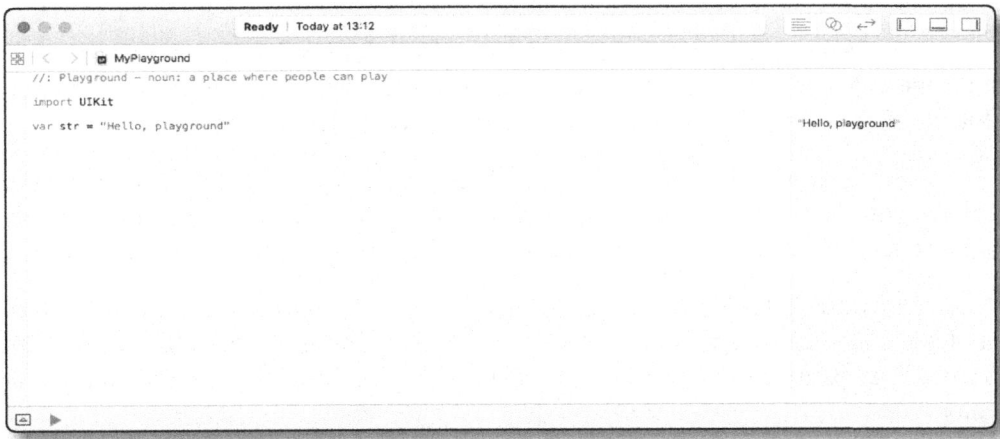

El Playground es como un bloc de notas moderno muy sencillo de usar. Tenemos en la parte de la izquierda, la pizarra, donde insertar nuestro código; en la derecha vemos línea por línea el resultado de dicho código cada vez que detecte un cambio.

Al iniciar un nuevo Playground nos encontramos con el siguiente código:

```
//: Playground - noun: a place where people can play

import UIKit

var str = "Hello, playground"
```

Tenemos un comentario con las dos barras //, sentencia de código que el compilador no interpreta. A continuación tenemos un **import UIKit**, esto añade a nuestro Playground un conjunto de funciones con respecto a la interfaz del usuario. Esta librería nos permitirá experimentar con elementos de la interfaz del usuario y aprender un poco más de ellas.

Finalmente nos encontramos con la definición de una variable llamada **str** con el valor **Hello, playground**.

Todos estos elementos los estudiaremos más adelante. De momento lo importante es notar que, junto a la línea de la variable, podemos ver, en la derecha de la pantalla, su contenido.

Con todo esto, vamos a empezar a ver los conceptos básicos del lenguaje.

1.2 BÁSICOS

Swift proporciona sus propias versiones de todos los tipos C y de Objective-C fundamentales, incluyendo **Int** para enteros, **doubles** y **flotas** para valores en punto flotante, **Bool** para valores booleanos y **String** para los datos textuales.

Al igual que C, Swift utiliza variables para almacenar y hacer referencia a valores con un nombre de identificación; así como las constantes, variables cuyos valores no se pueden cambiar, que son mucho más potentes que las constantes en C.

Swift introduce tipos avanzados que no se encuentran en Objective-C, como las tuplas, elementos que te permiten crear y pasar una agrupación de valores. Se pueden usar para devolver varios valores de una función como si fueran un único valor.

Una parte un poco más complicada de entender son los valores opcionales, algo novedoso en Swift; son comparables a los valores nulos en Objective-C. Son los valores encargados de ocupar la ausencia de un valor en una variable no solo de una clase sino de cualquier tipo. Son más seguros que los punteros nulos de Objective-C.

1.2.1 Comentarios

Usamos los comentarios para incluir texto no ejecutable en el código, como una nota o recordatorio. Los comentarios son ignorados por el compilador Swift cuando se compila el código.

Los comentarios en Swift son muy similares a los de cualquier otro lenguaje de programación, para emplearlos hay que introducir la doble barra inclinada al principio de una línea (//) y comentar la sentencia. En caso de más de una línea utilizamos /* al principio de la sentencia y terminamos con */.

```
//Experimentando con el lenguaje Swift

/*
    Comentarios con muchas líneas
    Podemos escribir un texto explicativo o recordatorio
*/
```

1.2.2 Constantes y variables

Las constantes y variables son espacios en memoria de la máquina con un nombre asociado a un valor de un tipo particular. Las constantes son variables que no pueden cambiar su valor una vez está establecido, mientras que en una variable se puede establecer un valor diferente en cualquier momento.

Para poder usar las constantes y variables, antes se tienen que declarar, proceso muy sencillo en Swift. Para declarar una variable constante tenemos que usar la palabra reservada **let** seguida del nombre de la constante y un valor. Para el caso de las variables se utiliza la palabra reservada **var**. Vamos a ver un ejemplo. Introducimos en nuestro Playground las siguientes sentencias de código:

El código se lee de la siguiente forma:

```
var numDeMascotas = 2 //variable
let numPI = 3.1416 //constante
```

Hemos creado una variable llamada **numDeMascotas** con el valor asociado 2. Después hemos declarado una constante llamada **numPI** con el valor 3.1416.

Antes de seguir vamos a prestar atención a varias cosas en la declaración de las variables.

1. Los nombres que pongamos a nuestras variables deben empezar por minúsculas sin acentos y sin espacios en blanco.

2. No hace falta terminar la sentencia con un punto y coma.

3. La notación correcta para definir valores es con un símbolo igual (=).

4. Los números se introducen sin comillas. El punto es el separador de los decimales.

5. Las cadenas o valores alfanuméricos han de ir entre comillas dobles; si queremos definir un carácter, podemos poner el valor entre comillas simples.

También podemos declarar múltiples constantes y variables en una línea, separadas por comillas:

```
var x = 29.0, y = 1.72, z = 65.7
```

En Swift se hace mucho hincapié en usar constantes si el valor de la variable no va a modificar su valor. Las variables se utilizan solo para almacenar valores que deben ser capaces de cambiar. A lo largo de los proyectos, el compilador marcará aquellas variables que no cambian en su valor, sugiriendo que lo modifiques con la declaración **let**, constante. Ya que de esta forma optimizamos mucho mejor nuestras aplicaciones en cuanto a memoria y rendimiento.

La función print()

Finalmente, para poder pintar una variable o constante utilizamos la función **print(nombreVariable)**:

```
print(numDeMascotas) //pintando 2
```

La función **print** permite imprimir uno o varios valores por la consola del compilador. Por defecto, la función termina la línea que se imprime con un salto de línea (**/n**).

Con Swift podemos usar interpolación de cadenas para incluir el nombre de una constante o variable como un marcador de posición de una cadena más larga envolviendo la variable o constante entre paréntesis y con una barra invertida al principio:

```
print("El número de mascotas es: \(numDeMascotas)")
```

Esta sentencia pintará "El número de mascotas es: 2".

1.2.3 Tipos de anotaciones

En la declaración de las variables anteriores podemos observar que no hemos indicado el tipo de variable que podemos almacenar. Esto nos facilita a la hora de declarar una variable de la que no sabemos el tipo de valor, pero en ocasiones necesitamos anotar qué tipo de valor puede almacenar para conseguir una seguridad en nuestro programa. En Swift, como en otros lenguajes de programación, tenemos lo **String**, **int** y **dobule**, **Boolean** para los diferentes valores de una variable.

Para poder definir una variable o constante indicando el tipo se introducen dos puntos después del nombre seguido de un espacio en blanco y del nombre del tipo que se va a usar.

Vamos a declarar una variable llamada **nombre** que puede almacenar valores de tipo **String**, es decir, un valor textual:

```
var nombre : String
```

Ahora la variable nombre puede contener cualquier valor de tipo cadena sin error:

```
nombre = "Enrique"
```

También podemos definir múltiples variables del mismo tipo en una línea de código, separados por comas con el tipo de anotación al final de los nombres de las variables:

```
var peso, altura: Double
```

1.2.4 Números enteros

Las variables y constantes de tipo enteros pueden almacenar valores numéricos no decimales positivos, cero o negativos.

```
let min = UInt8.min //igual a 0
let max = UInt8.max //igual a 255
```

Con Swift podemos asignar números enteros de 8, 16, 32 y 64 bits.

En muchas ocasiones no queremos especificar el tamaño del número entero. Swift ofrece un tipo entero adicional, el **Int**:

```
let numTransportes: Int = 6765
```

64 bits obtiene el tamaño de un **Int64**. A menos que se necesite trabajar con un tamaño específico de número entero, se recomienda utilizar el **Int** para valores enteros. Esto ayuda a la consistencia del código, incluso en plataformas de 32 bits. **Int** puede almacenar cualquier valor comprendido entre -2147483648 y 2147483647, un rango lo suficientemente grande para almacenar una gran cantidad de números enteros.

1.2.5 Números de punto flotante

Los números de punto flotante son números con decimales, positivos y negativos.

Los tipos de punto flotante pueden representar una gama mucho más amplia de valores que los tipos enteros. En Swift existen dos tipos de número con punto flotante:

1. **Double**: Representa un número de 64 bits con una precisión de unos 15 dígitos decimales.

2. **Float**: Representa un número de 32 bits con una precisión de unos 6 dígitos decimales.

El tipo de punto flotante apropiado depende de la naturaleza y el rango de valores que necesita para trabajar en el código. En situaciones en las que cualquiera de los tipos sería apropiado se prefiere el **Double**:

```
let peso: Double = 65.5678
let altura: Float = 1.765
```

1.2.6 Booleans

En Swift existe un tipo booleano básico llamado **Bool** cuyo valor puede contener **true** o **false**:

```
var elCieloEsAzul : Bool = true
var elSolEsAmarillo : Bool = false
```

Los valores booleanos son particularmente útiles cuando se trabaja con sentencias condicionales tales como la sentencia **if**:

```
if elCieloEsAzul {
    print("El cielo es azul")
```

```
}else{
    print("El cielo NO es azul")
}
```

1.2.7 Tuplas

Las tuplas permiten contener múltiples valores en un único valor compuesto. Los valores dentro de una tupla pueden ser de cualquier tipo y diferentes entre sí:

```
var http404Error = (404,"Not Found")
```

En este ejemplo vemos una tupla con un entero y una cadena de texto separados con una coma y entre paréntesis. Se pueden crear tuplas de cualquier permutación de tipos, y pueden contener tantos tipos diferentes como se desee.

A la hora de declarar una tupla, no solo ha creado nuestra variable con valores múltiples, sino que les ha asignado un índice a cada uno de manera automática empezando por la posición 0.

En este caso ha asignado el valor 0 para el entero y el valor 1 para el texto, es decir, en caso de que queramos pintar los valores de la tupla, introduciremos lo siguiente:

```
print(http404Error.0) //pinta 404
print(http404Error.1) //pinta Not Found
```

Si queremos cambiar un valor, solo tenemos que asignar un nuevo valor al índice directamente:

```
http404Error.1 = "Página no encontrada"
print(http404Error.1)
```

Debemos tener cuidado en no acceder a valores de índice que no existen, ya que provocaría un error.

El uso de índices puede no ser muy fácil de recordar por parte del programador. En caso de tener muchos elementos dentro de la tupla podemos olvidar qué posición ocupa un determinado valor. Para solucionar esto, Swift proporciona la capacidad de nombrar los elementos de la tupla para no tener que recordar el orden en que fueron puestos a la hora de declarar:

```
var http404Error = (error: 404,mensaje: "Not Found")
```

Ahora hemos puesto un nombre a cada uno de los valores de la tupla. Internamente para Swift siguen teniendo un índice por posición (0,1) pero ahora el programador puede acceder al valor de los elementos introduciendo el nombre; así, el código es más fácil e intuitivo:

```
print(http404Error.error)
print(h
                    Int error
          String mensaje
```

1.2.8 Opcionales

Los opcionales se utilizan en situaciones en las que un valor puede estar ausente.

Este concepto no existe en C u Objective-C. Lo más cercano en Objective-C es **nil**, que significa la ausencia de un objeto válido. Sin embargo, esto solo funciona para objetos y no para tipos básicos o valores de enumeración. Para estos tipos, normalmente, devuelven en Objective-C un valor especial (**NSNotFound**) para indicar la ausencia de un valor. Los valores opcionales de Swift permiten indicar la ausencia de un valor de cualquier tipo sin la necesidad de constantes especiales.

Vamos a ver un ejemplo de cómo usar opcionales para hacer frente a la falta de un valor:

```
let numString = "123"
let numInt = Int(numString)
```

Vemos que tenemos una variable **numInt** en la cual estamos intentando transformar un tipo **String** en un **Int.** Esto es un poco peligroso, ya que no todas las cadenas se pueden convertir en un número entero. En este caso se puede, pero con una cadena como, por ejemplo, "Hola mundo" no podríamos.

Debido a que la conversión puede fallar, la función **Int(numString)** devuelve un **Int** opcional, en lugar de un **Int.**, lo que significa que puede contener un valor **int** o ninguno. Se evitan así posibles errores:

```
var variableOpcional : Int?

variableOpcional = 123
variableOpcional = nil
```

Para declarar una variable que pueda contener un valor opcional se pone el símbolo de cierre de interrogación (**?**) después del tipo de variable. En el ejemplo anterior no tenemos un tipo **Int**, sino **Int?**

Podemos observar que la variable opcional puede contener el valor entero o un valor **nil** (un valor vacío). En caso de declarar un variable opcional y no asignar un valor inicial, Swift asigna el valor **nil** de forma automática.

Ahora vamos a pintar el valor de una variable opcional:

```
print(variableOpcional)                              "Optional(123)\n"
```

Podemos observar que al pintar una variable opcional no se pinta el valor, sino que se introduce la palabra **Optional(123)** con el valor en el interior de los paréntesis. Para poder acceder al valor real de una variable opcional tenemos que utilizar el símbolo de cierre de exclamación (!) al final de la variable. De esta forma forzamos el desempaquetar el valor de una opcional:

```
if variableOpcional != nil {
    print(variableOpcional!)                         "123\n"
}
```

Ahora sí que vemos el valor real de la variable.

El forzar una variable opcional para obtener un valor que contenga **nil** puede provocar un error en tiempo de ejecución, por eso se recomienda comprobar que el valor es distinto a vacío antes de forzar el obtener el valor.

Llegados a este punto ya tenemos los conceptos básicos en el lenguaje Swift:

1. Comentarios
2. Variables y constantes
3. Tipo de variables y declaración
4. Función **print**
5. Números enteros
6. Números de punto flotante
7. **Booleans**
8. Tuplas
9. Opcionales

El siguiente paso son los operadores y expresiones. ¡Tómate un descanso antes de seguir!

1.3 OPERADORES Y EXPRESIONES

Los operadores en Swift son los mismos que en cualquier otro lenguaje, el símbolo que se utiliza para comprobar, cambiar o combinar valores.

Existen tres tipos diferentes de operadores:

1. **Unarios**: aquellos operadores que operan en un solo valor. Los unarios prefijo aparecen inmediatamente antes de su destino (por ejemplo, **!a**); luego tenemos los unarios postfijos sencillos, aquellos que aparecen inmediatamente después de su objetivo (por ejemplo el incremento en uno, **a++**).

2. **Binarios**: los operadores más comunes, ya que operan con dos valores, por ejemplo, **a + b**.

3. **Ternarios**: operadores que operan en tres valores. En Swift existe un único operador ternario, el operador condicional **a ? b: c**

1.3.1 Operador de asignación

El operador de asignación es aquel que inicializa o actualiza un valor **b** con el de **a (b = a)**.

```
let a = 20                                                    20
var b = 4                                                      4

b = a                                                         20
```

A diferencia del operador de asignación de C y Objective-C, en Swift no devuelve ningún valor, de esta forma no lo confundimos por error con el operador de comparación (==):

```
if a = b {
    //error al usar un operador de asignación y no de
        comparador
}
```

1.3.2 Operadores aritméticos

Los operadores aritméticos son los más comunes y fáciles de usar.

1. Sumar (+)

2. Restar (-)

3. Multiplicar (*)

4. Dividir (/)

5. Resto (%)

```
1 + 2 //suma                               3

6 - 4 //resta                              2

2 * 2 //multiplicar                        4

20 / 10 //dividir                          2

4 % 2 //el resto de una división |         0
```

1.3.3 Operadores de incremento y decremento

Los operadores de incremento y decremento son operadores unarios que aumentan (++) o disminuyen (--) el valor de una variable numérica en uno:

```
var i = 0                                  0

let b = ++i                                1

let c = i++                                1

print(i)                                   "2\n"
```

Cada vez que se llama al operador, el valor de la variable se incrementa o disminuye en uno. Los operadores de incremento y decremento son atajos para decir **i = i +1** y **i = i-1**, respectivamente.

Debemos tener en cuenta que estos operadores modifican el valor de la variable en la cual operan y podemos colocar el operador delante o detrás de la variable:

1. **Antes de la variable**: se incrementa la variable antes de devolver su valor.

2. **Después de la variable**: se incrementa la variable después de obtener su valor original.

1.3.4 Operadores de asignación compuestos

Los operadores de asignación compuestos son aquellos que combinan asignación (=) con otra operación:

```
var a = 1                                                           1
a += 2                                                              3
```

La operación $a + = 2$ es una abreviatura de $a = a + 2$. Lo único que debemos tener en cuenta es que las operaciones de asignación compuestas no devuelven un valor, por lo que no podemos asignar a una variable la operación compuesta **b = a+=2**.

1.3.5 Operadores de comparación

Los operadores de comparación son aquellos que comparan dos valores y devuelven un valor booleano en caso de que se cumpla:

```
2 == 2                                                           true
2 != 1                                                           true
5 > 4                                                            true
2 < 7                                                            true
1 >= 1                                                           true
2<=1                                                             false
```

Los operadores por sí solos no tienen mucho sentido, por lo que se suelen usar sentencias de condición:

```
let edad = 20                                              20

if edad >= 18 {
    print("mayora de edad")                        "mayora de edad\n"
}else{
    print("menor de edad")
}
```

1.3.6 Operadores lógicos

Los operadores lógicos son aquellos que necesitan de la combinación de dos valores lógicos booleanos **true** y **false**, y devuelven un valor booleano resultante de la operación. En Swift existen los tres operadores lógicos estándar que se encuentran en lenguajes basados en C:

1. **NOT** lógico (**! a**)

2. **AND** lógico (**a && b**)

3. **OR** lógico (**a || b**)

Al igual que ocurre con los operadores de comparación, los operadores lógicos se suelen usar bajo una sentencia que contenga un condicional **if**.

El operador lógico **NOT** invierte un valor booleano donde un valor verdadero se convierte en falso, y a la inversa:

```
let isPlaying = true                                    true
if !isPlaying {
    print("PLAY")
}else{
    print("STOP")                                      "STOP\n"
}
```

El operador lógico **AND** genera un verdadero cuando ambos valores son verdaderos en la expresión. En otros casos siempre es falso:

```
let enteredDoorCode = true                                   true
let passedRetinaScan = false                                 false
if enteredDoorCode && passedRetinaScan {
    print("Welcome!")
} else {
    print("ACCESS DENIED")                                   "ACCESS DENIED\n"
}
```

El operador lógico **OR** se utiliza para crear expresiones lógicas en las que solo uno de los valores tiene que ser verdadero para que genere un valor verdadero. En caso de ser los dos falsos devolverá un valor falso:

```
let hasDoorKey = false                                       false
let knowsOverridePassword = true                             true
if hasDoorKey || knowsOverridePassword {
    print("Welcome!")                                        "Welcome!\n"
} else {
    print("ACCESS DENIED")
}
```

Se pueden combinar múltiples operadores lógicos para crear expresiones compuestas más largas:

```
if enteredDoorCode && passedRetinaScan || hasDoorKey ||
    knowsOverridePassword {
    print("Welcome!")                                        "Welcome!\n"
} else {
    print("ACCESS DENIED")
}
```

En resumen, los operadores en Swift son los siguientes:

1. De asignación (=)

2. De comparación (==, >, <, >=, <=, !=)

3. Aritméticos (+, -, *, /, %)

4. De asignación compuestos (+=, -=, *=, /=)

5. De incremento y decremento (++, —)

6. Lógicos (**&&**, **||**)

1.4 TIPOS DE COLECCIONES

En Swift tenemos los tres tipos de colecciones básicas: matrices, conjuntos y diccionarios para almacenar colecciones de datos.

▶ **Arrays**: son matrices ordenadas por un índice de valores:

```
var alumnos:[String] = ["Alumno 1","Alumno 2","Alumno 3"]
//array con tres valores  0          1           2
print(alumnos[0])
//pintamos el valor de la posición 0
```

▶ **Set**: conjuntos de colecciones no ordenados de valores únicos:

```
var escuelas: Set<String> = ["Escuela A", "Escuela B", "Es-
cuela C"]
//conjunto con tres elementos
if(escuelas.contains("Escuela A")){
    print("Tenemos la Escuela A")
}
```

▶ **Dictionary**: diccionarios de colecciones no ordenados con asociaciones clave-valor:

```
var jugadores: [Int:String] = [1:"Portero",2:"Defensa"]
//los diccionarios tenemos una clave única y su valor
print(jugadores[1]!)
```

El uso de cada uno de ellos depende de la naturaleza de los conjuntos de datos. Si la ordenación es importante y los datos se pueden repetir, se suele usar una matriz. En los casos en que sabemos de antemano que los datos son únicos, usamos el conjunto; y en aquellos casos en que los valores van asociados por una clave única, usamos el diccionario.

Ahora vamos a estudiar cada uno de ellos y algunas de sus características básicas.

1.4.1 Arrays

Un *array*, o matriz, almacena valores del mismo tipo en una lista ordenada. El mismo valor puede aparecer en una matriz en diferentes posiciones.

Podemos crear una matriz vacía indicando el tipo de valores que puede almacenar:

```
var matriz = [Int] ()
```

De esta forma hemos creado una matriz que puede almacenar valores enteros. Si quisiéramos una matriz que pudiera almacenar cualquier otro tipo de datos, tendríamos que indicarlo entre corchetes ([ ]; por ejemplo, [Tipo]). De momento tenemos una matriz vacía. En ocasiones nos podemos encontrar en alguna situación en la que solo queramos definir la matriz y más adelante introducir valores:

```
matriz.append(23)
```

Con la función **append(valor)** podemos añadir elementos a la matriz. Ahora tenemos una matriz que contiene una posición 0 con el valor 23 y ya podemos pintar su contenido indicando la posición del valor que queremos obtener:

```
print(matriz[0])
```

Observamos que el acceso y modificación de una matriz es un proceso simple. Vamos a ver otras características interesantes.

En muchas ocasiones nos interesa conocer el número de elementos que contiene la matriz para, de esta forma, saber si contiene datos o no. Para esto tenemos dos propiedades muy útiles:

1. **count**: propiedad para obtener el número de elementos de la matriz.

2. **isEmpty**: puede valer **true** o **false** para indicar si la matriz contiene o no datos.

```
var listaCompra = [String]()

listaCompra.append("Tomates")
listaCompra.append("Pizza")

print(listaCompra.count) //al contar tenemos dos elementos

if listaCompra.isEmpty {
    print("Lista vacía")
}else{
    print("Tenemos \(listaCompra.count) elementos")
}
```

Ya conocemos **append()** para añadir un elemento al final de la matriz, pero también podemos utilizar una operación de asignación compuesta para añadir muchos elementos en una misma sentencia (+=).

```
listaCompra += ["Queso","Tostadas","Chocolate"]
print(listaCompra.count) //Tenemos 5 elementos
```

Para modificar un elemento de la matriz tenemos que indicar la posición y el nuevo valor:

```
print(listaCompra[0]) //pinta tomates
listaCompra[0] = "Agua" //modificamos valor
print(listaCompra[0]) //pinta agua
```

Finalmente, para recorrer todos los elementos de una matriz utilizamos un bucle **for** muy sencillo:

```
for elemento in listaCompra{
    print(elemento)
          Agua

          Pizza

          Queso

          Tostadas

          Chocolate



}
```

Para poder mostrar el resultado de un bucle al recorrer una matriz tenemos que presionar sobre el símbolo + que aparece al lado del número de iteraciones, a la derecha del Playground:

De esta forma nos aparecerá el último resultado del recorrido. Finalmente, presionando el botón derecho sobre el resultado podemos seleccionar **Ver todos los datos**:

1.4.2 SET

Un conjunto almacena valores distintos de un mismo tipo en una colección sin orden definido. Se puede utilizar un conjunto en lugar de una matriz cuando el orden de los elementos no es importante o cuando es necesario asegurarse de que un elemento solo aparece una vez.

Al igual que ocurre con las matrices, podemos definir un conjunto vacío para un tipo de dato determinado:

```
var letras = Set<Character>()
```

En los conjuntos tenemos que indicar el tipo de dato de la colección entre antilambdas (son los símbolos $<$ y $>$; por ejemplo, <tipo>). Ahora, para insertar un nuevo elemento al conjunto utilizamos la función **insert(valor)**:

```
letras.insert("a")
```

Podemos acceder y modificar un conjunto a través de sus métodos y propiedades.

Utilizamos la propiedad **count** para averiguar el número de elementos del conjunto; y con **isEmpty** sabemos si es un conjunto vacío o no:

```
if letras.isEmpty {
    print("Conjunto vacío")
}else {
    print("Conjunto de \(letras.count) elementos")
}
```

Para eliminar un elemento del conjunto utilizamos el método **remove(valor)**, pero primero es recomendable saber si contiene un valor concreto con la función **contains(valor)**:

```
if letras.contains("a"){
    letras.remove("a")
}else {
    print("No tenemos la letra a")
}
```

Finalmente, para recorrer todos los elementos de un conjunto se utiliza el mismo bucle que en las matrices [antes podemos ordenar la lista con **sort()**]:

```
letras.insert("b")

for letra in letras.sort(){
    print(letra)
}
```

1.4.3 Diccionarios

Un diccionario almacena un conjunto de valor por asociación clave-valor. Utiliza un tipo de dato para especificar la clave, siendo valores únicos, y cada clave tiene vinculado un valor con un tipo de dato. A diferencia de las matrices, los elementos de un diccionario no tienen un orden específico. Se utiliza un diccionario cuando se necesita buscar valores en función de su identificación.

Para crear un diccionario vacío tenemos que indicar el tipo de dato para la clave y el tipo de dato para el valor:

```
//Diccionario
var provincias = [String:String]()
```

Podemos crear un diccionario con valores iniciales: **[clave1: valor1, clave2: valor2...]**:

```
// nombre :  [Clave : Valor] = ["CLAVE":"VALOR..."]
var paises : [String:String] = ["ES":"España","FR":"Francia",
"IT":"Italia"]
```

Al igual que ocurre con las matrices y los conjuntos, en los diccionarios tenemos disponibles dos propiedades para saber el número de elementos y si contiene datos o no, **count** y **isEmpty**:

```
//count
print("Tenemos \(paises.count) países")

//isEmpty
if paises.isEmpty{
    print("No tenemos países registrados")
}else{
    print("Existen países")
}
```

Añadir un nuevo elemento es tan sencillo como poner entre corchetes ["clave"] y una operación de asignación:

```
paises["GER"] = "Alemania"
```

Si la clave insertada es nueva, creará un nuevo elemento; si ya existe, la editará. En el caso de querer pintar un valor tenemos que indicar la clave del valor correspondiente:

```
print(paises["ES"])
```

Para eliminar un elemento del diccionario tenemos dos opciones, o igualamos a **nil** el valor de una clave específica o utilizamos la función **removeValueForKey()**:

```
//igualamos españa a nil
paises["ES"] = nil
//eliminamos italia
paises.removeValueForKey("IT")
//eliminamos todos
paises.removeAll();
```

Para poder recorrer todos los datos de un diccionario utilizamos el mismo mecanismo ya estudiado en las matrices y conjuntos. El bucle **for** nos permite recorrer uno a uno cada elemento del diccionario:

```
for (paisCode,paisName) in paises {
    print("\(paisCode) : \(paisName)")
}
```

En un diccionario tenemos la opción de recorrer todas las claves que contiene o sus valores de forma separada:

```
//Pintamos claves
for paisCode in paises.keys{
    print(paisCode)
}
```

```
//Pintamos valores
for paisName in paises.values{
    print(paisName)
}
```

Ya hemos estudiado de forma superficial los tres principales tipos de colecciones: *arrays*, **Set** y **Dictionary**.

Recordemos: son elementos capaces de almacenar un conjunto de valores, cada uno con unas características distintas:

1. **Propiedades**: con la propiedad **count** sabemos el número de elementos. Con **isEmpty** obtenemos un booleando indicando si está vacío o no.

2. **Arrays**: matriz con un conjunto de valores ordenado y por índices. Los valores se pueden repetir.

3. **Set**: conjunto de valores desordenados y únicos.

4. **Diccionario**: asociación clave-valor, sin un orden específico. Las claves son únicas, pero no sus valores, ya que se pueden repetir en dos claves distintas.

1.5 CONTROLES DE FLUJOS

Llegados a este punto tenemos claras tres cosas en Swift:

1. Variables y constantes

2. Operadores

3. Colecciones

Y ahora vamos a estudiar los controles de flujo, la última pieza para completar el lenguaje lineal de Swift.

En los controles de flujo tenemos dos grandes divisiones:

1. Bucles **for** y **while**

2. Condicional **if** y **swich**

Los bucles **for** ya los hemos visto para recorrer colecciones, pero ahora vamos a profundizar un poco más. También conoceremos y aprenderemos el uso del bucle **while** y sus variantes. Finalmente, terminaremos por conocer al famoso **if** y el control de flujo por casos, el **swich**.

1.5.1 Bucle for

Swift ofrece dos tipos de bucles para llevar a cabo un conjunto de instrucciones un cierto número de veces:

1. El **for – in** realiza un conjunto de sentencias para cada elemento de una secuencia:

```
for indice in 1...5{
    print(indice)
}
```

2. El **for** realiza una serie de declaraciones hasta que se cumpla una condición específica; por lo general, mediante el incremento de un contador:

```
for var i = 0; i < 20; i++ {
    print(i)
}
```

Usaremos el **for - in** en aquellos casos en los que queramos repetir una secuencia, tales como rangos de números, elementos de una matriz o caracteres de una cadena.

En el **for - in** tenemos que indicar un nombre para el índice y un número de iteraciones. Para el número de iteraciones tenemos dos opciones:

```
for i in 1 ... 5 {
    print("\(i) por 5 es: \(i*5)")
}
```

La primera es indicar el número inicial seguido de tres puntos y el número final. La otra opción es indicar la colección que queramos recorrer, por lo que el número de iteraciones dependerá del número de elementos de la colección:

```
let animales = ["Perro","Gato","Serpiente"]

for animal in animales {
    print(animal)
}
```

En Swift existe el bucle **for** tradicional, con una condición y un incremento. El formato para un **for** es:

```
for  inicialización ; condición ; incremento {
    sentencias
}
for var i = 0; i < 3; i++ {
    print(i)
}
```

Los bucles funcionan de la siguiente forma:

1. La primera vez inicializa la variable.

2. Comprueba que cumple la condición. En caso de que la cumpla, realiza el paso 3; en caso de que no la cumpla, finaliza el bucle.

3. Realiza las sentencias.

4. Opera sobre la variable inicializada.

5. Volvemos al paso 2.

1.5.2 Bucle while

Un bucle **while** realiza un conjunto de declaraciones hasta que una condición se convierte en **false**. A diferencia de los bucles **for**, los bucles **while** se suelen usar cuando no se conoce el número de iteraciones que se han de realizar.

En Swift existen los dos tipos bucles **while**:

1. **While**: primero comprueba una condición y si se cumple realiza las sentencias hasta que ya no cumpla.

```
while (i<20){
    print("hola")
    i++
}
```

2. **repeat – while**: primero realiza las sentencias y luego comprueba la condición.

```
var x = 0;

repeat {
    print("hola")
    x++
}while (x<20)
```

Es decir, el **while** pregunta y realiza; el **repeat while** realiza y luego pregunta.

El **while** se inicia mediante la evaluación de una sola condición. Si la condición es verdadera, se realiza un conjunto de sentencias y se repiten hasta que la condición se convierte en falsa.

El **repeat – while** realiza una sola pasada a través del bloque la primera vez, antes de considerar la condición del bucle. A continuación, sigue repitiendo el bucle mientras la condición sea verdadera.

1.5.3 Condicionales

La programación es una constante toma de decisiones; de manera que si se cumple una condición, se ejecuta una acción u otra.

Vamos a poner un pequeño ejemplo que podemos encontrar en la vida cotidiana. Imaginemos que queremos comprar unos pantalones en una tienda. Realizamos las sentencias de acceder a la tienda, vamos a la sección de pantalones y empezamos a mirar la lista. Cogemos un pantalón y realizamos una condición. ¿Nos gusta el pantalón? En caso afirmativo, lo cogeremos de la percha; en caso negativo, lo dejaremos estar y seguiremos buscando (bucle). En caso de que nos guste tendremos el pantalón en nuestra mano y miraremos la talla. ¿La talla es la correcta? En caso afirmativo, seguiremos con el pantalón; en caso negativo, lo dejaremos y volveremos a realizar las acciones anteriores. Finalmente, siguiendo este patrón de condiciones podemos llegar a salir de la tienda con un pantalón en nuestra bolsa, o no.

Todo esto se ha hecho mediante condicionales. En la programación el proceso es exactamente el mismo. En el caso de Swift tenemos los condicionales **if** y **Swich**.

El **if**, en su forma más simple, tiene un solo caso de condición. Se ejecuta un conjunto de instrucciones solo si la condición se cumple:

```
let num:Int = 2;
if num == 2 {
    print("Cumple la condición")
}
```

Podemos observar cómo analiza una condición utilizando una operación de comparación. En caso de cumplirse dicha condición, el **if** realizará el conjunto de sentencias que se encuentran entre sus llaves.

Si queremos realizar alguna acción en caso de que no se cumpla la condición, utilizaremos la sentencia **else**:

```
var edad :Int =  11
if edad >= 18 {
    print("Mayor de edad")
}else{
    print("No puedes acceder")
}
```

En este caso mostrará un mensaje de bienvenida en caso de ser mayor de edad, en caso contrario mostrará un mensaje indicando que no puedes acceder.

Si queremos analizar más de una condición, utilizamos el condicional **else if**. Swift va analizando todas las condiciones que encuentra en el **if**; en caso de no cumplir la primera, pasa a la segunda, y así sucesivamente. En caso de encontrar una condición verdadera accede a las llaves, realiza las sentencias de código y finaliza el condicional **if**, sin llegar a analizar el resto de condiciones. Podemos terminar el condicional con la sentencia **else** en caso de que no cumpla con ninguna condición (prueba a modificar el valor de la variable):

```
var pais:String = "ES"
if pais == "ES"{
    print("Nacinalidad española")
}else if pais == "IT"{
    print("Nacionalidad italiana")
}else if pais == "FR"{
    print("Nacionalidad francesa")
} else
    print("No conocemos la nacionalidad")
}
```

En muchas ocasiones no utilizamos el **else if** ya que parece que conseguimos lo mismo utilizando el **if** suelto:

```
var pais:String = "ES"
if pais == "ES"{
    print("Nacinalidad española")
}
if pais == "IT"{
    print("Nacionalidad italiana")
```

```
}
if pais == "FR"{
    print("Nacionalidad francesa")
}
```

Pero en lo que se refiere al rendimiento no es lo mismo, ya que en el caso de utilizar **else if**, cuando una condición se cumple deja de analizar el resto de condicionales, y de esta forma el rendimiento mejora notablemente. Si tenemos las condiciones en **if** sueltos, se analizará cada uno de ellos aun sabiendo que no se van a cumplir.

Cuando vemos que, por la naturaleza del programa que estamos creando, utilizamos muchos condicionales con **else if** podemos plantearnos utilizar un **Swich**.

Un **Swich** considera un valor y lo compara con varios patrones coincidentes posibles. A continuación, ejecuta un bloque apropiado de código, basado en el primer patrón que coincide con éxito.

En su forma más simple, un **Swich** compara un valor con uno o más valores del mismo tipo:

```
switch  some value to consider  {

case  value 1  :

        respond to value 1

case  value 2 ,

 value 3  :

        respond to value 2 or 3

default:

        otherwise, do something else

}
```

El **swich** consiste en múltiples posibles casos, cada uno de los cuales comienza con la palabra reservada **case**.

Debemos tener en cuenta que un **swich** analiza cada uno de los casos hasta encontrar una coincidencia de valor, realizando el bloque de sentencias encontrado en él. A continuación deja de analizar los casos y realiza bloque por bloque cada uno de los casos encontrados a continuación, a no ser que se encuentre dentro del caso con una sentencia **break**, la cual rompe el **swich** y termina el bloque. El **default** es aquel que ejecutará en caso de no encontrar ninguna coincidencia en el resto de casos, es comparable con el **else**:

```
var pais:String = "ES"
switch pais {
case "FR" : print("Nacionalidad francesa")
            break
case "ES" : print("Nacionalidad española")
            break
case "IT" : print("Nacionalidad italiana")
            break
default: print("No conocemos la nacionalidad")
}
```

Los condicionales se pueden complicar mucho más, pero no es el objetivo del libro profundizar en el lenguaje, por lo que se recomienda, en caso de curiosidad, investigar la documentación oficial de Apple y realizar pruebas con distintos casos. Al final de este tema encontrarás un conjunto de ejercicios y retos para poder aumentar tus conocimientos sobre el lenguaje Swift.

Recordemos que la mejor forma de aprender un lenguaje es realizando proyectos reales, prácticas y pequeños experimentos con él. Los años de experiencia y la cantidad de programas creados condicionan los conocimientos que podemos llegar a tener sobre un lenguaje.

Hemos aprendido a utilizar las herramientas básicas para poder programar pequeños programas lineales. Es decir, programas que empiezan por la primera línea y terminan en la última. Pero en el mundo de iOS esta forma de programar no es la real, ya que existen eventos, saltos en las líneas de código, acceso a otros ficheros y fragmentos, etc. Por esto, en los siguientes apartados del tema aprenderemos a crear programas modulares, programas que no siguen un patrón lineal.

1.6 FUNCIONES

Las funciones son bloques de código que ejecutan una acción específica. Elementos autónomos con un nombre que los identifique para poder ser llamados y realizar su tarea cuando sea necesario.

Las funciones pueden tener o no parámetros de entrada, variables necesarias para el correcto funcionamiento de la función, y pueden (o no) devolver un valor resultante al ejecutar la función.

Cada función tiene un nombre único que la identifica, y se define utilizando la palabra reservada **func**:

```
/*
FUNCIONES
*/
//func nombreFunción ()
func decirHola () {
    //SENTENCIAS DE CÓDIGO QUE REALIZAN UNA ACCIÓN
    print("Hola Swift")
}
//llamar a la función por su nombre
decirHola()
```

Ahora podemos definir una función que pida un parámetro de entrada. En la variable de entrada indicamos un nombre y un tipo de valor:

```
//func nombreFunción (parámetro de entrada)
func decirHola (persona: String) {
    //SENTENCIAS DE CÓDIGO QUE REALIZAN UNA ACCIÓN
    print("Hola \(persona)") //podemos usar el parámetro de
entrada
}

//llamar a la función por su nombre y añadiendo un valor al
parámetro de entrada
decirHola("Kike")
```

Funciones con más de un parámetro de entrada:

```
//func nombreFunción (parámetros de entrada separados por ,)
func decirHola (nombre: String, apellidos: String) {

    print("Hola \(nombre) \(apellidos)") //podemos usar los
parámetros de entrada
}
```

Para llamar a una función tenemos que introducir su identificación seguida de los paréntesis. En los paréntesis introducimos los valores que van a obtener sus variables de entrada en caso de que los pida:

```
//llamar a la función por su nombre y añadiendo un valor a
los parámetros de entrada
decirHola("Kike",apellidos: "Blasco Blanquer")
```

En muchas ocasiones queremos crear funciones que tras cumplir su objetivo nos devuelvan un valor resultante de sus acciones. Para realizar esto utilizamos la palabra reservada **return** y en la función indicamos el tipo de valor de retorno utilizando el símbolo -> Tipo:

```
func sumar (numA : Int, numB : Int) -> Int{

    return numA + numB

}
```

En la línea de código en la que realizamos la llamada obtendremos el valor resultante de la función:

```
var resultado = sumar(5, numB: 6)
```

Algo que se debe destacar de las funciones Swift es el retorno de múltiples valores. Vamos a observar el funcionamiento en estos casos:

```
//En el tipo de retorno podemos poner más de uno entre () se-
parados por ,
func minMax(numeros: [Int]) -> (min: Int,max : Int){

    var min = numeros[0]
    var max = numeros[0]

    for num in numeros{
        if num < min {
            min = num
        } else if num > max{
            max = num
        }
    }

//tenemos que devolver tantos valores como elementos de sali-
da tengamos
    return (min,max)
}
//Array de números
let numeros:[Int] = [18,6,2004]
//Almacenamos los valores de retorno al llamar a la función
var valores = minMax(numeros)
//Con punto indicamos la variable que queramos obtener
print(valores.min)
print(valores.max)
```

1.6.1 Nombre de parámetro externo y local

Los parámetros de función tienen tanto un nombre de parámetro externo como un nombre de parámetro local. El nombre de parámetro externo se utiliza para etiquetar los argumentos pasados a una llamada de función. El nombre de parámetro local se utiliza en la aplicación de la función:

```
func nombreFuncion(primerParam : Int, segundoParam : Int){
    //El cuerpo de la función:

    //primerParam y seguñndoParam son los nombres
    //locales para hacer referencia a las variables
    //dentro de la función

}
```

Por defecto, el primer parámetro omite su nombre externo. Los siguientes parámetros usan su nombre local como su nombre externo a la hora de ser llamado:

```
nombreFuncion(1, segundoParam: 2)
```

Podemos especificar un nombre de parámetro externo introduciendo primero el nombre externo y luego el nombre local de la variable separado por un espacio:

```
func nombreFuncion(nombreExterno nombreLocal : Int){
    //El cuerpo de la función:

    //nombreLocal es el que usamos en la función

}
//nombreExterno el que usamos fuera de la función
nombreFuncion(nombreExterno: 15)
```

Otro ejemplo:

```
func decirHola (to persona : String, and otraPersona :
String){
    print("Hola \(persona) y \(otraPersona)")
}
decirHola(to: "Mar", and: "David")
```

Podemos omitir el nombre externo en el resto de parámetros (siempre que no sean el primero) introduciendo un guion bajo (_) delante del nombre local:

```
func decirHola (persona : String, _ otraPersona : String){
    print("Hola \(persona) y \(otraPersona)")
}
decirHola("Mar","David")
```

Por último, podemos crear funciones con parámetros de entrada por defecto:

```
func nombreFuncion( valorPorDefecto : Int = 4){
    //El cuerpo de la función:
    print(valorPorDefecto)

}
nombreFuncion() //No hace falta indicar un valor
nombreFuncion(6) //Podemos añadir un valor
```

Ahora ya podemos realizar nuestros programas un poco más estructurados. Utilizando funciones podemos reutilizar el código y hacer que quede mucho más limpio. También conseguimos que nuestros programas no sean lineales, pues será posible saltar entre bloques de código según se realicen las llamadas.

1.7 PROGRAMACIÓN ORIENTADA A OBJETOS

Para entrar en el mundo de la programación en iOS es importante que conozcamos un poco, ya que es un mundo muy extenso, la sintaxis en la programación orientada a objetos, es decir, saber cómo realizar clases, la herencia, instanciar un objeto, los constructores, etc. En un programa real de iOS nos encontraremos con este paradigma de programación usando objetos en sus interacciones.

Antes de abordar este estudio, es necesario que aclaremos una serie de conceptos importantes sobre clases y objetos, que no solo nos facilitarán la comprensión del lenguaje Swift, sino que nos permitirán también ir estructurando poco a poco nuestros programas de una forma más adecuada. Posteriormente, analizaremos en profundidad los conceptos de la programación orientada a objetos y su aplicación en el lenguaje Swift.

1.7.1 Clases

Como ya hemos mencionado, todo programa en iOS se estructura en clases; pero ¿qué es exactamente una clase?

Desde un punto de vista conceptual, una clase define el comportamiento de un determinado tipo de elemento y se trata simplemente de eso, de un conjunto de especificaciones que determinan cómo se van a comportar cierto tipo de elementos. Estos elementos, creados a partir de las especificaciones de la clase, son lo que llamamos *objetos*.

En resumen, la clase define el comportamiento y características de cierto tipo de elementos, mientras que los elementos físicos, creados a partir de las especificaciones de la clase, serían los objetos.

En programación las clases contienen el código que define el comportamiento de los tipos de objeto que representan. Este código está dividido en dos partes:

1.7.2 Atributos

Representan las características que tendrán los objetos de la clase, como el color, precio, potencia, etc.

Normalmente, los atributos son manejados a través de variables internas de la clase.

1.7.3 Métodos

Se trata de funciones que implementan la funcionalidad de los objetos de la clase. En el caso de una hipotética clase **coche**, algunos de los métodos que determinan el funcionamiento de los mismos serían acelerar o frenar.

En Swift, las clases se implementan mediante la palabra reservada **class**, incluyendo en su interior un bloque de sentencias con los atributos y métodos que la definen. La estructura típica de una clase es la siguiente:

```
class NombreClase {
    //Propiedades:

    //Métodos:

}
```

Los atributos de una clase Swift se definen a través de variables de ámbito privado, es decir, variables que únicamente pueden ser utilizadas desde el interior de la clase. Por su parte, los métodos estarán implementados mediante funciones, las cuales podrán devolver o no un valor, en función de la naturaleza del método, y podrán recibir parámetros.

El formato de un método o función en Swift ya lo conocemos.

A fin de que, una vez creado el objeto de la clase, sus métodos puedan ser utilizados desde cualquier parte del código, se debe utilizar el modificador de acceso **public** en la declaración de los mismos.

Como hemos mencionado, se recomienda declarar a los atributos de una clase como **private**, a fin de que el acceso a ellos solo pueda realizarse desde el interior de la clase (a este concepto se le conoce como *encapsulación*).

Si queremos proporcionar acceso a los atributos desde el exterior de la clase, habrá que hacerlo a través de métodos públicos que proporcionen un acceso controlado a los mismos. Por cada uno de los atributos habrá que proporcionar una pareja de métodos, conocidos como métodos **set/get**, que nos permitan realizar las operaciones de escritura y lectura, respectivamente, sobre los atributos:

```
class NombreClase {
    //Propiedades:
    private var prop1 : Int?

    //Funciones get and set:
    func getProp1() -> Int{
        return prop1!
    }
    func setProp1(valor:Int){
        prop1 = valor
    }

}
```

Vamos a dedicar un tiempo a observar la clase creada. Primero, hemos declarado todas las propiedades de la clase arriba con variables. Observamos que hemos tenido que poner el interrogante en la declaración del tipo, ya que el no asignar un valor en su asignación significa que puede contener un valor vacío, y, recordemos, en Swift los valores vacíos son los opcionales.

A continuación se han definido dos funciones: una con un valor de retorno, llamada **get**, cuya función es la de devolver el valor de una propiedad privada de la clase. Introducimos la exclamación al final de la variable para obtener el valor de la variable opcional. La segunda función, conocida como **set**, contiene un parámetro de entrada y es la encargada de modificar el valor de una propiedad privada de la clase.

El uso de funciones **get/set** no es obligatorio, pero es una buena forma de proteger las propiedades de las clases y poder acceder a ellas desde el exterior de forma controlada. El resto de métodos de la clase se definen a continuación, dotando de funcionalidad a la clase. Estos conceptos los iremos estudiando poco a poco en los siguientes temas mientras vamos aprendiendo a desarrollar para iOS

Una vez implementada la clase, ya está lista para ser utilizada por los programas. Con la inclusión de atributos y métodos dentro de una clase conseguimos que toda esta funcionalidad, definida en un único lugar, pueda reutilizarse tantas veces como sea necesario en cualquier parte del programa.

La utilización de la funcionalidad de una clase requiere la creación de un objeto o instancia de la misma. Este objeto será referenciado a través de una variable con la que podremos llamar a los métodos definidos dentro de la clase:

```
//Instanciar un objeto de la clase.
var objeto : NombreClase = NombreClase();
//Ahora podemos usar sus métodos
objeto.setProp1(2)
print(objeto.getProp1())
```

1.7.4 Inicialización

Normalmente, los objetos de una clase requieren que parte de sus atributos sean inicializados con un valor antes de poder llamar a los métodos del mismo. Por ejemplo, supongamos que tenemos la siguiente versión de la clase **Calculadora** con un método que nos permite calcular potencias de un número elevado a otro dado:

```
public class Calculadora {
    //Propiedades
    private var exponente : Int?;
    //Funciones
    func setExponente(exp : Int){
        exponente=exp;
    }
    func  potencia(base : Int) -> Int{
        var resultado : Int = 1;
        for var i=1;i<=exponente;i++ {
            resultado *= base;
        }
        return resultado;
    }
}
```

Dado que el exponente está definido como un atributo de la clase, será necesario establecer un valor en el mismo antes de llamar al método **potencia()** encargado de realizar el cálculo. Por ejemplo:

```
let calculadora : Calculadora = Calculadora()
calculadora.setExponente(2)
print(calculadora.potencia(3))
```

La incomodidad que supone llamar explícitamente a los métodos de inicialización de atributos puede ser eliminada gracias a la utilización de los inicializadores.

El inicializador **init()** es el proceso de preparación de una instancia de la clase, estructura o enumeración para su uso. Este proceso implica el establecimiento de un valor inicial para cada propiedad almacenada y llevar a cabo cualquier otra configuración o inicialización:

```
public class Calculadora {
    //Propiedades
    private var exponente : Int?;


    //Inicializador
    public init(exp : Int){
        exponente = exp
    }


    //Funciones
    func setExponente(exp : Int){
        exponente=exp;
    }

    func  potencia(base : Int) -> Int{
        var resultado : Int = 1;
        for var i=1;i<=exponente;i++ {
            resultado *= base;
        }
    return resultado;
    }

}
```

En la misma instrucción de creación del objeto, se debe especificar entre paréntesis el valor del argumento o argumentos de llamada al inicializador:

```
//ahora estamos obligados a inicializar el valor exponenete
let calculadora : Calculadora = Calculadora(exp: 2)
print(calculadora.potencia(3))
```

1.7.5 Destructor

Un destructor se llama inmediatamente antes de que se cancele la asignación de una instancia de clase. Para definir un destructor utilizamos la instrucción **deinit**:

```
//Destructor
    deinit{
        //Cuerpo de la función
    }
```

Swift realiza automáticamente una limpieza de memoria para liberar recursos, pero en ocasiones, cuando se trabaja con clases propias, es posible que necesitemos alguna limpieza adicional. Por ejemplo, si creamos una clase personalizada para abrir un archivo y escribir algunos datos en él, es posible que tengamos que cerrar el archivo antes de que se cancele la asignación de la instancia de la clase.

1.7.6 Herencia

La herencia es quizá la característica más interesante y potente que ofrecen los lenguajes orientados a objetos. Mediante ella es posible crear clases que dispongan de forma automática de todos los miembros (atributos y métodos) definidos en clases ya existentes.

Esto es particularmente útil en aquellos contextos en los que necesitamos utilizar una clase con los métodos incluidos en otra ya existente, pero a la que queremos añadir una nueva funcionalidad; en vez de modificar la clase original, emplearemos la herencia para crear una nueva clase con todos los métodos definidos en la primera y sobre ella incluir los nuevos elementos que se necesiten.

Como se desprende de lo comentado anteriormente, la herencia representa un excelente mecanismo de reutilización de código, pues incorpora en las nuevas clases los métodos definidos en otras sin tener que rescribirlos.

La relación de herencia entre dos clases se expresa gráficamente como se indica en la figura, mediante una flecha que sale desde la clase que hereda, conocida también como *subclase*, y que apunta a la clase heredada, llamada también *superclase*.

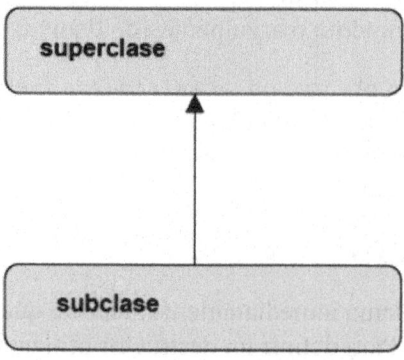

Cuando creamos una clase Swift y queremos que esta clase herede de otra existente, debemos utilizar dos puntos junto con el nombre de la superclase justo al lado del nombre de la subclase:

```
public class SuperClase {
    //Propiedades
    var prop1 : Int?
    //Métodos
    func metA (){

    }
}


public class SubClase : SuperClase{
    //Propiedades
    var prop2 : Int?
    //Métodos
    func metB(){

    }

}

var objeto : SubClase = SubClase()

objeto.metA() //método heredado
objeto.metB() //método propio
```

Hay que indicar que, a pesar de que la subclase hereda todos los miembros definidos en la superclase, los miembros que estén definidos dentro de esta como **private** no serán accesibles directamente desde la subclase.

1.7.7 Sobrescritura de métodos

En determinados contextos de herencia, no todos los métodos heredados por la subclase se ajustan a los requerimientos de la misma. Puede ocurrir que alguno de los métodos heredados deba ser redefinido en la nueva clase para poder cumplir mejor con su funcionalidad.

A esta redefinición de métodos heredados en la subclase se la conoce como *sobrescritura de métodos* y su objetivo es volver a definir en la subclase un método que ha sido heredado de la superclase respetando el formato original del mismo. Esto significa que el nuevo método tiene que tener exactamente el mismo nombre, tipo de devolución y lista de parámetros definidos en la superclase.

Para sobrescribir una función de la superclase tenemos que añadir la palabra reservada **override** delante de la función:

```
public class SubClase : SuperClase{
    //Propiedades
    var prop2 : Int?
    //Métodos
    func metB(){

    }

    override func metA() {
        //nueva funcionalidad del método heredado
    }

}
```

Ahora según el objeto que llame la función realizará una funcionalidad u otra:

```
var objeto : SubClase = SubClase()

objeto.metA() //método heredado en la versión sobrescrita


var otroObjeto : SuperClase = SuperClase()

otroObjeto.metA() //método original
```

Podemos llamar a la versión de un método de la superclase dentro de la versión sobrescrita de la subclase utilizando la palabra reservada **super**. Cuando ponemos **super** estamos haciendo referencia a la superclase.

```
override func metA() {
        //Llamada a la función orginal de la superclase
        super.metA()
        //nueva funcionalidad del método heredado
    }
```

1.7.8 Protocolos

Un protocolo es un conjunto de métodos, propiedades y otros requisitos sin definir.

Su objetivo es simplemente definir cómo tiene que ser el formato de determinados métodos y propiedades que deben existir en determinados tipos de clases.

Los protocolos son implementados por una clase, estructura o enumeración para proporcionar una implementación de dichos métodos.

La sintaxis para la definición de un protocolo es la siguiente:

```
//Definición de un protocolo

protocol PrimerProtocol {
    func metodoA()
    func metodoB()
}
```

Para obligar a una clase a codificar los métodos del protocolo respetando el formato establecido, dicha clase deberá extender el protocolo:

```
//Una clase tiene que implementar un protocolo
public class ClaseA : PrimerProtocol {

    //Implementamos los métodos del protocolo
    func metodoA() {
    }

    func metodoB() {
    }
}
```

1.8 EJERCICIOS PROPUESTOS

La programación como tal tiene muchos más conceptos y se necesita un estudio más profundo para llegar a entender correctamente cada una de las herramientas de las que disponemos. Pero con los conceptos teóricos vistos hasta el momento tenemos suficiente para empezar a entender el desarrollo de aplicaciones con iOS. A lo largo del libro entenderás mejor los conceptos vistos hasta el momento, y, sobre todo, verás una utilidad real de cada uno de ellos. Se recomienda volver a revisar este tema tantas veces como sea necesario si algún concepto teórico de programación no se ha entendido bien.

La mejor forma para aprender a programar y a crear aplicaciones es realizar muchas prácticas, ejercicios, proyectos, etc. Y se necesita, como para todo en la vida, de un tiempo de aprendizaje y adaptación. Tener paciencia, confianza y saber ser comprensivo con uno mismo son las herramientas, a mi parecer, que nos ayudarán a alcanzar nuestras metas.

Ejercicio 1

Realizar una función en la que se le pasen dos números y los pinte ordenados de mayor a menor.

Ejercicio 2

Función en la que se le pasen tres números y los pinte ordenados de menor a mayor.

Ejercicio 3

Función en la que se introduce una nota y devuelve el resultado en forma de INSUFICIENTE, SUFICIENTE, BIEN, NOTABLE, EXCELENTE.

Ejercicio 4

Realizar una función que necesite el día, mes y año de una fecha e indique si la fecha es correcta. Con meses de 28, 30 y 31 días. Sin años bisiestos.

Ejercicio 5

Función a la que se le pase un número N y pinte por pantalla todos los números entre 1 y N.

Ejercicio 6

Crear una clase llamada **Calculadora** que contenga cinco métodos: sumar, restar, dividir y multiplicar dos números cualquiera

Ejercicio 7

Crear una clase que herede de **Calculadora** y contenga un método más llamado **resto**, el cual devuelva el resto de una división.

Los conceptos aprendidos hasta el momento son los siguientes:

1. Variables y constantes
2. Operadores
3. Colecciones
4. Bucles
5. Condicionales
6. Funciones
7. Clases
8. Métodos y atributos
9. Encapsulación
10. Instanciar
11. Herencia
12. Métodos sobrescritos
13. Super
14. Protocolos

¡Ahora ya estamos preparados para adentrarnos en el mundo de iOS!

2

CREANDO UN PROYECTO PARA IOS

Empezar un nuevo proyecto para el desarrollo de una aplicación en IOS nunca es fácil. Los proyectos pueden cambiar mucho a lo largo de su desarrollo y podemos encontrarnos con dificultades que, en ocasiones, hacen que el tiempo que necesitamos dedicarles aumente notablemente.

Cada proyecto es un mundo, pero un reto nuevo cada vez, y es esto lo que nos debe motivar para conseguir completar un desarrollo. Muchas veces, por falta de presupuesto o buena coordinación y análisis previo al desarrollo del proyecto, cuesta llevarlo a su fin, y muchos de ellos no se completan. Un proyecto bien desarrollado y terminado conlleva mucho trabajo, no solo de una persona, sino de todo un grupo. Analistas, diseñadores funcionales o programadores son algunos de los perfiles necesarios para sacar adelante un buen proyecto, pero esto no siempre es real. La gran mayoría de los desarrollos son llevados a cabo por una única persona, lo cual ocasiona que se generen errores pequeños en su trayecto, errores que al final afectan a la buena finalización y éxito de la aplicación.

Es importante que antes de empezar a programar dediquemos un tiempo al análisis, al estudio de las funcionalidades y al correcto diseño de la aplicación. Una vez tengamos clara la aplicación que vamos a desarrollar, nos pondremos a programar. Tenemos que recordar que un cambio en la funcionalidad o diseño de la aplicación, una vez se ha generado código, puede suponer un problema grave, dada la gran dificultad que supone introducir un cambio. Por eso debemos remarcar la importancia del análisis previo al desarrollo.

En este tema vamos a aprender cómo empezar un proyecto, la estructura, el entorno de desarrollo Xcode y los conceptos teóricos que forman los pilares de la aplicación.

2.1 NUEVO PROYECTO

Vamos a desarrollar nuestra primera aplicación para iOS, tanto en iPhone como en iPad. Para esto tenemos que ejecutar el Xcode y seleccionar **Nuevo proyecto (Create a new Xcode Project)**:

En caso de que no nos salga la pantalla de bienvenida de Xcode podemos ir a la barra de herramientas: **File → New → Project...**

La siguiente pantalla nos indica el tipo de proyecto que podemos desarrollar. Podemos seleccionar un proyecto para iOS, watchOS, tvOS y OS X, entre otros. En nuestro caso nos vamos a centrar en los proyectos para iOS, es decir, para el iPhone y el iPad. Por cada tipo de proyecto tenemos que seleccionar cómo queremos empezar nuestro desarrollo y cuál va a ser la base. Por defecto Xcode nos ofrece algunas plantillas iniciales, pero nosotros aprenderemos a desarrollar de forma manual cada una de ellas.

Para empezar, vamos a seleccionar que empezamos un proyecto con una vista simple (**Single View Application**):

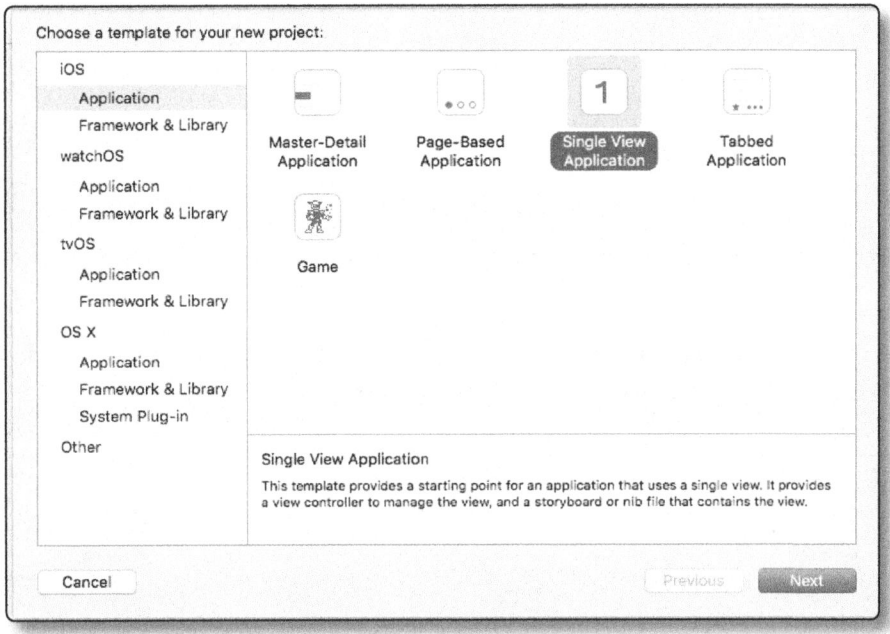

A continuación le damos un nombre a nuestro producto. Este nombre aparecerá debajo del icono de la aplicación una vez instalada. Introducimos el nombre de la empresa que desarrolla la aplicación, o el nombre propio del desarrollador, y un identificador, que suele ser el dominio de la empresa, todo en minúsculas y sin espacios en blanco. Para terminar, indicamos el lenguaje de programación y para qué tipo de dispositivo vamos a desarrollar (**Universal** para iPhone y iPad). Las tres últimas opciones indican si queremos usar base de datos local con Core Data (lo veremos en el tema de base de datos locales) y, finalmente, si queremos realizar test de rendimiento y funcionalidad en nuestro proyecto. Para empezar, no seleccionaremos ninguna de las tres opciones.

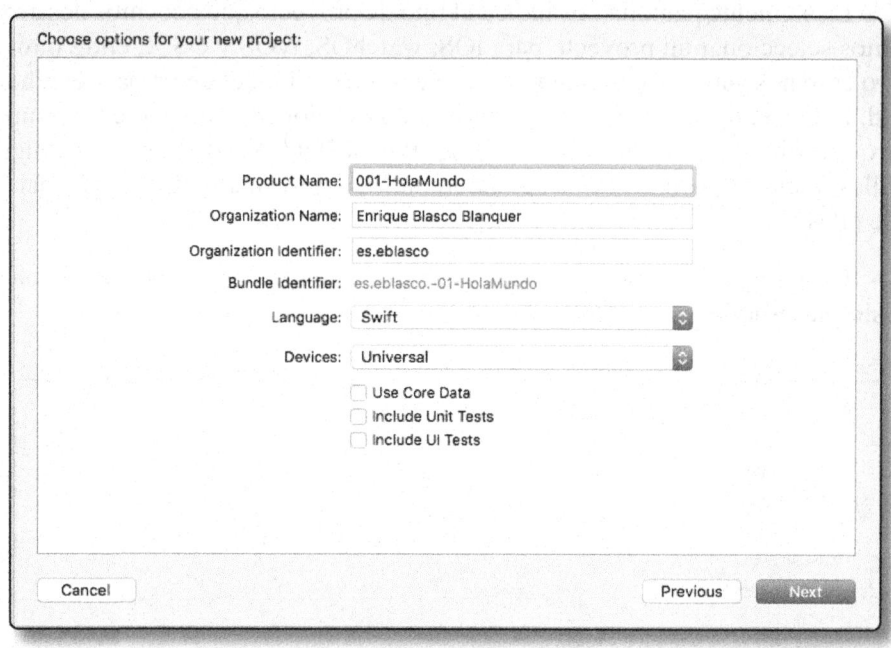

Indicamos una ubicación para nuestro proyecto. Si todo ha funcionado bien se nos abrirá el Xcode para poder empezar a desarrollar:

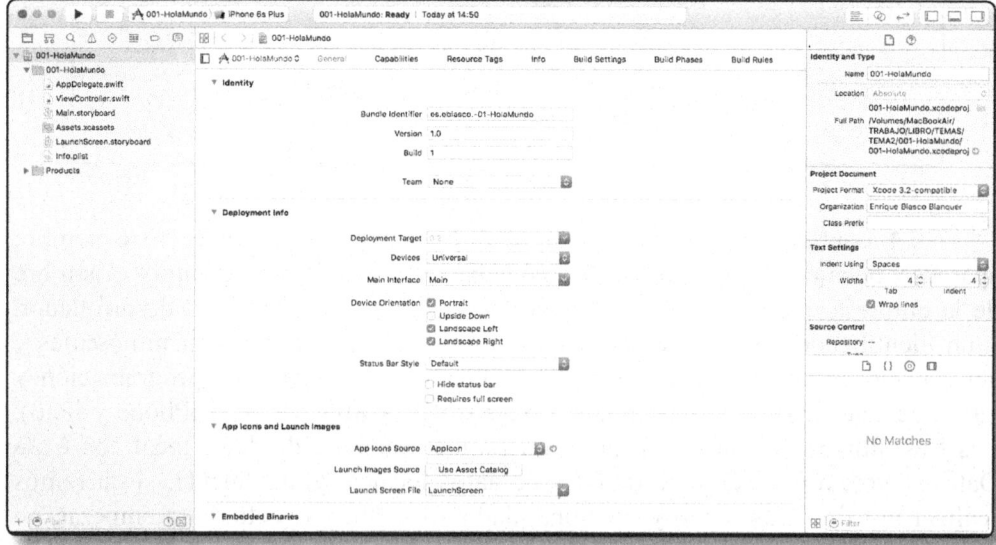

Más adelante estudiaremos cada una de las partes del entorno de desarrollo Xcode. Al principio puede parecer muy complejo, pero con el tiempo te vas acostumbrando y se transforma en un entorno bastante amigable y fácil de usar.

2.1.1 El simulador

Antes de empezar vamos a comprobar que todo funciona correctamente. Para comprobar que podemos ejecutar nuestros proyectos vamos a simular la aplicación en un dispositivo iPhone. Si observamos la barra superior izquierda de Xcode, veremos un desplegable donde seleccionar el tipo de simulador:

Si pinchamos sobre el nombre del dispositivo (**iPhone 6s Plus**), nos saldrá una lista donde cambiar el tipo. Seleccionamos uno de ellos y le damos al botón **Play**:

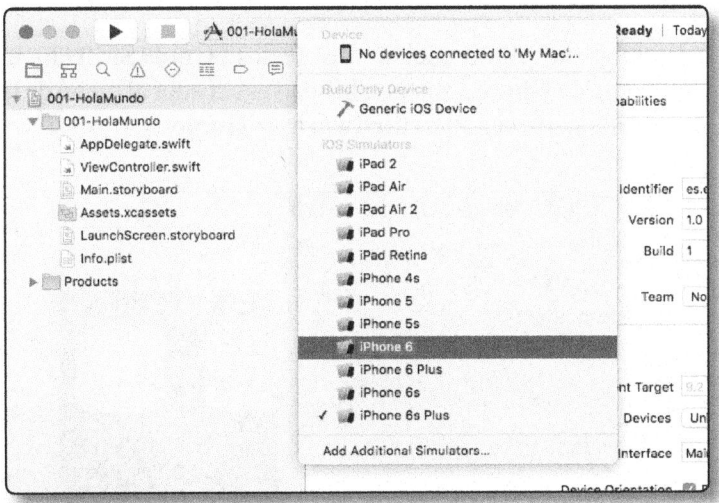

Esperamos un tiempo a que compile el código, ejecute el simulador e instale nuestra aplicación en el dispositivo. Si vemos que nuestro simulador aparece muy grande, podemos irnos a la barra de herramientas superior del simulador, seleccionar **Window → Scale** y cambiar el tamaño:

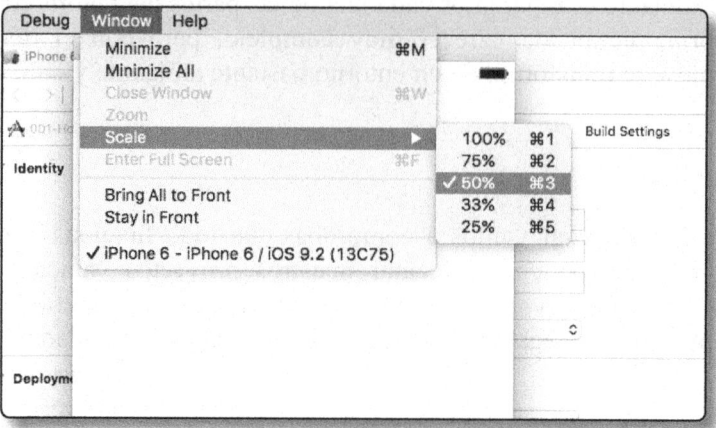

Y veremos nuestra aplicación funcionando en el simulador. Ahora veremos una pantalla en blanco (no tenemos nada programado), pero en esta ocasión es buena señal. Esto significa que ya podemos empezar.

Se recomienda no cerrar el simulador, ya que vamos hacer muchas pruebas del código y vamos a querer verlo en funcionamiento. Si cada vez que queramos probar algo tenemos que encenderlo, perderemos mucho tiempo.

Si utilizamos la combinación de teclas **Cmd+Shift+h** es como si presionáramos el botón de **Home**. Otra posibilidad es acceder al menú de herramientas superior del simulador y seleccionar **Hardware → Home**:

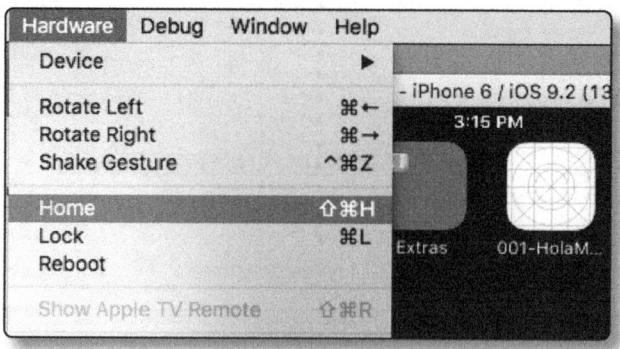

Y veremos el icono de nuestra aplicación con el nombre del proyecto. ¡Enhorabuena! Ya tienes tu primera aplicación instalada en un iPhone.

2.1.2 Instalar la aplicación en un dispositivo físico

A la hora de la verdad tendremos que realizar las pruebas en un dispositivo físico real, ya que con el simulador no podremos probar la experiencia del funcionamiento de nuestra aplicación. Para esta parte necesitamos tener un iPhone o iPad actualizado a la última versión.

Conectamos el dispositivo a nuestra máquina por el cable USB, con el Xcode encendido. Posiblemente, si es la primera vez que realizas esta acción, te preguntará si confías en la máquina que ha sido conectada. Seleccionamos que confíe (en caso de ser tu máquina personal).

Ahora, si desplegamos la lista de simuladores desde el Xcode veremos el dispositivo que ha sido conectado. Lo seleccionamos.

El siguiente paso es introducir nuestra ID de Apple para que podamos instalar la aplicación en nuestro dispositivo. Para realizar esta acción accedemos al panel central del Xcode, donde pone **Team**:

Desplegamos y seleccionamos **Añadir nueva cuenta**. Introducimos nuestra ID y contraseña y seleccionamos **Conectar**. Cerramos y podremos seleccionar nuestra ID de Apple en el apartado de **Team**. Puede que nos salga una advertencia:

Seleccionamos **Fix Issue** y Xcode solucionará los problemas en el proyecto y en el dispositivo para poder instalar nuestra aplicación.

Ahora ya podemos dar a **Play** y esperar a que se instale nuestra aplicación en el dispositivo. Veremos que forma parte de todas las aplicaciones instaladas en el dispositivo. Una gran ventaja de esto es que ya queda instalada, por lo que podemos probar nuestra aplicación sin tener conectado el dispositivo en Xcode. Cada vez que queramos instalar una nueva versión, Xcode automáticamente desinstala la anterior de nuestro dispositivo e instala la nueva.

2.2 LA INTERFAZ GRÁFICA DE XCODE

Xcode puede parecer complicado la primera vez, pero una vez te acostumbras es un entorno muy profesional y perfectamente preparado para desarrollar nuestras aplicaciones.

Tiene multitud de funcionalidades que no llegaremos a tocar, ya que muchas de ellas son para otro tipo de proyectos.

Pero vamos a ver los paneles principales del entorno y para qué sirven. El primero, que ya empezamos a conocer un poco, es el panel superior:

De izquierda a derecha vemos:

1. Botones de **Play** y **Stop** para ejecutar y parar nuestras aplicaciones.

2. Listado de dispositivos disponibles, tanto simuladores como dispositivos físicos.

3. Barra de tareas e información varia. En ella vemos el estado de nuestra aplicación y las distintas tareas que realiza Xcode. En esta barra veremos si nuestra aplicación contiene errores o advertencias.

4. Conjunto de tres botones que utilizaremos para ver nuestro código suelto o en relación con su vista. Veremos mejor el funcionamiento con un ejemplo real. El tercer botón del conjunto consiste en ver un historial de cambios realizados en el código.

5. El último conjunto de tres botones sirve para ocultar y mostrar los paneles laterales y el inferior.

En el panel de la izquierda de Xcode encontramos el árbol de ficheros de nuestro proyecto:

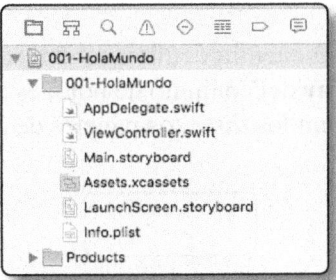

En el panel de la derecha vemos el panel de propiedades y componentes. Dicho panel cambia según el componente o elemento que tengamos seleccionado, ya que indica las propiedades que contiene para poder modificar sus valores. También encontraremos un listado con los distintos componentes que podemos usar para la interfaz de usuario de nuestra aplicación:

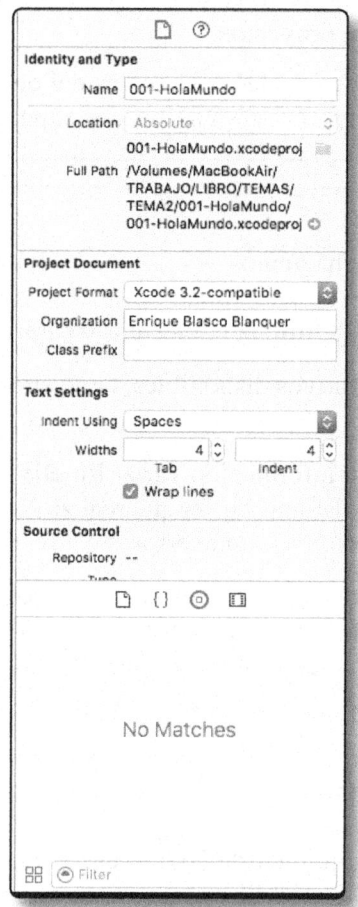

El panel inferior se encuentra oculto por defecto, pero lo podemos mostrar seleccionado el botón **Centrar** del conjunto de botones ubicados arriba a la derecha, donde se muestran y se ocultan los distintos paneles de Xcode:

En este panel tenemos la consola de nuestra aplicación, donde se muestran los mensajes de error y los generados por la función **print()**, vista en el tema anterior. También utilizaremos este panel para "debuguear" nuestra aplicación:

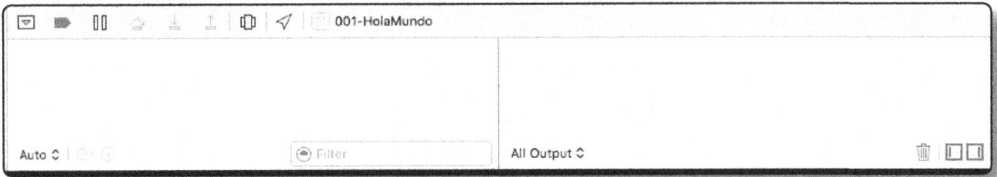

Por último, tenemos el panel central. Este panel es nuestra pizarra de trabajo. Según el fichero del árbol de proyecto seleccionado veremos su contenido (código), diseñaremos nuestras pantallas y veremos la ficha técnica de nuestro proyecto.

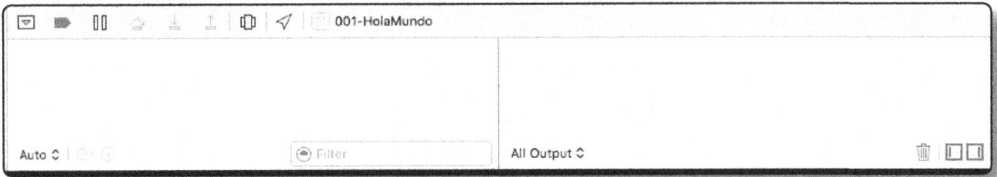

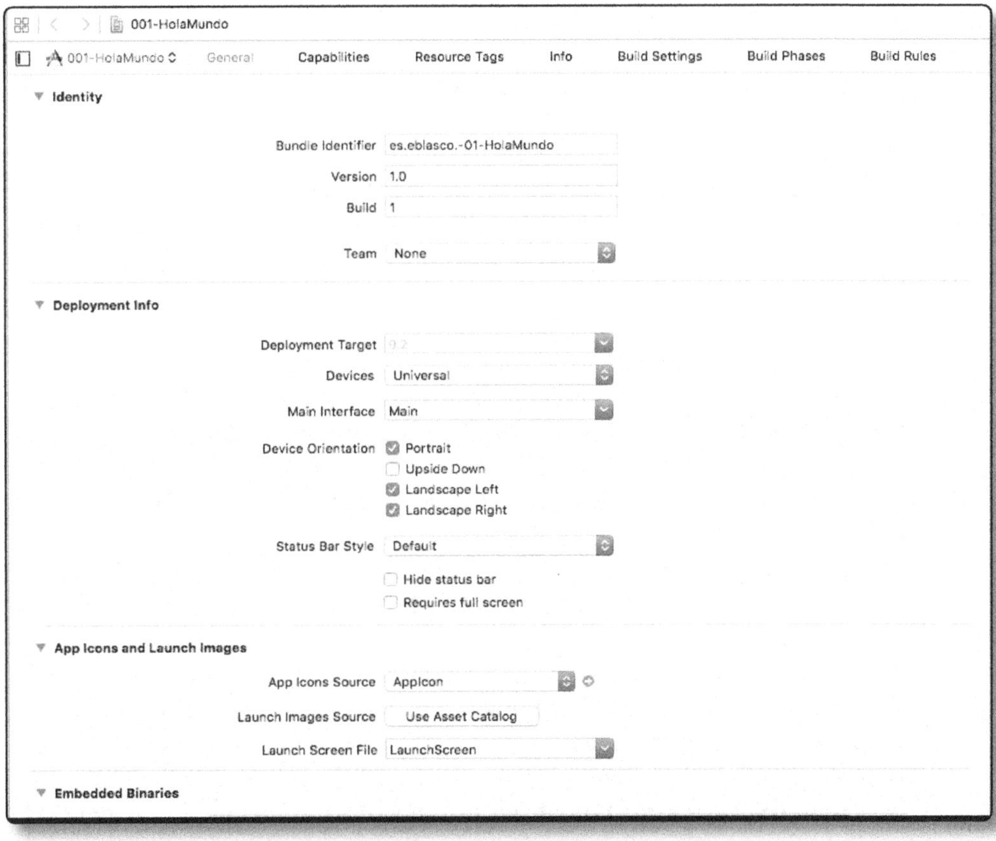

2.3 LA ESTRUCTURA DE UN PROGRAMA

Una vez tengamos creado el proyecto veremos la estructura de nuestra aplicación en el panel izquierdo de Xcode:

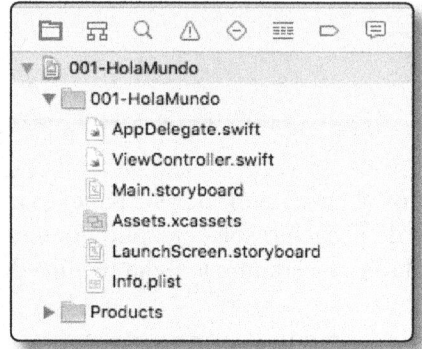

Los archivos que podemos encontrar son:

1. **AppDelegate.swift**: la principal función de esta clase es la de manejar las transiciones de estado dentro de la aplicación, tales como cuándo se entra y se sale de nuestra aplicación, o cuándo esta va a segundo plano. Esta clase es la primera que se ejecuta y la encargada de crear la primera vista una vez ha detectado el evento de que la aplicación ha sido lanzada.

2. **ViewController.swift**: este es el controlador de una vista. Más adelante veremos y entenderemos en qué consiste el protocolo modelo-vista-controlador. Gestiona una sola vista que a su vez puede tener una o varias subvistas. En el fichero se establece el comportamiento (métodos) que hará que la vista funcione según su propósito.

3. **Main.storyboard**: este fichero contiene la colección de vistas de nuestra aplicación. Diseñaremos y creamos cada una de las vistas y su navegación.

4. **Assets.xcassets**: una carpeta de recursos donde guardaremos las imágenes que utilizaremos en la aplicación. En ella introduciremos el icono de para las distintas resoluciones.

5. **LaunchScreen.storyboard**: en este fichero diseñaremos la pantalla de lanzamiento. Cuando seleccionamos el icono desde nuestro dispositivo, iOS lanzará nuestra aplicación, proceso que genera un tiempo de carga,

durante el cual nos mostrará la pantalla de lanzamiento. Aprovecharemos esta pantalla para indicar al usuario que la aplicación se esta cargando, introducir el logo de la empresa desarrolladora, etc.

6. **Info.plist**: fichero de propiedades. La principal funcionalidad es la de introducir permisos tales como el acceso a Internet, localización, etc. Muchas de sus propiedades las podemos modificar desde la ficha técnica de nuestro proyecto.

En el árbol de ficheros del proyecto llegaremos a tener una gran cantidad de archivos. Si pensamos que cada vista contiene su controlador y modelo (dos ficheros distintos) y que en una aplicación existen múltiples vistas, podemos empezar a sacar cuentas. Es recomendable organizar el proyecto en grupos.

Un grupo puede ser visto como si fuera una carpeta en la cual introducimos ficheros. La carpeta es ficticia, es decir, es visible desde nuestro árbol de ficheros, pero en la carpeta física de nuestro proyecto seguiremos viendo todos los ficheros sueltos. Mejor lo ponemos en práctica.

En el árbol de ficheros presionamos botón derecho en la carpeta del proyecto y seleccionamos **New group**:

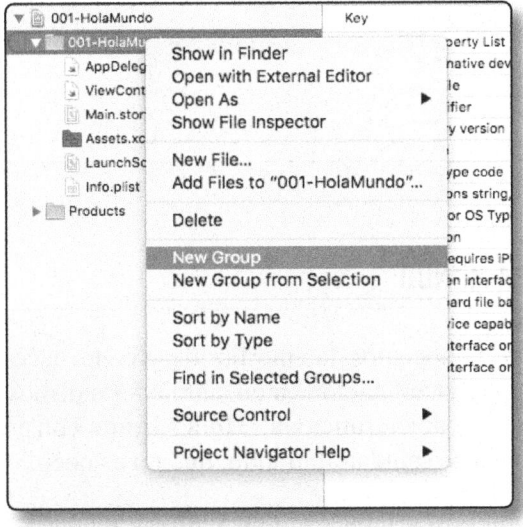

Introducimos un nombre para el grupo (**Primera vista**) y arrastramos el fichero **ViewController.swift** a su interior:

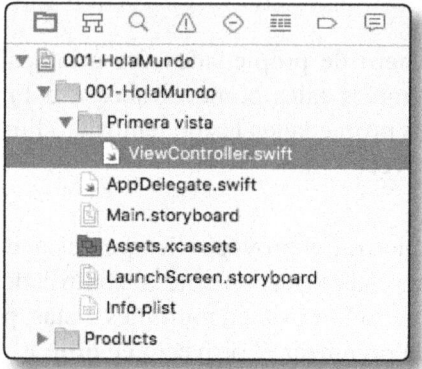

De esta forma podemos agrupar nuestros ficheros según nuestro criterio. Dicha práctica es recomendable para grandes proyectos, ya que de esta forma tenemos organizado correctamente nuestro proyecto para hacer más fácil la búsqueda de ficheros. Una ventaja de los grupos es que su uso no afecta al correcto funcionamiento del proyecto, ya que es una agrupación virtual. Si observamos el interior de nuestro proyecto, en la carpeta física, no existe el grupo recién creado:

2.4 EL FAMOSO HOLA MUNDO

Ahora que ya conocemos la interfaz de Xcode, la estructura de nuestro proyecto y cómo ejecutar la aplicación en un simulador o dispositivo físico, vamos a crear nuestra primera aplicación funcional. **Hola Mundo** consiste en una aplicación cuya funcionalidad es la de saludar al mundo, que no es poco.

Esta aplicación será estática, lo que significa que no se modificará durante su ejecución, por lo que no tendrá un controlador. Simplemente diseñaremos en la vista de la aplicación. Seleccionamos del árbol de ficheros **Main.storyboard** y nos aparecerá en el panel central de Xcode una vista en blanco donde podremos empezar a diseñar la primera pantalla:

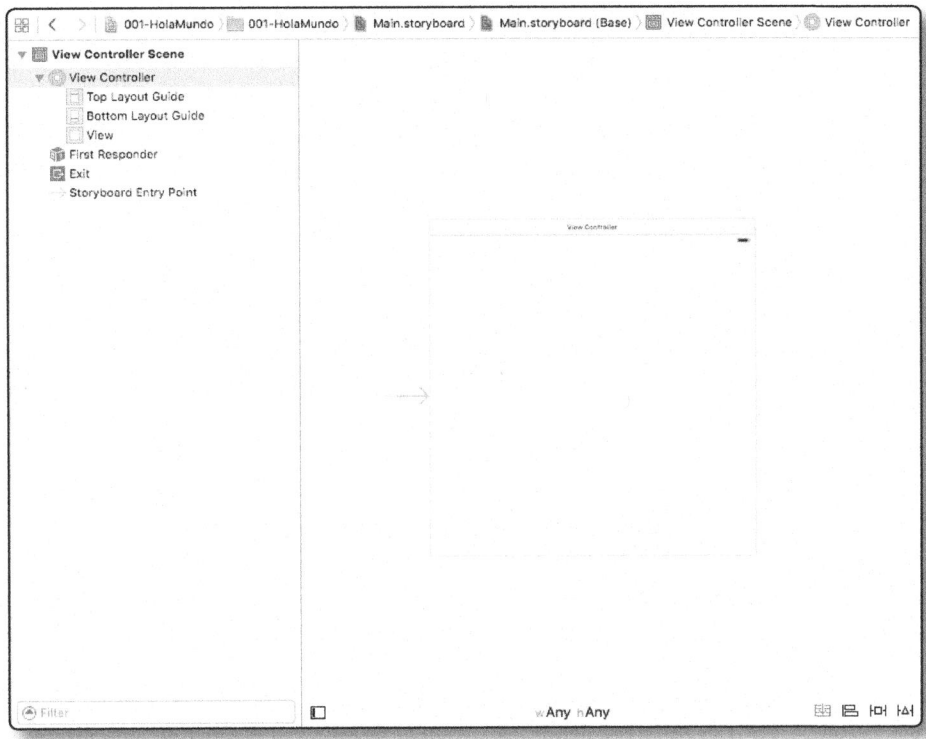

Recomiendo jugar con ocultar y mostrar los paneles desde los botones ubicados en la parte superior derecha para poder utilizar el máximo de nuestra pantalla en el panel central, ya que es el más importante.

Esta vista en blanco es lo que se verá una vez se ejecute la aplicación. Por lo que nos interesa modificarla para poder introducir un texto que diga "Hola Mundo".

Para ello tenemos que mostrar el panel de propiedades (panel derecho de Xcode) y en la parte inferior veremos que aparecen todos los componentes disponibles:

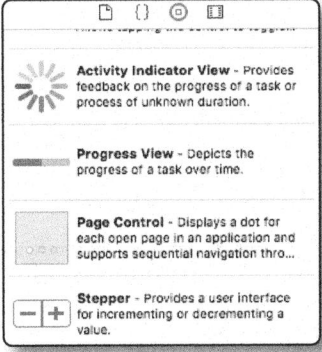

Buscamos un componente llamado **Label**, el cual nos sirve para introducir un texto. Al seleccionarlo pinchamos y arrastramos a nuestra vista, colocándolo donde nos interese (de momento se recomienda colocar los objetos en la parte izquierda de la vista, ya que no conocemos el desarrollo de aplicaciones que se adapten a todas las pantallas):

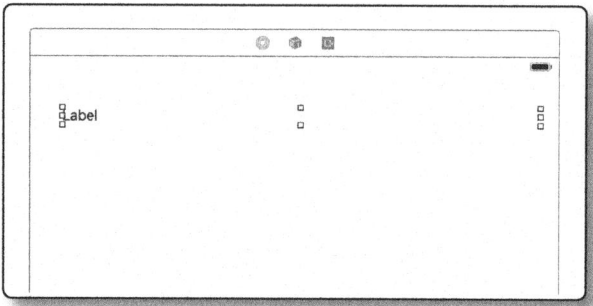

Una vez lo tengamos en nuestra vista vamos a modificar su texto. Para esto seleccionamos el **Label** recién insertado. Para hacer este proceso existen dos formas:

1. Seleccionamos el componente directamente desde la vista, lo cual no será fácil si tenemos muchos, pues corremos el riesgo de seleccionar un componente equivocado.

2. Existe una ventana en la cual vemos el árbol de componentes de una vista. Desde ella podemos acceder de una forma más precisa a cada uno de ellos. Este panel lo podemos mostrar y ocultar desde e ▢ que se encuentra en la parte inferior izquierda del panel central ▢ , donde nos aparecerá una pantalla con cada una de las vistas de nuestra aplicación y sus componentes:

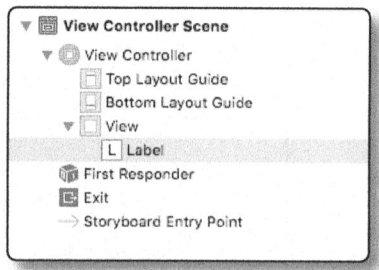

Con el **Label** seleccionado vamos al panel de propiedades (panel derecho del Xcode). Podemos observar que las propiedades varían según el componente seleccionado.

Para que salgan las propiedades del componente en el panel derecho tenemos que asegurarnos de que hemos seleccionado la cuarta opción en la parte superior (**Show the Attributes inspector**):

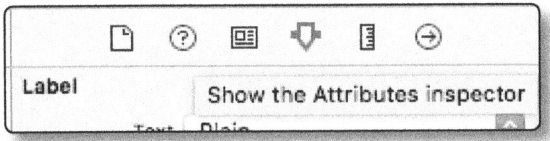

Y ahora ya podemos buscar el atributo que modifica el texto del **Label**. Introducimos el texto "Hola Mundo":

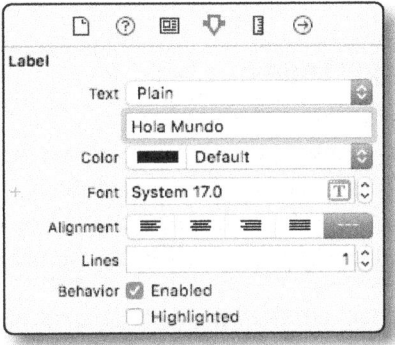

Es recomendable jugar con los distintos atributos de cada componente para estudiar su comportamiento. En un **Label** podemos modificar el color del texto, la fuente, alineación, etc. En mi caso queda de la siguiente forma:

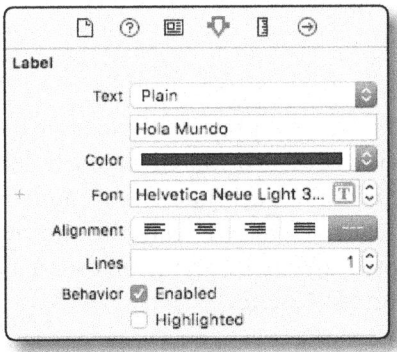

Y ya tenemos nuestra aplicación finalizada. Ejecutamos presionando sobre **Play** y vemos el resultado en un simulador o dispositivo físico. Te recomiendo que juegues y le dediques un tiempo a investigar los distintos componentes que existen, a añadir más textos, modificar sus propiedades, etc. De esta forma empezarás a adquirir soltura a la hora de añadir elementos a la vista, ocultar y mostrar los paneles en Xcode, y modificar los atributos de un elemento. El resultado final de nuestra aplicación es el siguiente:

2.5 MODELO-VISTA-CONTROLADOR

Hasta ahora hemos visto cómo crear una aplicación para iOS. Pero no hemos trabajado bajo el protocolo modelo-vista-controlador, algo que para proyectos reales y más extensos es muy importante ya que facilita la compresión del código, evita posibles errores y nos ayuda en el mantenimiento y actualización del proyecto.

Pero antes de empezar vamos a ver en qué consiste el modelo-vista-controlador de forma genérica:

El protocolo modelo-vista-controlador separa los tres componentes principales de una aplicación facilitando la organización del proyecto y evitando posibles fallos en nuestra aplicación. En todo proyecto existen tres grandes bloques:

2.5.1 Modelo

Los datos que maneja la aplicación (no el tipo). Por ejemplo, en una aplicación de concesionarios para una marca de coches la aplicación contiene un listado de vehículos en *stock* para su venta. Como podemos observar, el dato que maneja es **Coches**, los cuales contienen fecha de matriculación, modelo, marca, color, kilómetros recorridos, etc. Esta información estará almacenada en una base de datos dentro de la tabla llamada **Coches**.

Otro dato que puede manejar la aplicación es el listado de clientes del concesionario, en el cual queremos mostrar el nombre, apellidos, DNI, dirección, teléfono y correo de contacto. En este caso la aplicación tendría dos modelos de datos, uno sería **Coche** y el otro **Cliente**, que se vería reflejado en la base de datos en sus correspondientes tablas.

Si vemos otro ejemplo más conocido, como es Facebook, observamos que su Modelo sería **Entradas**, con su información correspondiente. En Twitter el Modelo sería **Tweets**. Por tanto, el modelo de una aplicación es la información que maneja, la base de datos, sus tablas, relaciones y la clase **Modelo**, con sus atributos y métodos **Get/Set**.

2.5.2 Vista

Esta es la parte más fácil de entender. La vista es la parte visual de la aplicación, la interfaz gráfica que el usuario final observará.

Dicho de otra forma, la vista es la forma en que se va a presentar el modelo. En el caso de aplicaciones iOS, la vista sería el fichero **Main.storyboard**, donde diseñamos cada una de las interfaces de nuestra aplicación.

2.5.3 Controlador

Una de las partes más importantes. El encargado de manejar toda la aplicación. La lógica, el código, funcionalidad, el celebro de un proyecto. Por una parte, tenemos el **modelo** de datos, por otra la **vista** donde se va a presentar; el **controlador** sería el encargado de decidir qué modelo de datos se tiene que ver en qué vista.

2.5.4 Ejemplos

1. Tenemos un botón (vista). El fichero **.swift** vinculado a la vista (controlador) es el encargado de programar el evento y la función que realizará dicho botón al ser presionado.

2. Tenemos una tabla con datos de clientes (modelo), una vista en el **Main. storyboard** donde hemos insertado una lista (vista) y el fichero **.swift** vinculado a dicha vista (controlador) donde programaremos una función que conecte en la base de datos, obtenga los datos (modelo) y los muestre en la lista (vista) de forma ordenada.

Como podemos observar, el protocolo modelo-vista-controlador separa el código de una aplicación en tres ficheros. El código que representa el modelo de datos, el código para montar la vista de la aplicación y el código que contendrá toda la funcionalidad y lógica del proyecto, facilitando de este modo el desarrollo de un proyecto a gran escala.

En el caso de iOS, estos tres bloques se pueden observar claramente. Debemos tener en cuenta que cada vista diseñada en el **Storyboard** estará vinculada a su controlador, **ficheros.swift,** el cual será el encargado de manejar dicha vista. El modelo se representa con otro fichero **.swift**, pero no estará vinculado a ninguna vista, ya que no es un controlador, sino que representará un modelo de datos por medio de una clase con atributos, inicializador y métodos de acceso y modificación de dichos atributos.

En una aplicación con tres vistas tendríamos tres controladores vinculados. Gráficamente queda de la siguiente forma:

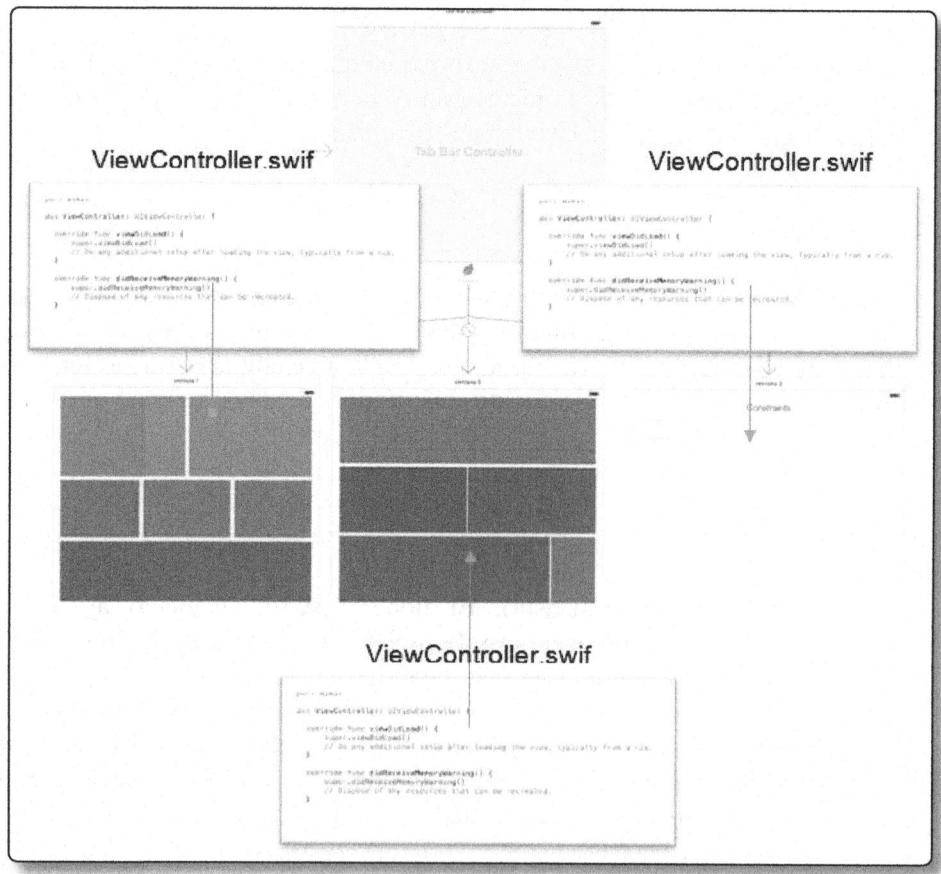

Ahora nos interesa saber cómo podemos vincular una vista con su controlador. Automáticamente, cuando creamos un proyecto nuevo, Xcode nos crea una vista y un fichero llamado **ViewController.swift**. Este fichero es el controlador de la vista creada y ya se encuentran vinculados. Para saber qué controlador tiene tenemos que seleccionar la vista en el Storyboard y acceder al panel derecho de Xcode seleccionado la tercera opción:

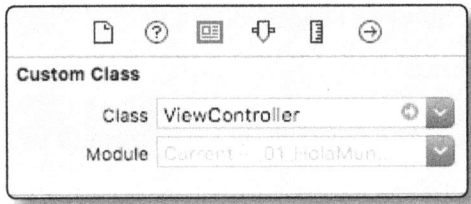

En el desplegable donde pone "clase" indicamos el fichero que será su controlador. Para comprobar que están bien vinculados podemos seleccionar del panel superior la opción de dividir la pantalla en dos para ver la vista y el controlador juntos:

Y veremos que tendremos a la izquierda la vista y a la derecha el controlador:

Hasta ahora hemos aprendido un poco sobre la vista, cómo añadir componentes y cómo modificar sus atributos desde el panel de la derecha. Pero no se ha hablado casi del controlador.

Podemos observar que el controlador es una clase que extiende de **UIViewController**, ya que es el controlador de una **View** normal. En el siguiente tema veremos las distintas vistas que existen en iOS, y, por tanto, de qué tipo de clases deberán extender nuestros controladores.

Vemos que la clase sobrescribe dos métodos. A estos tipos de métodos se les conoce como métodos de ciclo de vida de una vista. Es decir, son métodos que se llaman automáticamente cuando la vista pasa por distintos estados. Algunos de estos estados son:

1. Justo antes de iniciar
2. Justo después de iniciar
3. Justo antes de cerrar
4. Al volver a aparecer

Estos métodos no son obligatorios, pero podemos usarlos para realizar una acción determinada cuando la vista se encuentre en un estado de su vida en concreto. El ciclo de vida de una vista —y los métodos que podemos sobrescribir— es el siguiente (en negrita el nombre de los métodos):

En el controlador que Xcode crea de forma automática vemos que ha sobrescrito la función **viewDidLoad**, la cual es llamada justo después de cargar la vista. Este método lo podemos usar para modificar algún componente de la vista desde el código, para preparar la conexión con la base de datos, realizar alguna comprobación inicial o cualquier otra acción necesaria. Otro ejemplo que se suele usar mucho es el método **viewDidApper**, el cual es llamado cuando aparece la vista.

Tenemos que remarcar que no es lo mismo aparecer que cargar: la vista se carga una vez y puede aparecer muchas. Esto ocurre cuando existe una navegación entre ventanas y podemos avanzar y volver atrás para volver a la ventana anterior ya cargada. En este caso llamará al método **viewDidApper** y no al **viewDidLoad**.

El método **viewDidApper** se suele usar para recargar los datos de una lista por si existe un cambio.

Por último, nos queda aprender cómo podemos tener acceso desde el controlador a un elemento de la vista para poder realizar una acción sobre ella.

2.6 IBOUTLETS Y IBACTIONS

Este es el último concepto importante para poder desarrollar aplicaciones. Hemos aprendido en qué consiste el modelo-vista-controlador. Sabemos que toda vista que no queramos que sea estática debe tener vinculado su controlador para poder actuar sobre ella. Para esto son los IBOutlets y los IBActions:

1. **IBOutlets**: son el objeto que representa a un elemento de la vista desde el controlador. Podemos acceder y modificar sus atributos.

2. **IBActions**: son las funciones que realizará un evento vinculado a un elemento de la vista. El caso más común es el de un botón que realiza una acción al ser presionado.

Es decir, si queremos que un elemento realice una acción tras ocurrir un evento tendremos que programar un IBAction en el controlador y vincular dicha función al evento que queramos de un elemento de la vista. En caso de que queramos obtener un valor o modificar algún atributo de la vista crearemos un IBOutlet vinculado a dicho elemento para poder tener acceso desde el controlador.

Para ponerlo en práctica vamos a modificar la aplicación **Hola Mundo**, en la cual añadiremos un botón que al ser presionado mostrará un mensaje de bienvenida en un **Label**. Si analizamos un poco la tarea vemos que tenemos que crear un

IBAction que será llamado por el botón. En el IBAction tendremos que programar un IBOutlet que represente al **Label** de la vista para poder acceder a su atributo de texto y añadir el que queramos.

Para hacer esto vamos a preparar primero la vista añadiendo un botón que ponga "Saludar" debajo del **Label**. Queda de la siguiente forma:

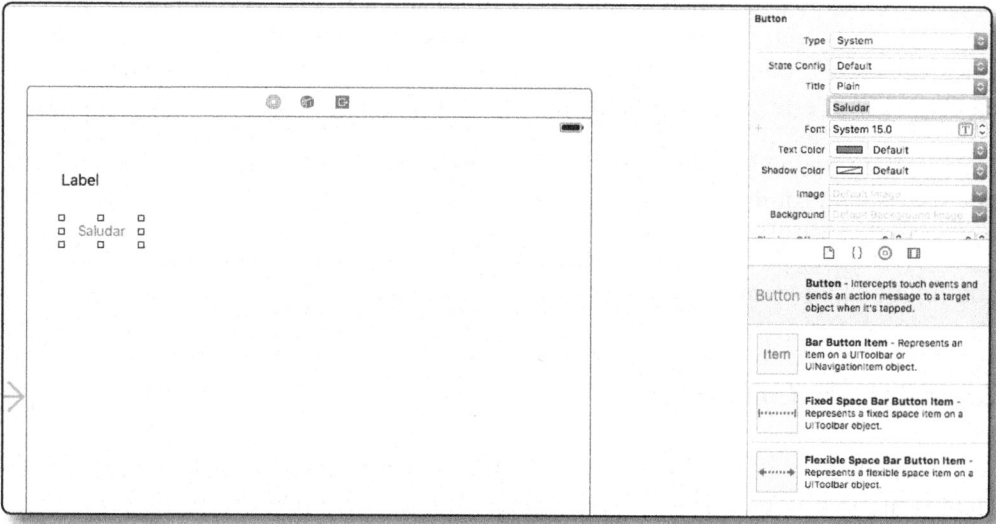

Ahora tenemos que crear en el controlador de la vista el IBOutlet que represente al **Label** y modificaremos su texto:

1. Comprobamos que tenemos la vista vinculada a su controlador. Seleccionamos la vista y accedemos a la tercera opción del panel derecho en Xcode. Observamos que en el desplegable de **Class** tenemos el fichero **ViewController.swift**:

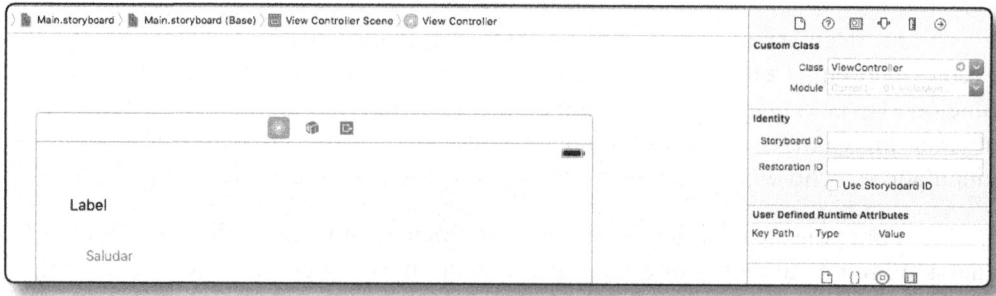

2. Dividimos la pantalla en dos para ver a la izquierda la vista y a la derecha el controlador. Accedemos al conjunto de tres botones del panel superior de Xcode seleccionando el del centro:

3. El siguiente proceso es más complicado la primera vez. Seleccionamos el **Label** y, con la tecla **Ctrl** presionada, pinchamos y arrastramos a la pantalla del controlador, más concretamente a la zona en la cual se declaran los atributos de una clase:

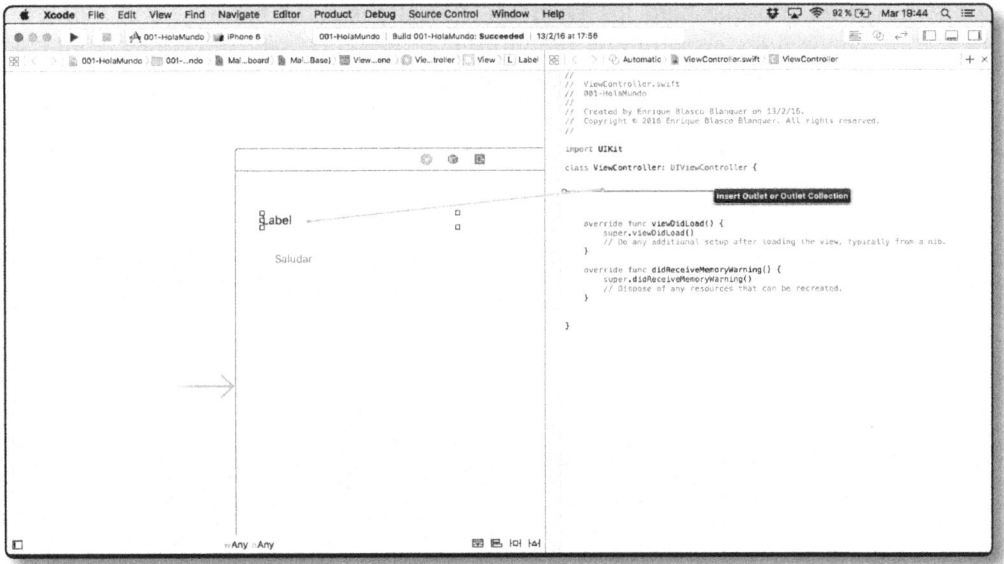

4. Cuando soltamos nos saldrá un dialogo en el cual tendremos que introducir el nombre del **Outlet**. Introduciremos un nombre fácil que identifique claramente a qué elemento de la vista nos estamos refiriendo. Para terminar, presionamos **Conectar** y ya tendremos conectado un elemento de la vista en su controlador:

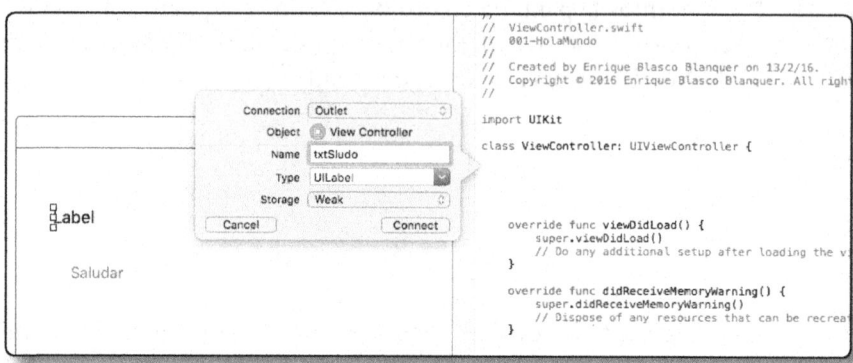

5. Ahora tenemos que hacer la acción que realizará el botón al ser presionado. Por tanto, tenemos que crear un IBAction. El proceso es exactamente el mismo que para los **Outlets**. Pinchamos en el botón y, con **Control** presionado, arrastramos al controlador, pero esta vez en la zona donde se implementan las funciones dentro de una clase:

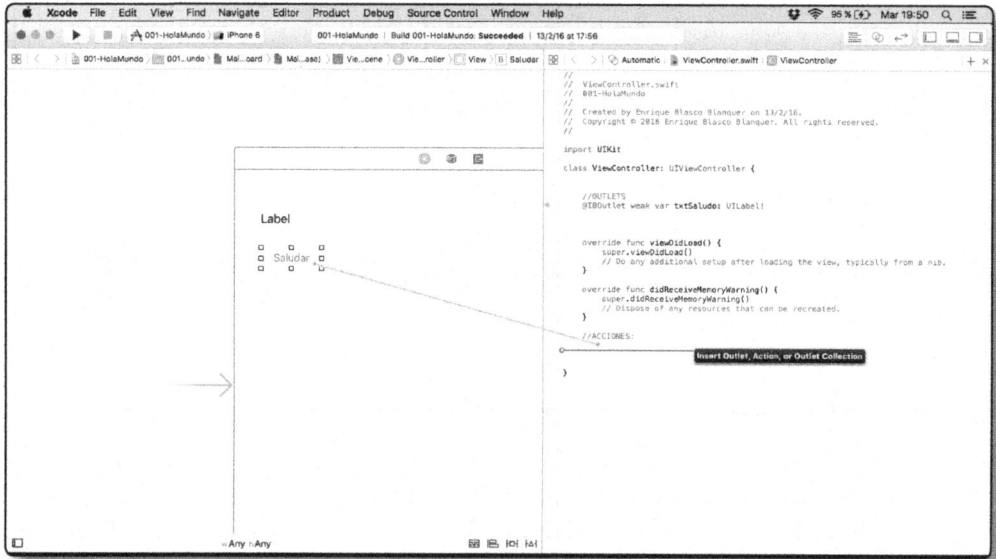

6. De nuevo nos saldrá el diálogo, pero esta vez tendremos la opción de crear un **Outlet** o un **Action**. Debemos asegurarnos de seleccionar un **Action** en el desplegable donde pone **Connection**. Añadimos un nombre a la acción y conectamos:

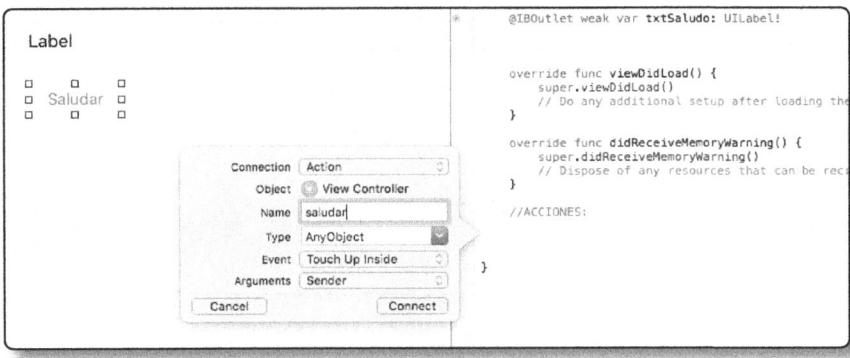

Ya tenemos una función en nuestro controlador, función que será llamada cuando presionemos en el botón. Solo nos queda implementar dicha función.

1. Como queremos modificar el texto del **Label** tendremos que introducir el nombre del **Outlet** que lo representa, en este caso **txtSaludo**:

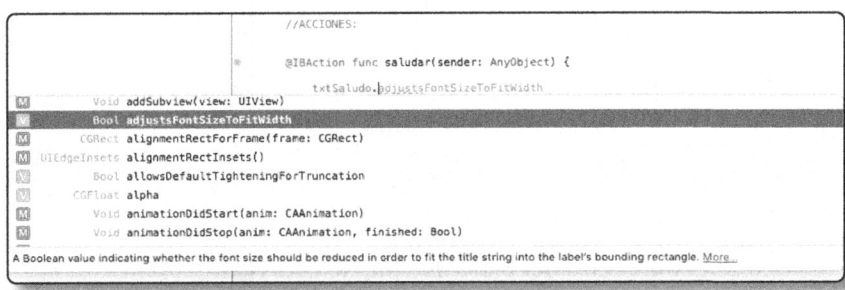

2. Vemos que al poner punto al lado del nombre accedemos a todas las funciones y atributos que podemos realizar sobre el objeto, que en este caso representa al **Label** de la vista. Tenemos que modificar el atributo **text** del **Label**; la función quedaría de la siguiente forma:

```
@IBAction func saludar(sender: AnyObject) {

    txtSaludo.text = "Hola soy Mar"

}
```

En esta sentencia hemos asignado el valor del **String "Hola soy Mar"** al atributo **text** de la variable **txtSaludo** por medio de un operador de asignación, el cual es un **Outlet** que se encuentra conectado con un **Label** de la vista. De este modo, si probamos nuestra aplicación y presionamos el botón llamará a esta acción, que hemos conectado anteriormente, mostrando el mensaje en nuestra aplicación:

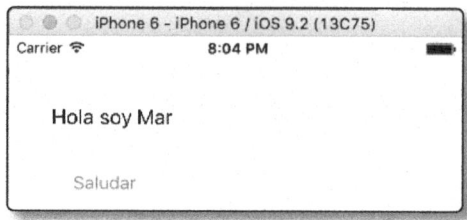

Parece que hemos hecho muy poco, realmente la aplicación solo muestra un mensaje sencillo por pantalla, no creo que la podamos poner a la venta en la App Store. Pero es más de lo que podamos creer.

Para desarrollar esta aplicación has tenido que aprender todos los conceptos fundamentales de iOS con Swift:

1. Las herramientas básicas del lenguaje: atributos, funciones y clases.

2. Xcode: los distintos paneles del entorno de desarrollo.

3. La estructura de una aplicación: el Storyboard y las clases Swift.

4. Entender el concepto modelo-vista-controlador: para que una vista tenga funcionalidad la vinculamos a un controlador, que no deja de ser una clase de Swift que extiende de otra superclase.

5. Las funciones del ciclo de vida de una vista.

6. Crear las conexiones Outlet y Action.

7. Acceder a funciones y atributos de un objeto en Swift.

Siete conceptos muy importantes que se utilizan continuamente en el desarrollo de una aplicación. De ahí la importancia de estos dos temas. Dedica tiempo a entender bien todos los puntos vistos hasta el momento para poder seguir en los siguientes temas.

Como reto personal, crea una aplicación en la cual podamos mostrar cuatro mensajes motivadores distintos en un **Label**. Tendremos cuatro botones y al presionar sobre ellos se mostrará un mensaje que motive a la gente.

También puedes intentar ser creativo y con los conceptos aprendidos hasta el momento inventar una pequeña aplicación con una funcionalidad real. ¡Inventa y practica!

3

VISTAS Y NAVEGACIÓN

En este tema vamos a aprender a realizar una aplicación completa con datos estáticos. Veremos todas las vistas que podemos usar en nuestras aplicaciones y qué características principales tienen; también aprenderemos a crear la navegación entre distintas pantallas.

El diseño de las pantallas en iOS está muy estudiado para conseguir tener la mejor experiencia final de usuario posible, por eso no podemos crear las vistas con el diseño que queramos, sino que tenemos que seguir un patrón específico.

Algunas de las principales características de las vistas en iOS son las siguientes:

1. La interfaz de usuario tiene que ayudar al usuario a entender e interactuar con el contenido, pero no compite con él.

2. El texto tiene que ser legible en todos los tamaños; los iconos, precisos y lúcidos; los adornos, sutiles; y el diseño debe enfocarse en la funcionalidad.

3. Capas visuales y movimientos realistas que transmiten vitalidad y aumentan el deleite y la comprensión de las personas.

En Apple recomiendan que se utilicen los temas de iOS para crear el diseño de la interfaz de usuario y así asegurar la experiencia final del usuario. Hay que añadir detalles y adornos siempre con cuidado.

Por último, es importante asegurarse de diseñar la interfaz de usuario para adaptarse a diferentes dispositivos y modos para que los usuarios puedan disfrutar de la aplicación en tantos contextos como sea posible.

Aunque una interfaz de usuario con mucho movimiento y diseño es lo más destacado de la experiencia en iOS, el contenido del usuario es el corazón de la aplicación.

El truco en una buena aplicación, por lo que a la experiencia se refiere, es proporcionar claridad asegurando que el contenido es lo más importante.

3.1 ANATOMÍA DE UNA APP

En iOS tenemos una librería llamada **UIKit**, ya vista en el Playground. Esta librería contiene todos los componentes de interfaz de usuario para diseñar una aplicación. En casi todas las aplicaciones que vamos a desarrollar utilizaremos alguno de estos componentes.

Los elementos de interfaz de usuario proporcionados por **UIKit** se dividen en cuatro grandes categorías:

1. **Barras** que contienen información contextual que indica a los usuarios dónde están; y **controles** que ayudan a los usuarios a navegar o iniciar acciones.

2. **Vistas de contenido**. Contienen la aplicación en sí y muestran la información principal.

3. **Controles** que realizan acciones o muestran información en pantalla.

4. **Vistas temporales** que aparecen brevemente para dar a los usuarios información importante u opciones adicionales y funcionalidad.

Además de estos cuatro grupos, **UIKit** nos proporciona objetos que implementan la funcionalidad, tales como el reconocimiento de gestos, el dibujo y la accesibilidad.

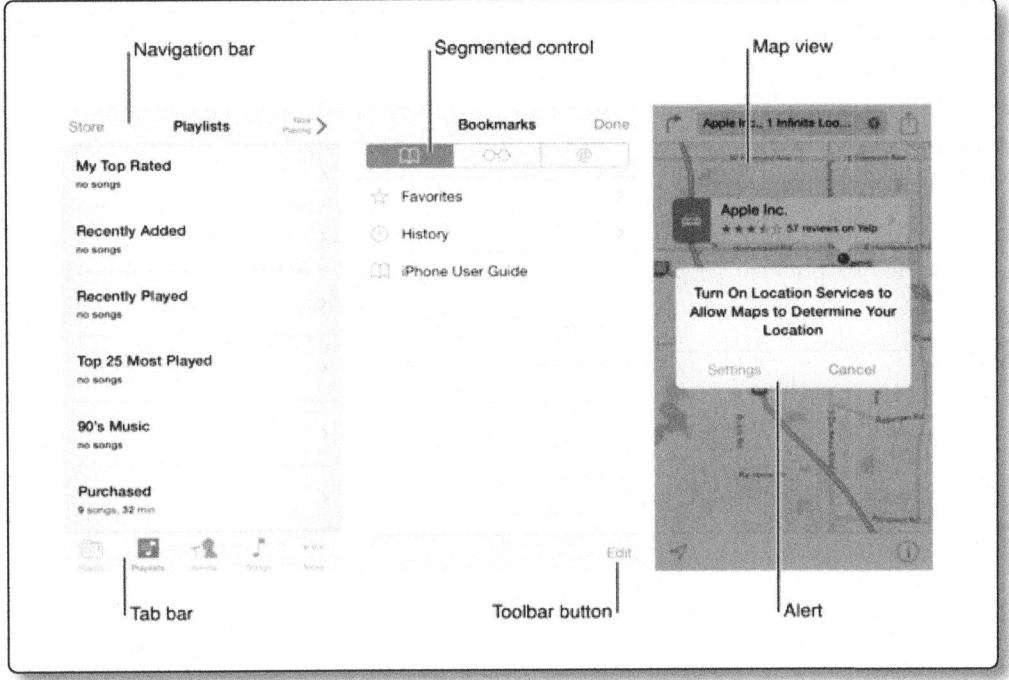

3.2 CONTENEDORES

Para diseñar nuestras interfaces de usuario, iOS contiene un conjunto de elementos llamados *contenedores*. Estos elementos de la vista son los encargados de crear el cuerpo de nuestra pantalla. Alguno de los contenedores que podemos usar son los siguientes:

1. **View**

2. **Navigation**

3. **Table View**

4. **Collection View**

5. **Tab Bar**

6. **Split View**

7. **Page View**

Cada uno de ellos es el encargado de indicar el comportamiento funcional de la aplicación. Es decir, si queremos crear una pantalla en la cual mostrar una lista de elementos utilizaremos un **Table View**, ya que esta vista está preparada para crear un listado de elementos. Si en nuestra aplicación va a existir una navegación entre pantallas, utilizaremos como contenedor principal el **Navigation Controller**, el cual contendrá el resto de contenedores,

La mejor forma para entender cómo podemos crear nuestras interfaces de usuarios es ponerlo en práctica. Para practicar con las vistas vamos a crear un proyecto por cada una de ellas. Los contenedores que podemos usar se encuentran en el panel derecho de Xcode y vienen remarcados con un círculo amarillo:

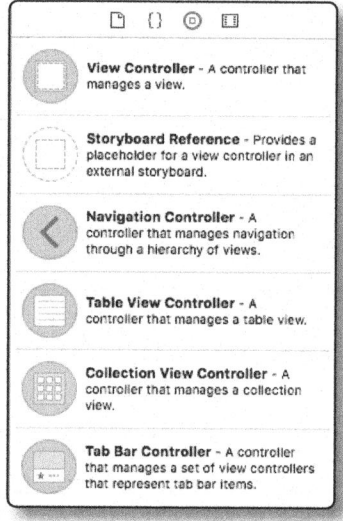

3.3 VIEW

Una **View** es el contenedor básico que podemos usar para diseñar una pantalla única que no tendrá navegación. Un ejemplo muy claro es la calculadora de iOS:

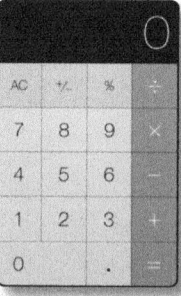

Podemos observar que la aplicación de calculadora no contiene una navegación entre diferentes pantallas. Para realizar esta interfaz de usuario se ha utilizado el contenedor **View**.

Vamos a crear un proyecto nuevo para iOS eliminando todas las vistas que se encuentran en el Storyboard y en su fichero controlador. De esta forma aprenderemos a crear un proyecto desde cero.

Cuando intentamos eliminar el fichero controlador de la vista llamado **ViewController.swift** vemos que nos sale el siguiente mensaje:

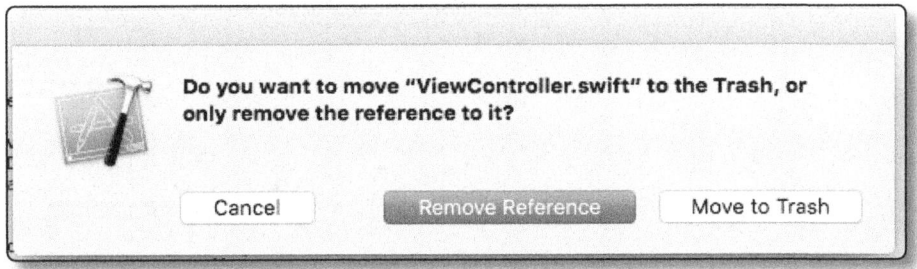

Presionaremos sobre el botón **Move to Trash**, ya que la otra opción remarcada en azul no elimina el fichero sino la referencia a él. Esto significa que el fichero se encuentra físicamente dentro de nuestro proyecto, pero no podemos hacer referencia a él. De la otra forma eliminamos físicamente el fichero del proyecto, opción que nos interesa en estos momentos.

Por lo que el proyecto queda con el Storyboard en blanco y el árbol de ficheros de la siguiente forma:

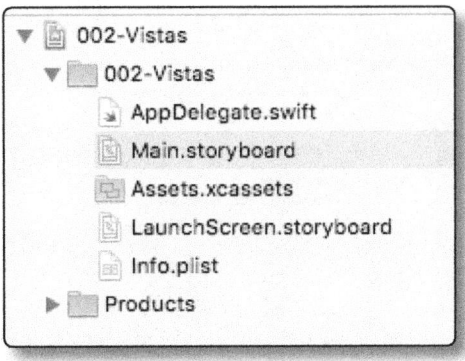

Queremos crear una aplicación que no contenga ninguna navegación. Estará formada por una única vista, como la aplicación calculadora de iOS. Por tanto, vamos a usar como contenedor principal una **View**. En el Storyboard buscamos el contenedor **View** en el panel derecho de Xcode y lo arrastramos:

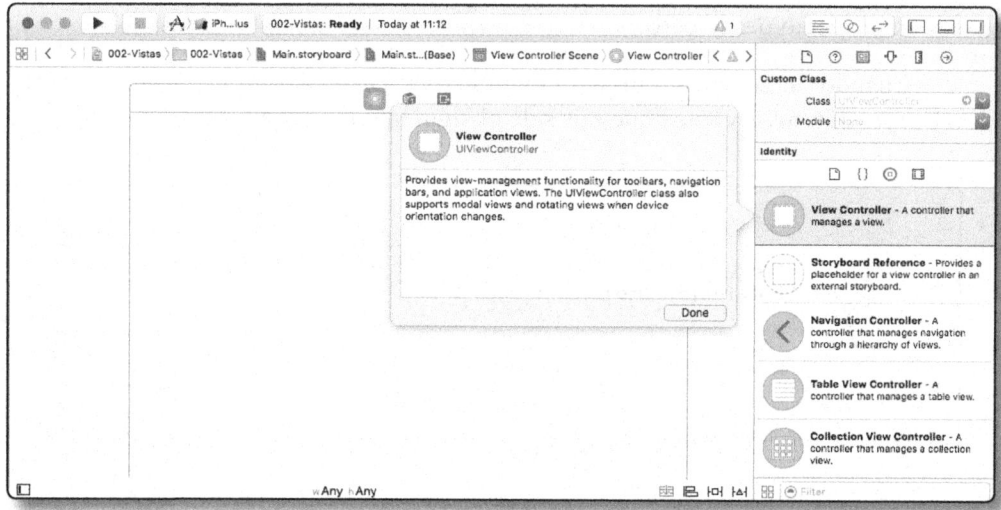

Ahora nos interesa vincular la vista con un controlador. Para hacerlo vamos a crear un nuevo fichero presionando botón derecho sobre la carpeta del proyecto en el árbol de ficheros del panel izquierdo de Xcode:

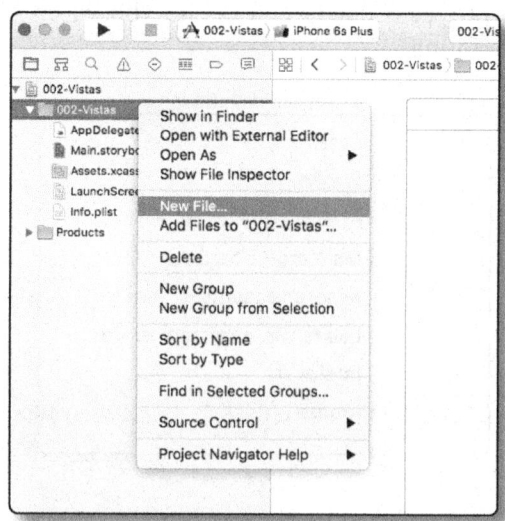

A continuación, seleccionamos **Cocoa Touch Class**:

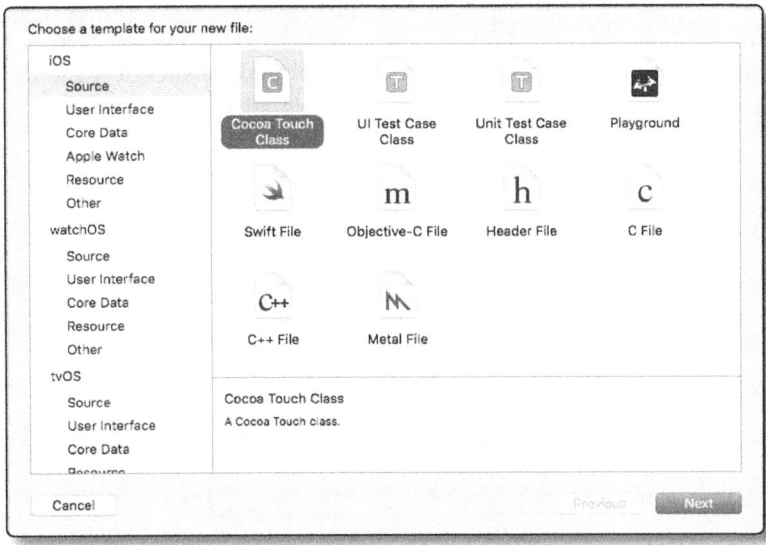

En la siguiente pantalla introduciremos un nombre para nuestro controlador y seleccionamos de qué clase tiene que heredar. Esto es más sencillo de lo que parece: tenemos que seleccionar qué tipo de controlador queremos crear, es decir, qué elemento de la vista queremos controlar. En este ejemplo queremos controlar una **View**, por lo que seleccionaremos un **UIViewController (User Interfaz View Controller)**. Dependiendo del tipo de vista que queramos controlar, tendremos que crear su correspondiente controlador:

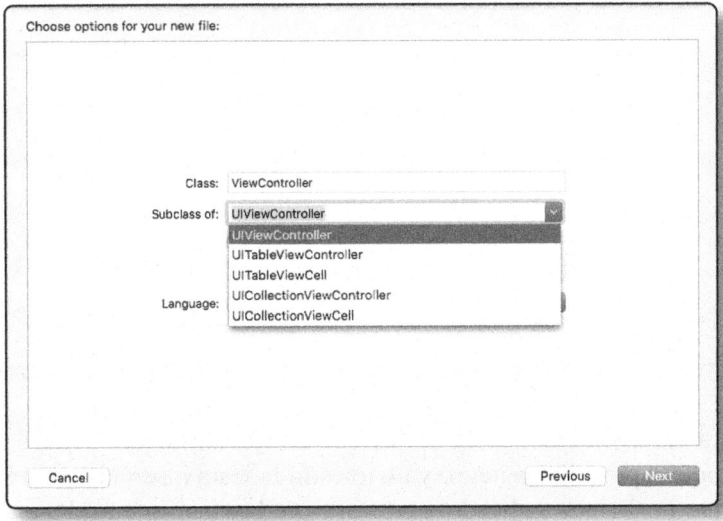

Presionamos sobre **Next** y creamos el fichero en el directorio de nuestro proyecto. Ahora tenemos que crear la vinculación con la vista. Para realizar esta tarea nos situamos en el Storyboard y seleccionamos la vista a la que queremos añadir un controlador. Buscamos en la tercera opción del panel derecho de Xcode el desplegable **Class** y allí localizamos nuestro controlador recién creado:

Presionamos **Enter** y ya tendremos nuestra vista vinculada con su controlador. Recordemos, podemos comprobar que funciona correctamente dividiendo la pantalla en dos:

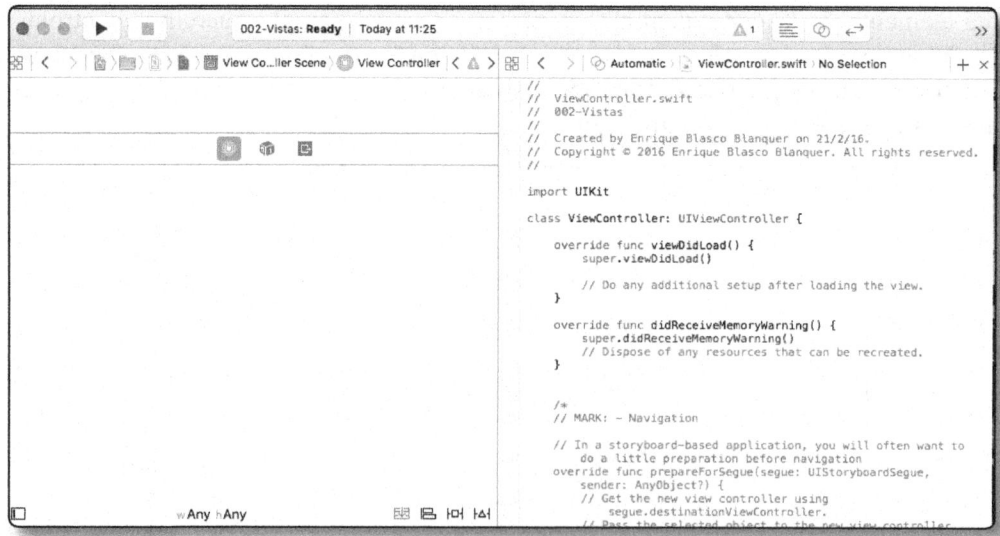

Ahora vamos a ejecutar la aplicación con el simulador y observamos que aparece una bonita pantalla en negro y no nuestra la vista insertada en el Storyboard. Esto es porque no hemos indicado cuál va a ser la vista inicial. Para indicar que nuestra **View** sea la vista de inicio al ejecutar la aplicación, tenemos que seleccionar la vista en el Storyboard, dirigirnos a la cuarta opción del panel derecho de Xcode y seleccionar una propiedad llamada **Is Initial View Controller**:

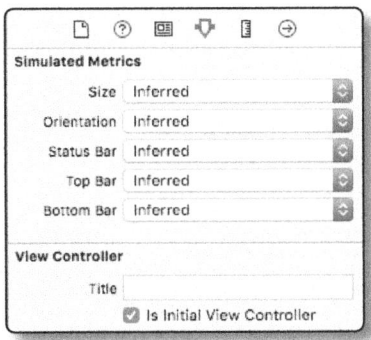

Ahora, si ejecutamos de nuevo la aplicación, vemos que ya aparece nuestra vista.

Una vez tengamos nuestra vista vamos a diseñar en ella una ficha de perfil de usuario en la cual se mostrará la información de contacto. Para realizar esta tarea tenemos que buscar los componentes que queramos utilizar del panel derecho y arrastrarlos a nuestra vista en la posición que queramos. Para poder modificar los atributos de un elemento, lo seleccionamos y cambiamos sus propiedades en el panel derecho de Xcode. Tenemos que crear una vista parecida a esta:

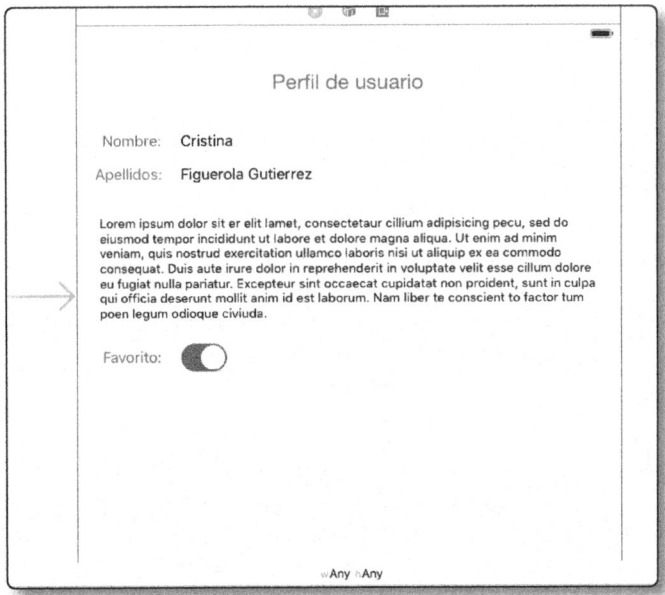

Ahora ejecutamos la aplicación simulando en distintos dispositivos y vemos el resultado:

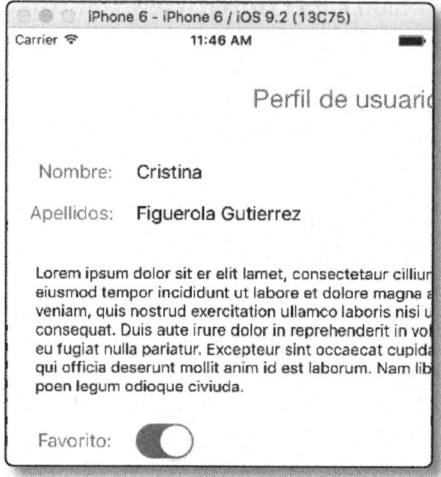

Podemos observar que no sale exactamente lo que hemos diseñado en nuestra vista. Esto es porque hemos seleccionado un proyecto **Universal**, es decir, que funcione en todos los dispositivos de Apple con diferentes tamaños de pantalla, por lo que estamos diseñando en una pantalla estándar cuadrada que no pertenece a ningún dispositivo en concreto. Por eso, cuando probamos nuestra aplicación en un iPhone 6, vemos solo la mitad de la pantalla diseñada. Por sí solo no sabe adaptarse al tamaño de la pantalla, sino que somos nosotros los responsables de indicar el comportamiento de los componentes en los diferentes dispositivos. A estas indicaciones se les llama **constraints**.

3.4 CONSTRAINTS

Los **constraints** son un conjunto de normas de comportamiento de los elementos para adaptarse a los diferentes tamaños de pantalla. Pueden llegar a ser muy complejos, pero vamos a intentar simplificarlos en un conjunto de pautas básicas para poder diseñar la gran mayoría de aplicaciones. Existen dos grandes bloques de comportamiento:

1. **Anclas**: indican a dónde se tiene que anclar un elemento.

2. **Altura y anchuras**: podemos indicar si un elemento tiene o no anchura y altura fija. Podemos indicar que tenga altura fija, pero su anchura puede modificarse según el tamaño del espacio que tenga para crecer.

Con estas dos normas básicas podemos hacer que nuestras aplicaciones queden perfectamente adaptadas. Otra recomendación es utilizar al menos cuatro normas de comportamiento para asegurarnos de que funcionen correctamente. Vamos a ponerlo en práctica con nuestra vista creada anteriormente.

Primero observamos el título principal: "Perfil de usuario". Vemos que es muy grande y se sale de la pantalla. En este caso nos interesaría que el **Label** estuviera anclado a los dos laterales de la pantalla y en la parte superior, haciendo que su ancho pueda variar según el ancho de la pantalla y que la altura fuera fija para que podamos leer correctamente su contenido. Para conseguir esto seleccionamos el **Label** y observamos el conjunto de cuatro botones que tenemos en la parte inferior del Storyboard:

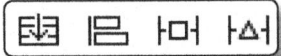

Seleccionamos el tercer botón y vemos que en la parte superior del submenú aparecen las anclas que puede contener el elemento. Arriba, abajo, izquierda y derecha. Sabemos que no se encuentra anclado porque las líneas rojas aparecen en puntos descontinuos. Si presionamos sobre las líneas superior, derecha e izquierda se transformará en una línea roja continua:

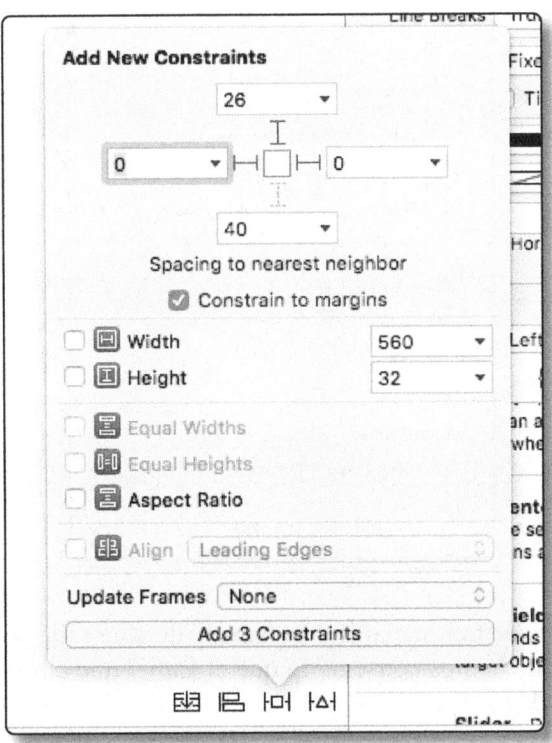

Para añadir los **constraints** presionamos sobre el botón **Add 3 Constraints** y ya tenemos tres normas de comportamiento del **Label**. Se encuentra anclado a la parte superior, derecha e izquierda de la pantalla, por lo que siempre se encontrará a la misma distancia de esos tres puntos de anclaje independientemente del tamaño de pantalla. En el caso de tener una pantalla muy ancha, el **Label** se alargará para respetar la norma de anclajes laterales, consiguiendo que el texto del **Label** se encuentre siempre centrado en pantalla.

Ya tenemos tres normas, pero se recomienda tener al menos cuatro. Por lo que vamos a indicar que el **Label** tendrá una altura fija (anchura fija sería contradictorio con el anclaje a los laterales, ya que no dejaría crecer y rompería el ancla). Para hacer esto seleccionamos en la misma pantalla de los anclajes la opción de **Height**, haciendo que la altura sea fija de 32 independientemente del comportamiento del resto de elementos y del tamaño de pantalla. Con esto nos aseguramos de que el texto que contiene el **Label** siempre será visible. De este modo, las cuatro normas de comportamiento del **Label** quedan de la siguiente forma:

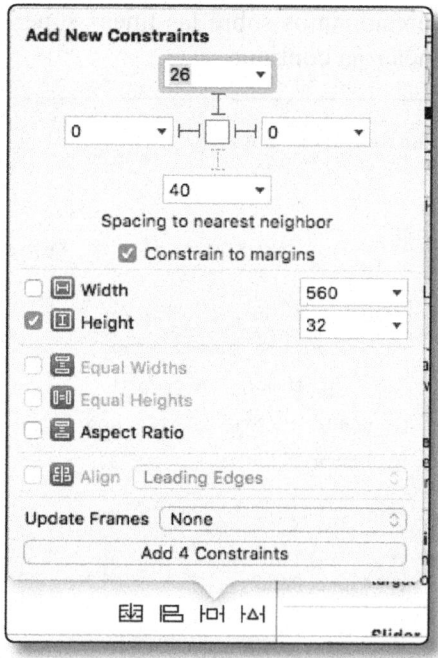

Vemos que tiene tres anclajes y un tamaño de altura fijo; si probamos nuestra aplicación, vemos que hemos conseguido que el **Label** que contiene el título se vea correctamente en todas las pantallas:

Para el resto de elementos utilizaremos el mismo tipo de normas de comportamiento. En el caso de que tengamos dos **Labels**, uno al lado del otro, anclaremos el **Label** con el contenido del nombre al **Label** que contiene la palabra nombre, que a su vez se encuentra anclado a la izquierda de la pantalla. Estos dos elementos se encontrarán anclados a la parte superior, pero a diferencia del **Label** de título, no será a la parte superior de la pantalla, sino al **Label** que se encuentra inmediatamente encima de ellos, que, a su vez, se encuentra anclado a la parte superior de la pantalla, consiguiendo así una cadena de anclaje para todos los elementos cuyo origen se encuentra en algún lateral de la pantalla. Así, tenemos que seleccionar todos los elementos de la pantalla restantes menos el **Switch**, que tiene un comportamiento distinto, e indicar las cuatro normas de comportamiento:

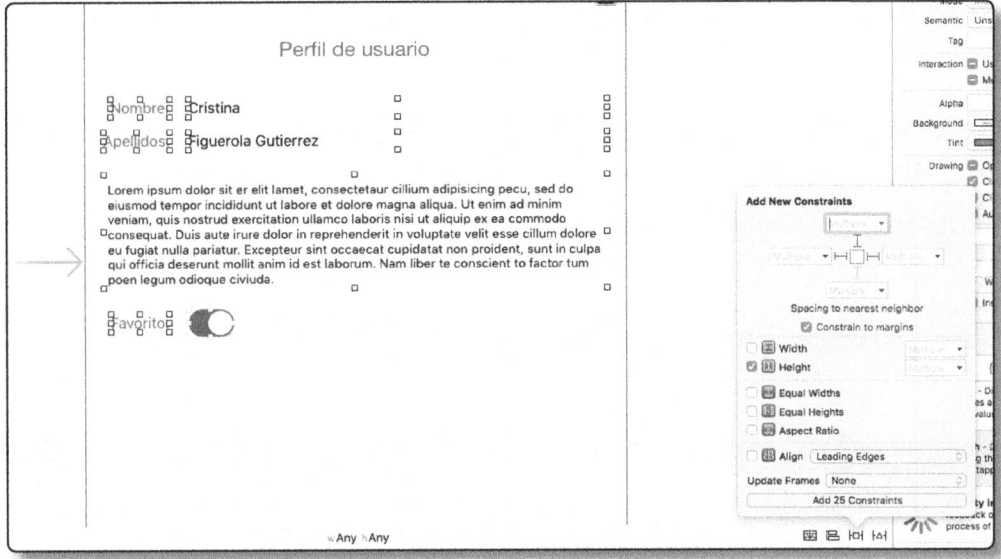

Anclas a la parte superior, derecha e izquierda y altura fija.

Finalmente vamos a estudiar el comportamiento que debería tener el **Switch**. Queremos que se encuentre anclado por la izquierda con el **Label** en el que pone "favorito"; y a la parte superior, donde tenemos el texto de prueba. También queremos que el tamaño del componente sea siempre fijo en altura y anchura, por lo que ya tenemos las cuatro normas: anclas a la parte superior e izquierda, y tamaño fijo en anchura y altura.

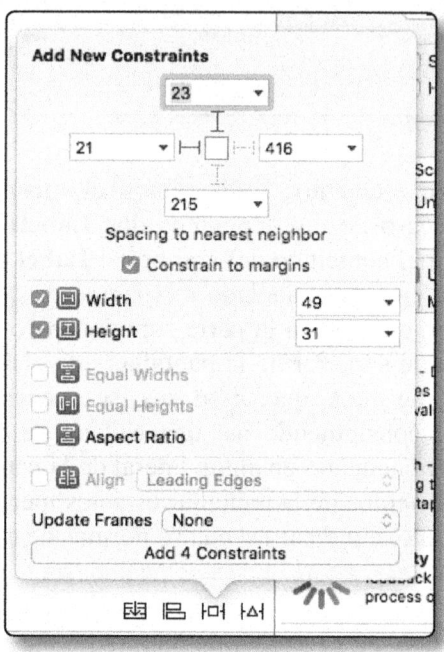

Si probamos nuestra aplicación, comprobamos que ya podemos ver todos los elementos funcionando perfectamente en distintos tamaños de pantalla:

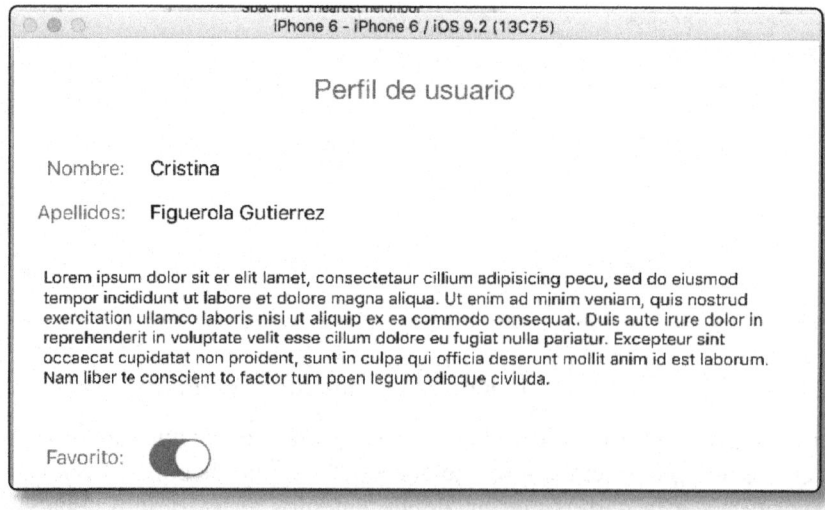

Si seleccionamos la cuarta opción del menú de botones de los **constraints** con la vista seleccionada, nos encontramos el siguiente menú:

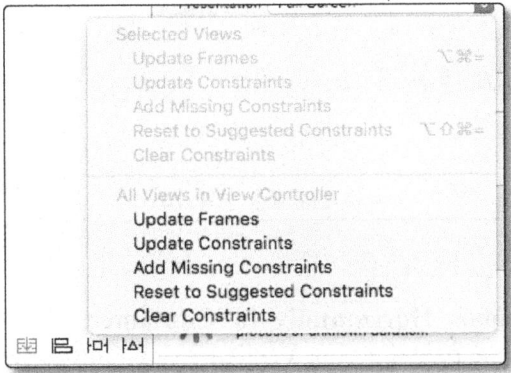

Donde podremos:

1. **Update Constraints**: si hemos cambiado o añadido algún **constraint** nuevo, podemos actualizar.

2. **Reset to Suggested Constraints**: crea un conjunto de normas sugeridas que en algunas ocasiones puede funcionar y salvarnos de algún apuro.

3. **Clear Constraints**: elimina todos los **constraints** del elemento que tengamos seleccionado. En caso de tener la vista, elimina todos los **constraints** creados.

Otra norma interesante que podemos usar es la de centrar en pantalla, tanto en vertical como en horizontal. Esta opción se encuentra en la segunda opción del menú de **constraints**:

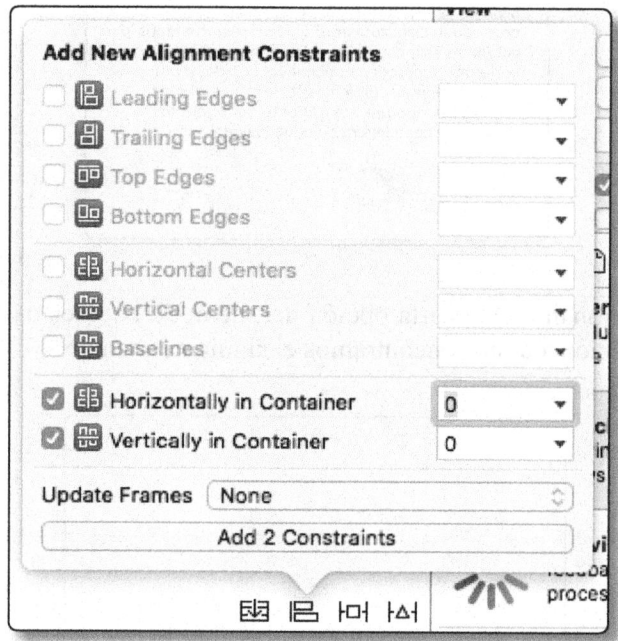

Si seleccionamos **Horizontally in Container**, centra en horizontal un elemento respecto a la pantalla. En **Vertically in Container** centra en vertical respecto a la pantalla. Si seleccionamos los dos, el elemento se centra tanto en horizontal como en vertical, colocando a dicho elemento en el centro de la pantalla independientemente del tamaño de esta.

Si queremos ver y modificar las normas introducidas a un elemento, lo seleccionamos y vemos el árbol de elementos de la vista del Storyboard. En azul tenemos todos los **constraints** insertados a un componente:

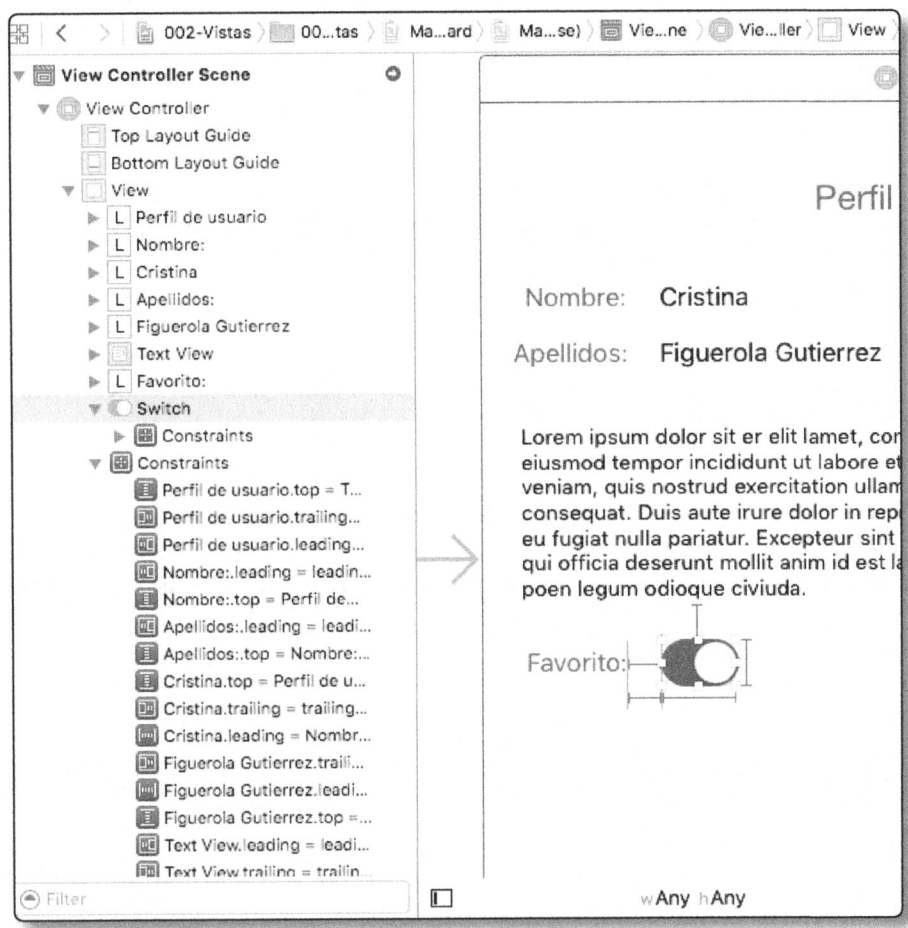

Podemos seleccionar un **constraint** del árbol y dirigirnos al panel derecho de Xcode donde podemos modificar sus propidades.

Como vemos, los **constraints** pueden ser sencillos si jugamos con la combinación de cuatro normas de comportamiento repartidas entre anclajes a los cuatro puntos y las alturas y anchuras fijas. Lo difícil es encontrar esa combinación para que nuestra aplicación quede perfectamente adaptada a los diferentes dispositivos de Apple.

El diseño de interfaces se aprende con la práctica. Intenta diseñar una pantalla compleja con muchos elementos en ella y hacer con anclajes y tamaños fijos una combinación perfecta para poder ver tu aplicación en las distintas pantallas. Si no te sale a la primera, reinicia todos los **constraints** y vuelve a empezar. Recuerda, utiliza al menos cuatro normas de comportamiento jugando con las anclas y los tamaños. ¡Ánimo!

3.5 TAB BAR

El **Tab Bar** es un menú en la parte inferior de la pantalla con un máximo de cinco elementos visibles que sirve para navegar a las distintas partes de tu aplicación.

Este menú puede contener un icono, un texto o ambos. Es un contenedor que a su vez contiene otras vistas. Cada botón del **Tab Bar** apunta a otro contenedor, como una **View** o un **Navigation View** en caso de que en dicho apartado exista una navegación lateral entre vistas.

Para practicar el **Tab Bar** vamos a crear una aplicación: nuestro currículum. En esta aplicación tendremos cinco apartados en el menú inferior: el perfil general, estudios, experiencia, trabajos y contacto.

Creamos un nuevo proyecto **Universal** para iOS, borraremos la vista que viene en el Storyboard, así como su controlador, dejando el proyecto preparado para empezar desde cero. El primer paso consistirá en arrastrar del panel derecho de Xcode el **Tab Bar Controller**, ya que será el contenedor principal de nuestra aplicación:

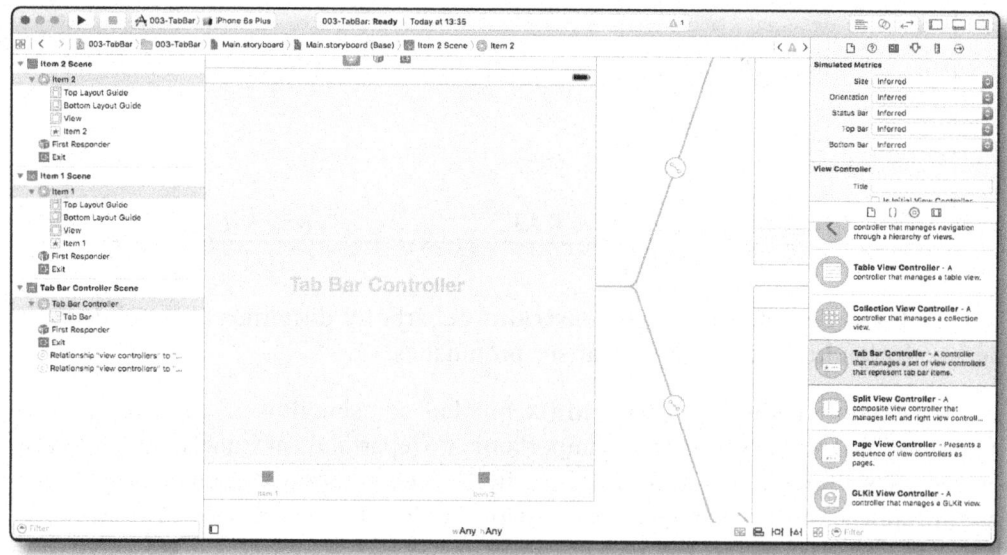

Automáticamente, al arrastrar el **Tab Bar Controller** nos crea un menú con dos vistas. Las eliminaremos para aprender cómo crear diferentes apartados en nuestra aplicación. Crearemos un controlador para el **Tab Bar** y se lo vincularemos, esta vez seleccionaremos un tipo **TabBarController**:

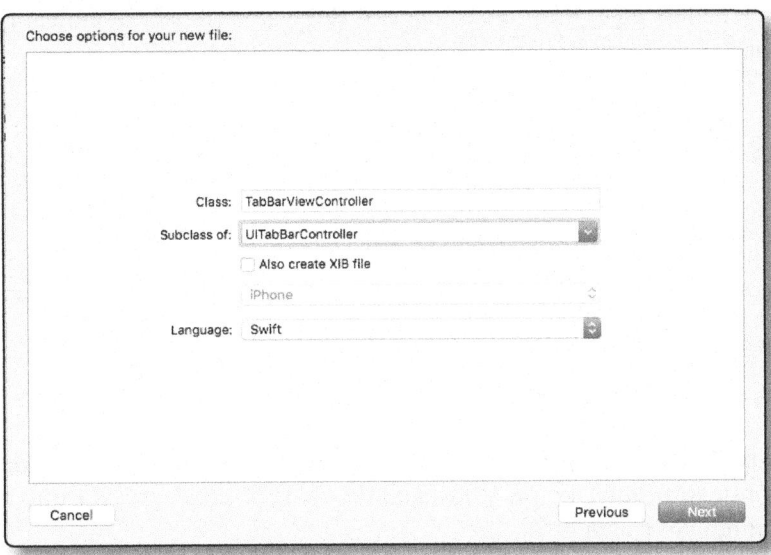

Lo vinculamos a la vista con la pestaña de clase seleccionando el **Tab Bar Controller** de nuestro Storyboard:

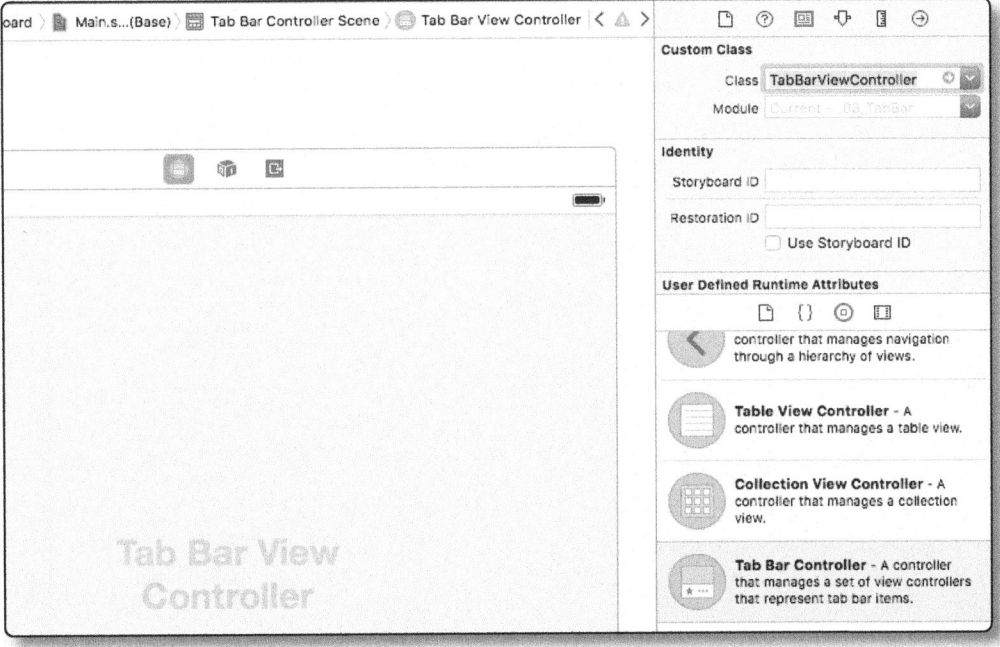

Ya tenemos en el Storyboard un **Tab Bar** vacío (recuerda indicar que es una vista inicial):

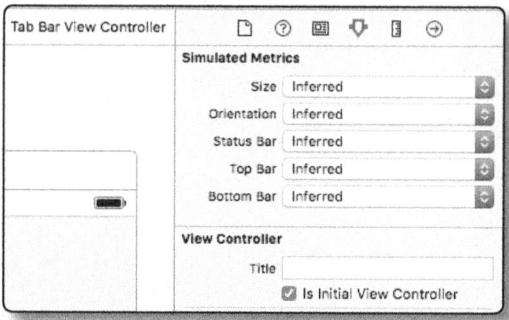

Si reproducimos nuestra aplicación vemos el **Tab Bar** en la parte inferior, pero no contiene ningún botón y la pantalla aparece en negro, ya que no hemos insertado ninguna vista dentro.

Vamos a crear el primer apartado de nuestra aplicación. Queremos utilizar una **View** para mostrar la información general de nuestro currículum. Seleccionamos la vista del menú lateral derecho de Xcode y la arrastramos a la vista:

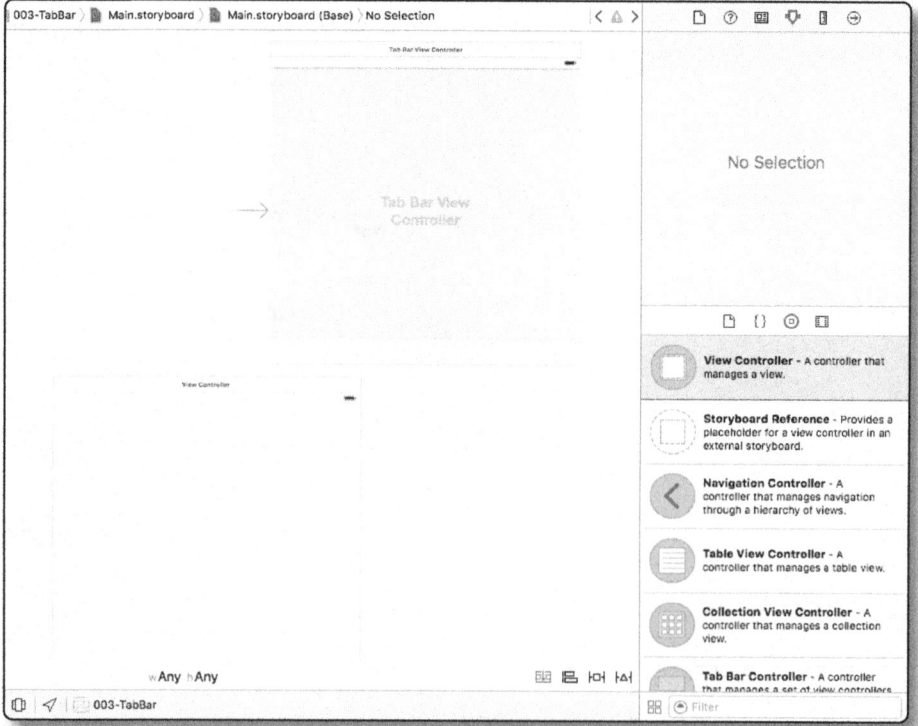

El siguiente paso es vincular la vista recién insertada como primer elemento del **Tab Bar**, para realizar esta tarea seleccionamos el **Tab Bar** pinchando en él y con la tecla **Ctrl** presionada arrastramos a la vista que queramos que sea nuestro primer elemento:

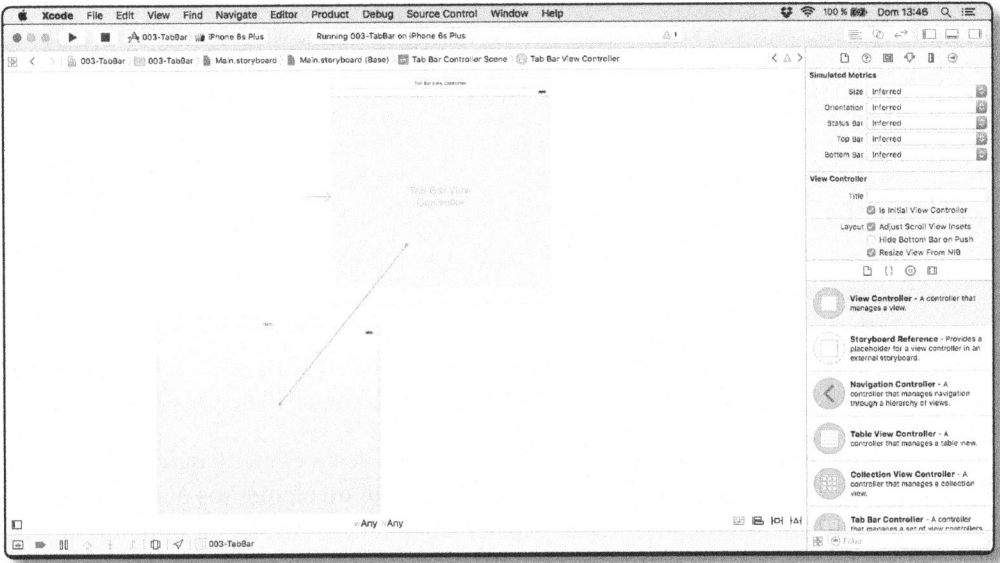

Al soltar dentro de la vista nos aparecerá un menú para indicar qué tipo de relación tienen las dos vistas:

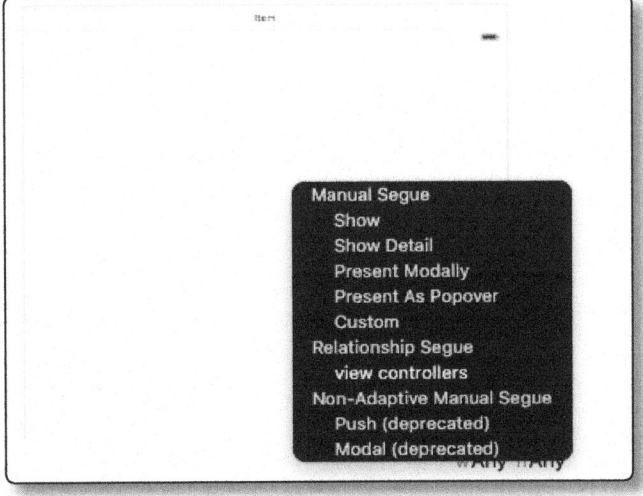

Seleccionamos la opción de **view controllers** y veremos que de forma automática se crea un botón con un texto en el **Tab Bar** que se encuentra vinculado con la vista:

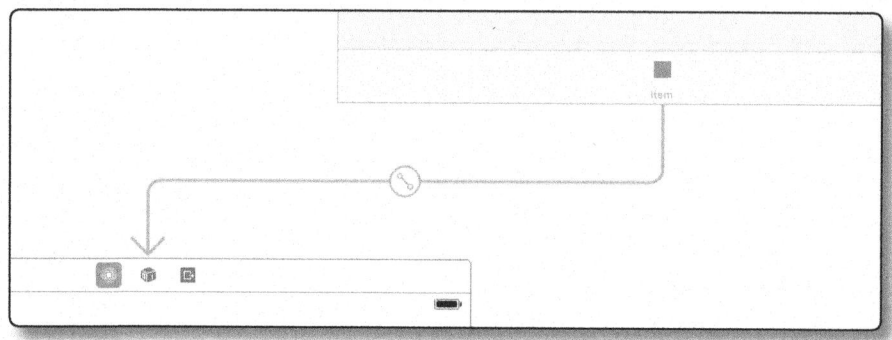

Si ejecutamos nuestra aplicación, vemos que el **Tab Bar** ya contiene un elemento y muestra en su contendor la vista en blanco diseñada en el Storyboard.

Ahora podemos cambiar el nombre que aparece en el menú para que sea más descriptivo. Seleccionamos la vista y sacamos el árbol de elementos del Storyboard. Buscamos el elemento llamado **ítem** y lo seleccionamos. Ahora, en el menú lateral derecho de Xcode podemos modificar sus atributos como si de un elemento común de la vista se tratara. En el atributo **title** podemos cambiar su texto:

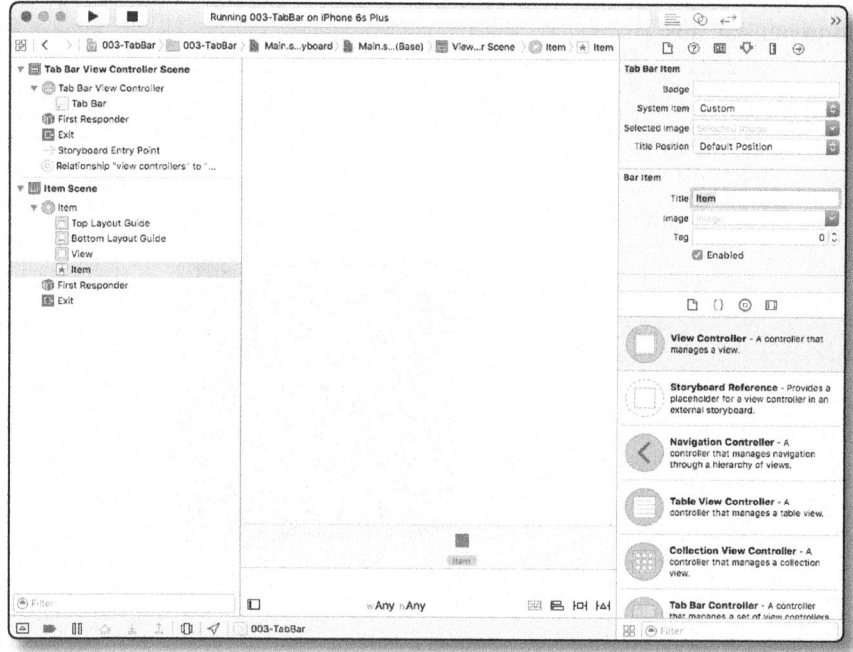

Repetimos estas acciones para realizar el resto de apartados de la aplicación: estudios, experiencia, trabajos y contacto. Nos quedará una vista como la siguiente:

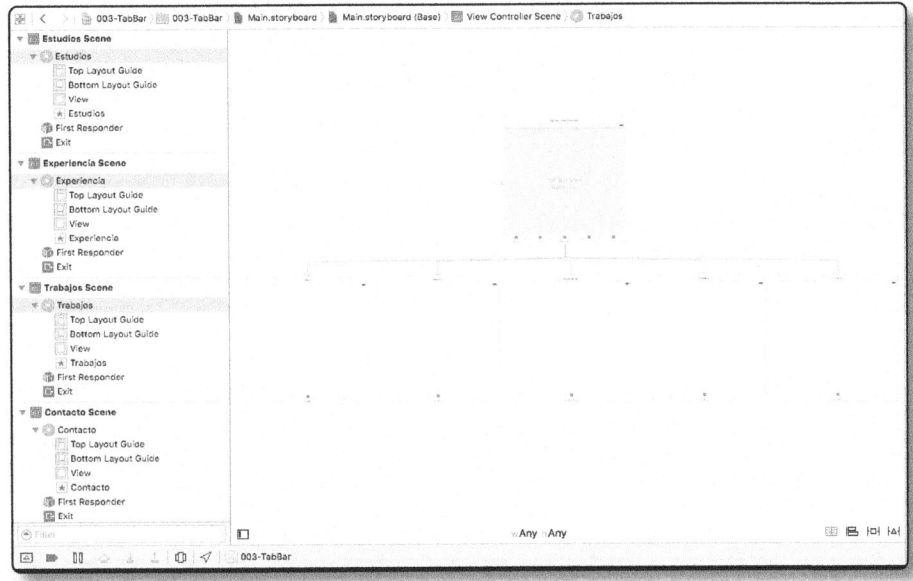

Ahora, al ejecutar nuestra aplicación vemos nuestro **Tab Bar** con cinco elementos. Al presionar sobre ellos navegamos a las distintas vistas. Vamos a ponerle a nuestro **Tab Bar** unos iconos en cada apartado para que sea más agradable e intuitivo.

Tenemos que conseguir cinco iconos de 24 × 24 píxeles PNG con fondo transparente. Una vez tengamos en una carpeta de nuestro Mac los cinco iconos, creamos un grupo nuevo —llamado **resources**— en nuestro árbol de ficheros del proyecto:

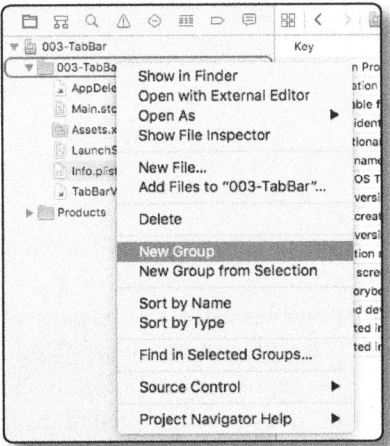

Ahora seleccionamos los cinco iconos de nuestra carpeta en el Mac y los arrastramos al grupo **resources** de Xcode:

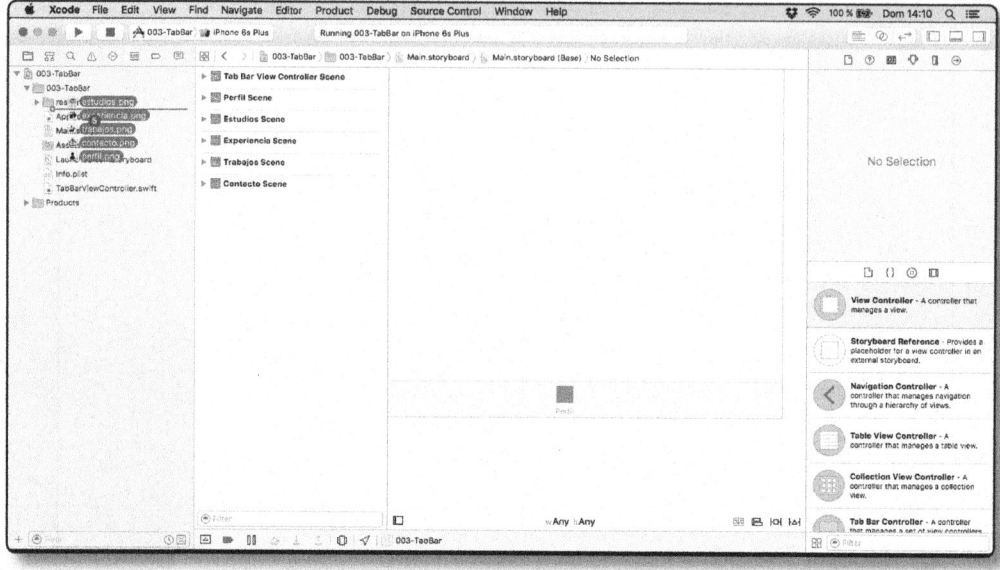

En la siguiente pantalla nos aseguramos de tener seleccionada la opción de que nos copie el **ítem** si es necesario y nos añada el fichero a una carpeta de referencia comprobando que tenemos seleccionado el **target** de nuestra aplicación:

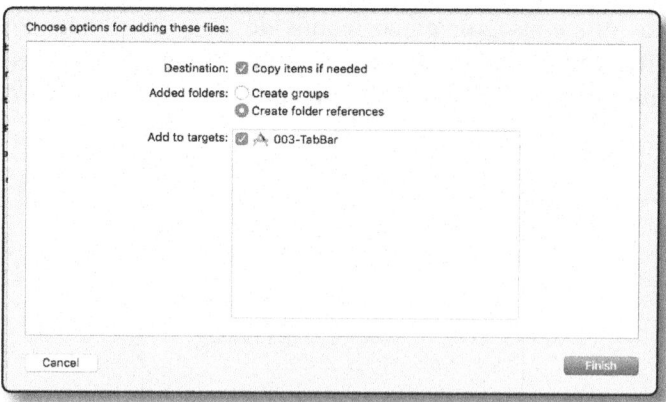

Ahora ya tenemos disponibles estos iconos para usarlos en nuestro proyecto. Si volvemos al Storyboard y desplegamos el árbol de componentes de la vista podemos seleccionar el ítem que representa al botón del **Tab Bar** de cada vista; y en el panel derecho de Xcode cambiamos su propiedad de imagen, justo debajo de la propiedad de título vista anteriormente. Si desplegamos, tendremos todos nuestros iconos disponibles; seleccionamos uno y repetimos estas acciones en cada uno de los ítems del **Tab Bar**:

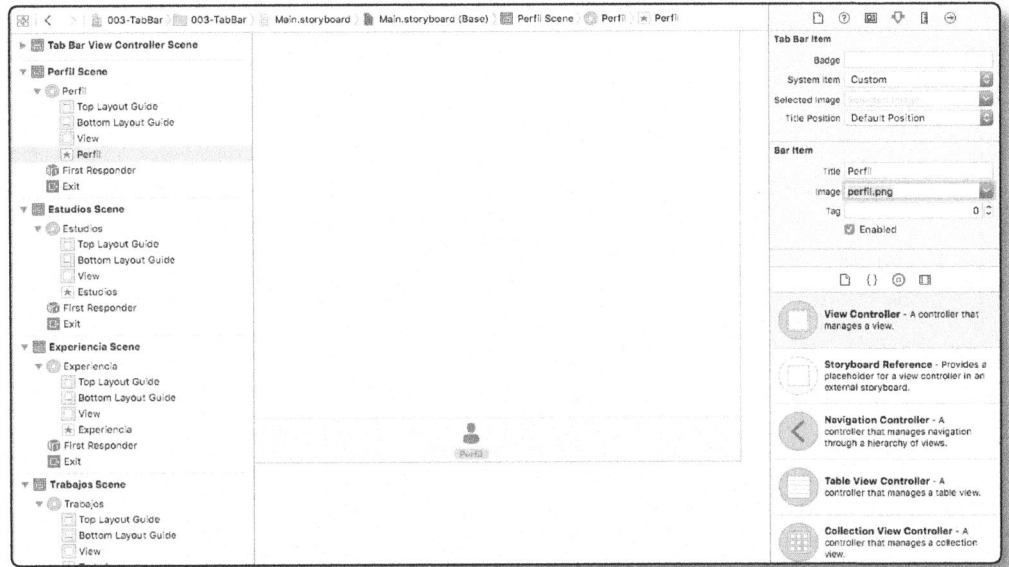

Al ejecutar nuestra aplicación veremos que ya hemos conseguido realizar un **Tab Bar** completo con cinco elementos que navegan a cinco vistas distintas preparadas para diseñar, con un texto y un icono para cada uno de los botones. El **Tab Bar** queda adaptado a todas las pantallas de forma automática.

Ahora, con lo aprendido hasta el momento, intenta diseñar cada una de las pantallas utilizando **Labels** con diferentes tamaños de letra y colores. Textos, botones, **Text Field** para entrada de textos, etc. Solo será de forma estática y sin funcionalidades, pero es importante que se pueda ver en todos los dispositivos. Recuerda que por cada vista deberías vincular su controlador. Crea cinco ficheros de **ViewController** con nombres diferentes y vincula cada uno de ellos a su vista por medio del menú **class** de la tercera opción del panel lateral derecho de Xcode.

Podemos modificar los colores de nuestro **Tab Bar** de forma muy sencilla. Si seleccionamos de nuestro árbol de elementos del Storyboard el **Tab Bar**, podemos cambiar el color de fondo con la propiedad **Bar Tint** que encontraremos en **Propiedades**, cambiando al color que queramos:

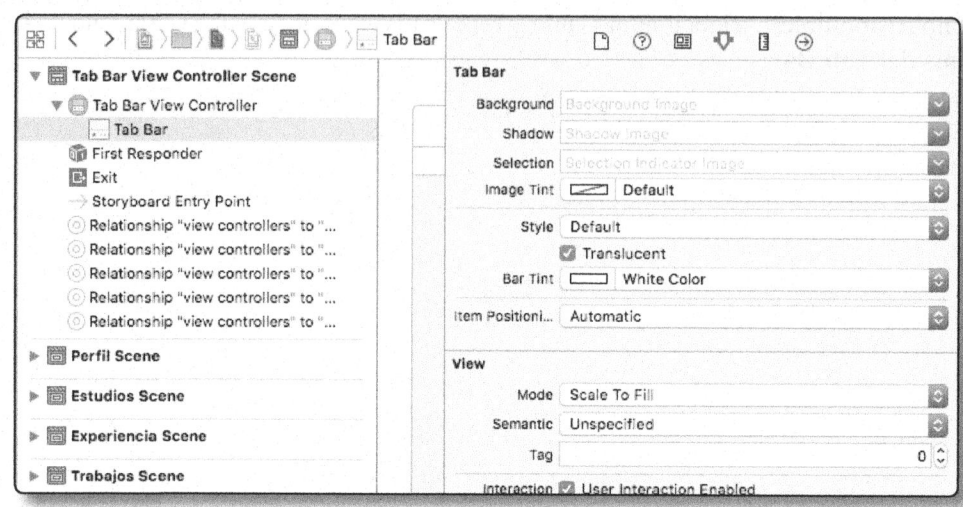

De esta forma, cambia el color de fondo de nuestro **Tab Bar**. Modificar las propiedades de los iconos y textos es un poco más complicado.

Si una de las propiedades que queremos modificar no se encuentra por defecto en el panel derecho, podemos añadir manualmente nuevos atributos para modificar el comportamiento que queramos. En este caso en particular tenemos dos propiedades que queremos modificar:

1. **tintColor**: modifica el color del texto seleccionado.

2. **selectedImageTintColor**: modifica el color de la imagen seleccionada.

Para añadir estas dos nuevas propiedades tenemos que seleccionar la tercera opción del menú lateral derecho, con el **Tab Bar** del árbol de componentes del Storyboard seleccionado. Vemos que es el lugar donde asignábamos un controlador, pero existen más apartados. En concreto observamos el que pone **User Defined Runtime Attributes**, que nos permite añadir (con el símbolo *más* [+]) o eliminar (con el símbolo *menos* [–]) propiedades nuevas. Vamos a añadir las dos nuevas propiedades nombradas anteriormente poniendo en el tipo **Color**; y en valor, el color que queramos:

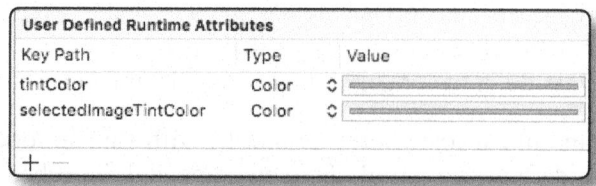

Si reproducimos la aplicación, vemos que los colores de nuestro **Tab Bar** han cambiado.

3.6 NAVIGATION CONTROLLER

El contenedor de tipo **Navigation Controller** es posiblemente el más usado en todas las aplicaciones, ya que permite la navegación lateral entre distintas vistas. Este componente nos proporciona la navegación, la barra de título para comunicar al usuario en qué ventana se encuentra y los botones necesarios para poder volver a las ventanas anteriores.

Internamente, el **Navigation Controller** es una pila de vistas en la cual se apilan y se desapilan vistas para navegar entre ellas. Vamos a aprender a usar el **Navigation Controller** de dos formas: utilizando el Storyboard y en código.

Empecemos utilizando el Storyboard. Crearemos un nuevo proyecto **Universal** para iOS borrando todas las vistas y controladores que nos vienen por defecto e insertaremos como vista inicial un **Navigation Controller**. Cuando arrastramos el contenedor de tipo **Navigation Controller**, nos vincula una vista por defecto que eliminaremos para dejar simplemente el **Navigation Controller** en pantalla:

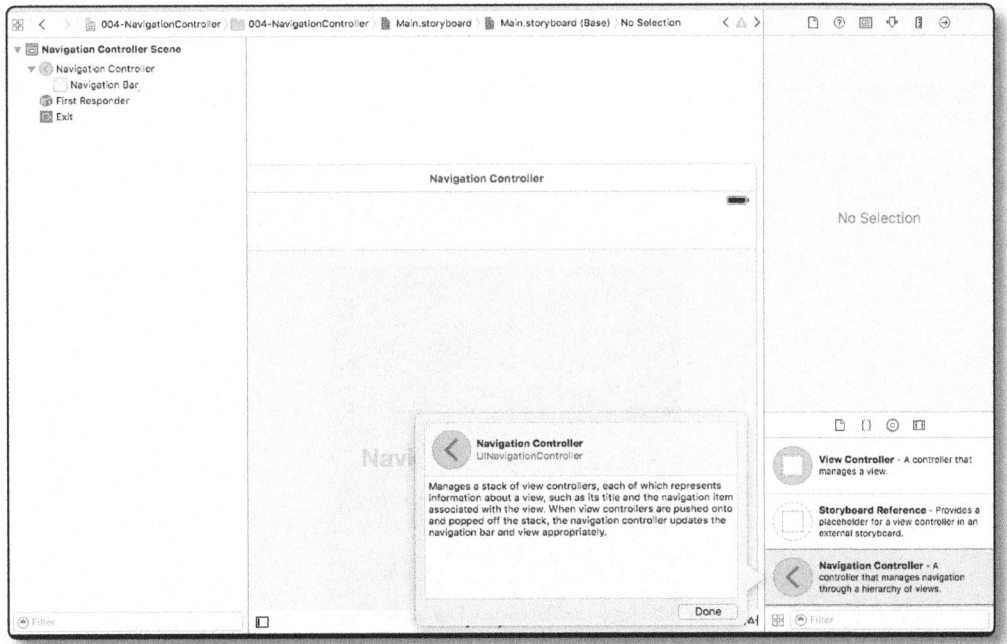

Debemos indicar que es una vista inicial, y ejecutar la aplicación. Como ocurre con el **Tab Bar**, tenemos que insertar en el contenedor al menos una vista para que podamos ver una vista. Este proceso es muy parecido al **Tab Bar**. Seleccionamos una **View Controller** y la arrastramos al Storyboard. A continuación presionamos sobre el **Navigation Controller** y, con la tecla **Ctrl** presionada, arrastramos hasta la vista que queramos añadir al contenedor:

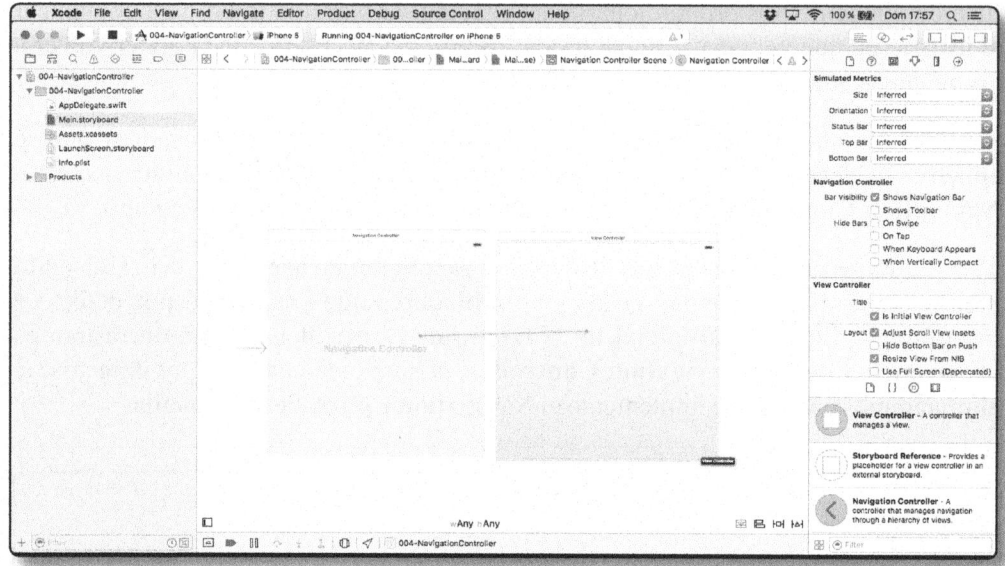

En el menú que aparece seleccionamos la opción de **root view controller**. De esta forma, nuestro contenedor de **Navigation Controller** ya tiene una vista.

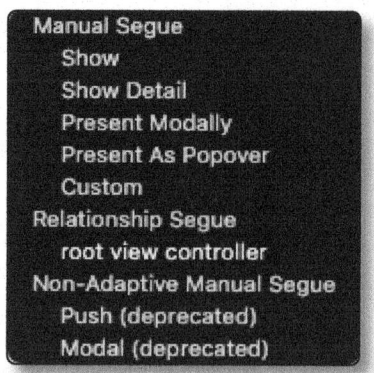

Si seleccionamos el **Navigation Item** de la vista recién creada del árbol de componentes del Storyboard podremos modificar su título en el panel derecho de Xcode:

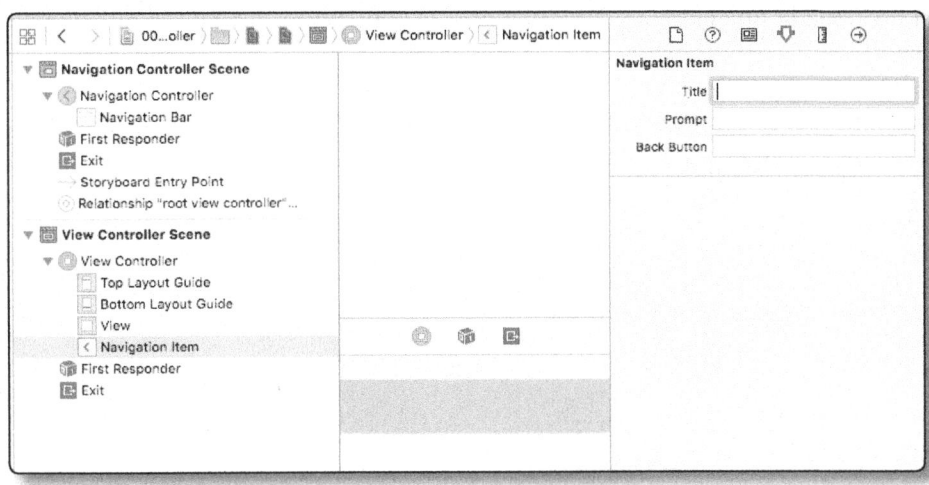

Añadimos el título **Ventana uno** y presionamos **Enter**. Ahora añadimos una nueva vista a la que se accederá desde la primera. Pinchamos y arrastramos al Storyboard una nueva **View Controller**:

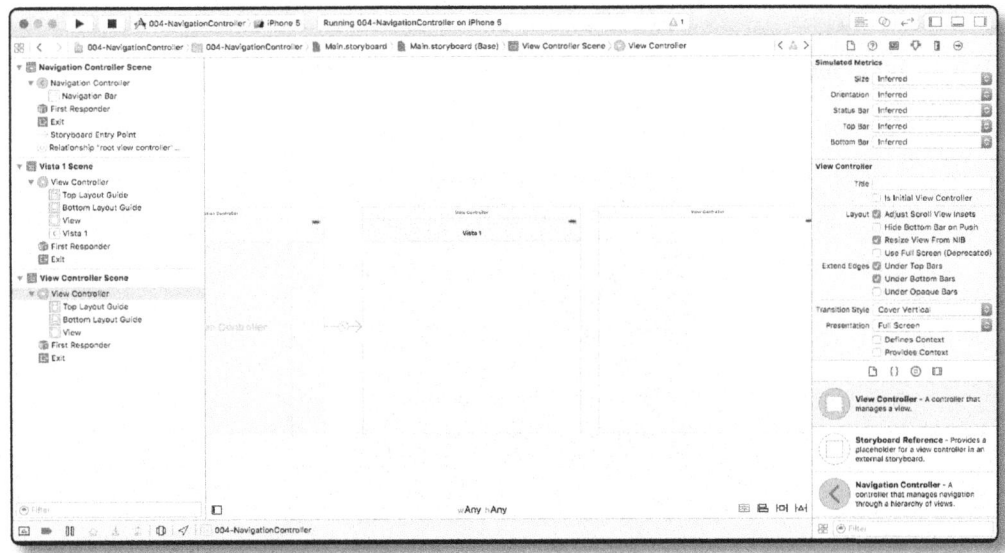

Ahora, para navegar de la vista uno a la dos, tenemos que añadir un botón en la primera vista, de manera que, al presionar sobre él, podamos navegar a la siguiente pantalla. En primer lugar, arrastramos un botón a la primera vista y le añadimos el nombre que queramos. Una vez lo tengamos, lo seleccionamos y con la tecla

Ctrl presionada pinchamos y arrastramos a la siguiente ventana a la que queramos navegar:

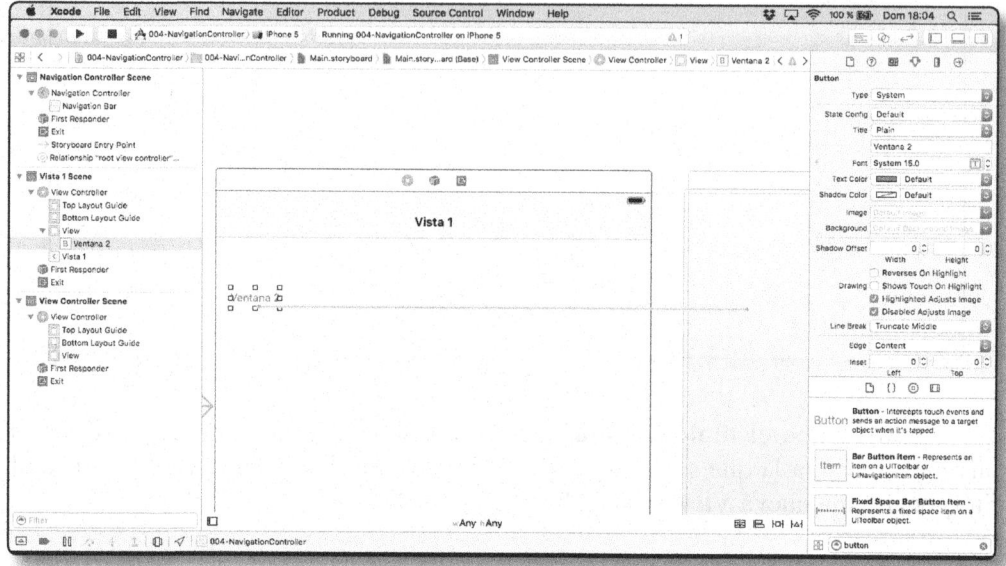

En el menú emergente seleccionamos la opción **Show**:

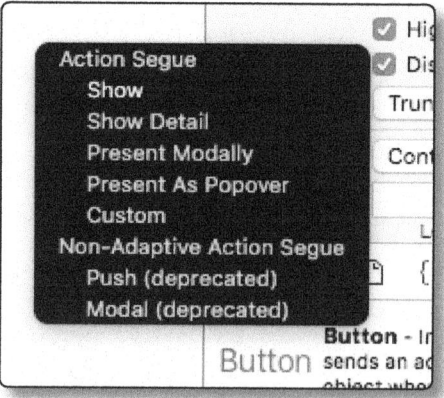

Y ya tendremos la navegación completa. Este proceso lo podemos repetir con tantas ventanas como queramos. Si arrastramos una nueva ventana, podemos crear un nuevo botón en la vista 2 y realizar el mismo proceso para navegar a la tercera ventana. También podemos crear un botón en la ventana 1 para navegar a la tercera. Esto ya depende del contexto de la aplicación que se esté creando.

Para cambiar el título de la ventana dos tenemos que seleccionar la vista. En el menú de propiedades buscamos una propiedad llamada **Title** y cambiamos el título de la vista:

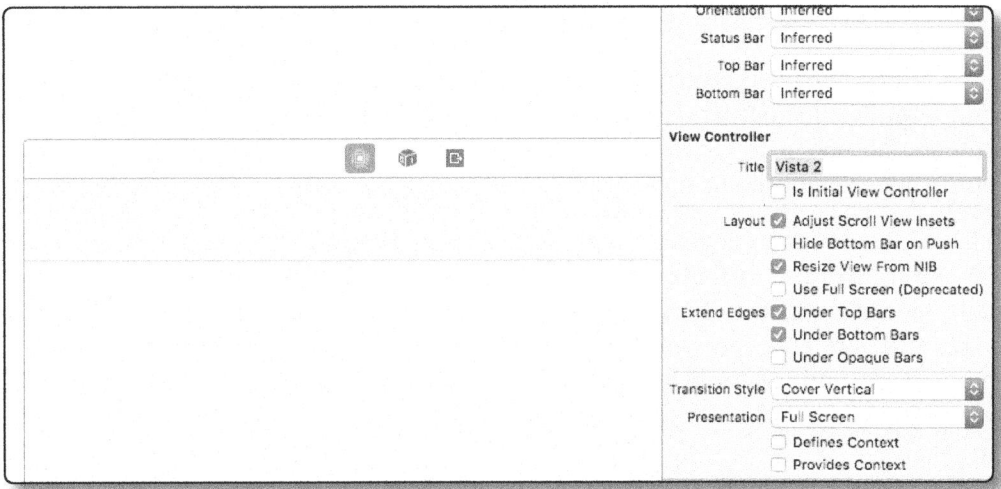

Ahora podemos probar nuestra aplicación y ver cómo nos es posible navegar entre distintas ventanas:

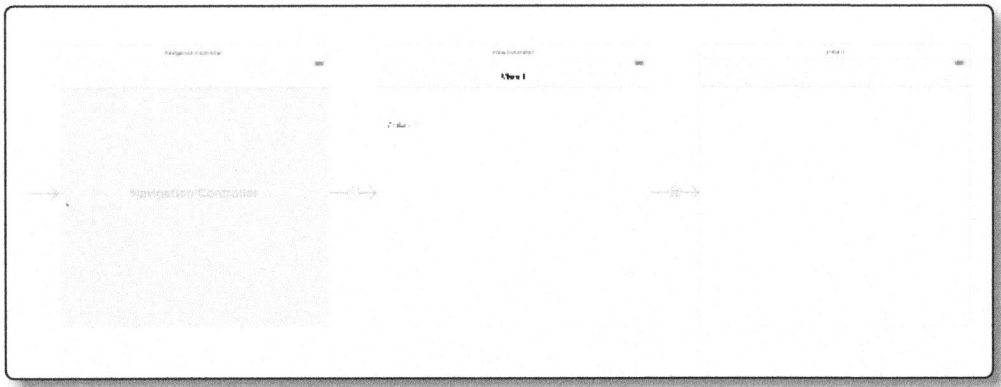

De forma automática añade en la barra superior un botón para poder volver atrás y navegar entre las distintas ventanas:

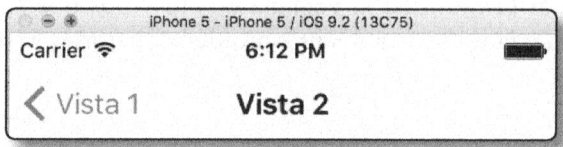

Podemos comprobar que el proceso para crear una navegación lateral no es muy complicado si utilizamos el Storyboard, pero en ocasiones nos encontraremos con que no podemos usarlo para programar la navegación en nuestra aplicación, por lo que es importante aprender cómo podemos realizar el mismo proceso sin él.

Recomiendo crear un nuevo proyecto donde insertemos en el Storyboard un **Navigation Controller** y dos **View Controller**. Esta vez vinculamos únicamente la primera al **Navigation Controller** de la misma forma que hemos visto anteriormente, pero dejamos suelta la segunda vista. Es importante en este proceso crear dos controladores para cada una de las vistas de tipo **ViewController** vinculando cada fichero a sus respectivas vistas. El proyecto queda de la siguiente forma:

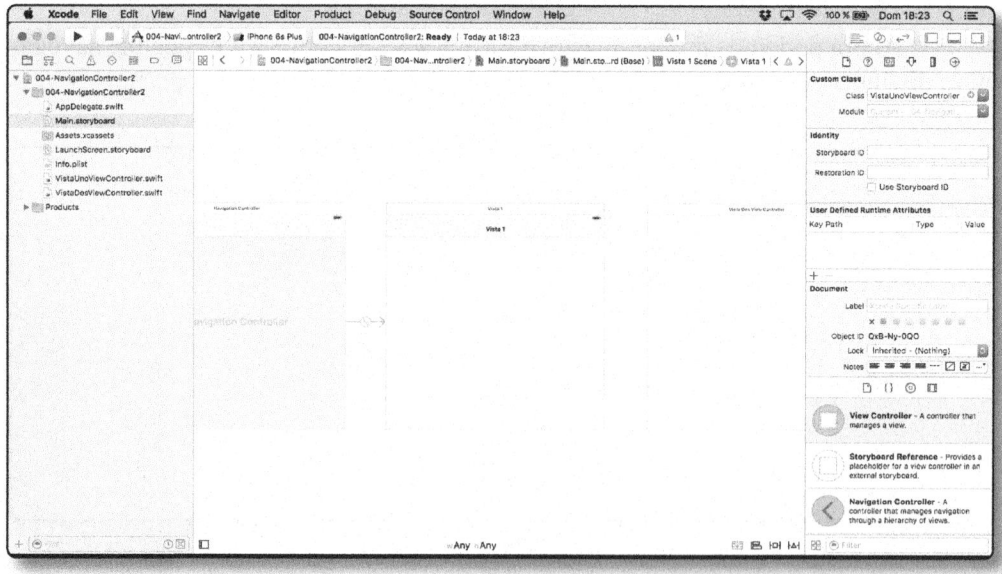

Ahora vamos a insertar un botón a la primera vista y esta vez crearemos un **IBAction** en su controlador, de modo que, al presionar sobré el botón, este llamará a una función creada en el controlador **VistaUnoViewController.swift**:

Una vez tengamos el botón conectado a la acción, vamos a programar el interior de la función para que navegue a la vista del Storyboard que tenemos suelta. El proceso es el siguiente:

1. Tenemos que crear un objeto que represente a la vista del Storyboard por medio de una identificación.

2. Una vez tengamos el objeto que represente a la vista destino, accederemos al **Navigation Controller** y, con la función **pushViewController()**, añadiremos como parámetro de entrada la vista que queremos navegar, indicando con un **true** que deseamos navegar con una animación.

Así, el primer paso consiste en identificar la vista dos por medio de una identificación dentro del Storyboard.

Seleccionamos la vista dos, que tenemos suelta en el Storyboard, desplegamos el menú lateral derecho de Xcode seleccionando la tercera opción, y vinculamos con su controlador. Ahora observamos un nuevo apartado, **Storyboard ID**, y aquí añadimos el identificador **vista2**:

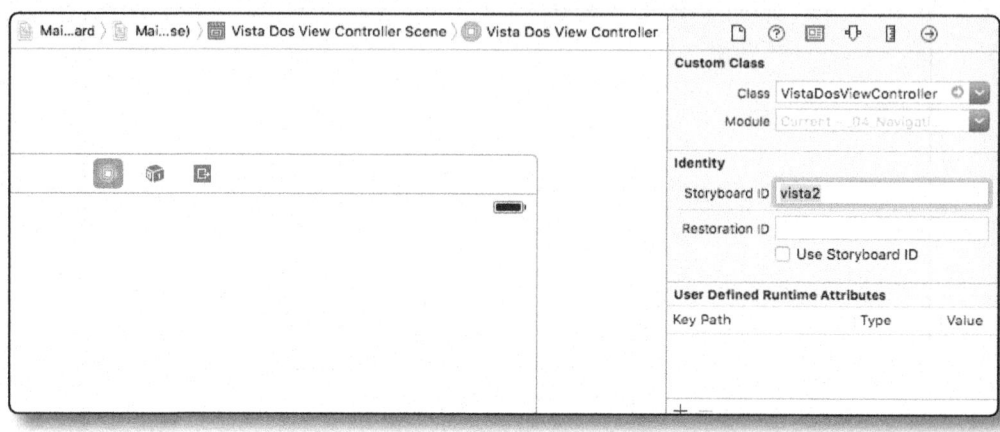

Ahora vamos a la función del controlador de la vista 1 que tenemos vinculado con el botón y añadimos el siguiente código:

```
@IBAction func verVista2(sender: AnyObject) {

        //Creamos un objeto llamado vista2 que representa a
la vista que queremos navegar del storyboard, en este caso
aquella vista con identificación vista2
        let vista2:VistaDosViewController = self.storyboard?.
instantiateViewControllerWithIdentifier("vista2") as! Vista-
DosViewController


        //Ahora seleccionamos el navigationController y con
la función pushViwControler añadimos una vista de forma ani-
mada. En este caso añadimos la vista2 creada anteriormente.
        self.navigationController?.pushViewController(vista2,
animated: true);

    }
```

Si probamos nuestra aplicación ahora, vemos que hemos conseguido el mismo resultado de navegación que anteriormente. Pero esta vez utilizando código. Vamos a analizar un par de curiosidades en este código:

1. **Self**: es el nombre del objeto que representa al controlador en el que nos encontramos. En este caso **self** representa a **VistaUnoViewController. swift**.

```
Letvista2:VistaDosViewController= self.storyboard?.instan
tiateViewControllerWithIdentifier("vista2") as! VistaDos-
ViewController
```

2. En este código estamos creando una constante llamada **vista2**, que es de tipo **VistaDosViewController**, el controlador de la vista que queremos navegar. Con el objeto **self** accedemos al Storyboard de la vista en la que nos encontramos y utilizamos la función **instantiateViewControllerWithIdentifier()**, la cual instancia una vista utilizando un identificador. El identificador que introducimos es el que hemos añadido desde el Storyboard en el paso anterior.

3. **As!**: esta es la forma que tenemos en Swift de hacer el *casting*. El *casting* es un proceso para indicar de qué tipo es el objeto que nos viene como referencia al llamar una función. En este caso tenemos que indicar que el objeto que nos viene como referencia al llamar a la función **instantiateViewControllerWithIdentifier()** es de tipo **VistaDosViewController**, el controlador de la vista destino.

```
self.navigationController?.pushViewController(vista2, ani-
mated: true);
```

4. Finalmente, con **self** accedemos al **Navigation Controller** de la vista en la que nos encontramos y utilizamos la función **push** (dado que el **Navigation** es una pila de vistas, con **push** añadimos y con **pop** eliminamos), indicando como parámetro de entrada la vista que queremos añadir y la propiedad **animated** a **true** para que realice una animación.

Este proceso que hemos seguido para navegar de la vista uno a la dos se tendría que repetir tantas veces como vistas queramos navegar. Al principio puede parecer muy complicado, pero siempre es el mismo tipo de código; y es necesario, ya que en ocasiones nos veremos forzados a crear la navegación mediante código.

Ahora te animo a que crees la misma aplicación de currículum del **Tab Bar** pero utilizando un **Navigation Controller**. Puedes crear una vista inicial con cuatro botones para que al presionar sobre ellos navegue a los distintos apartados de tu aplicación. Otra opción que puede ser muy original es crear una navegación lateral en la cual, a medida que vas navegando, aparece cada una de las ventanas de tu currículum, lo cual genera la sensación de que estás contando una historia.

Ahora vamos a ver cómo podemos combinar una aplicación que utilice un **Tab Bar** y un **Navigation Controller**.

Imaginemos que queremos crear una aplicación que utiliza un **Tab Bar** controller y dentro de cada apartado existe una navegación lateral, que emplea el **Navigation Controller**. Para ver cómo podemos realizar este proceso crearemos un nuevo proyecto en el que tengamos como vista inicial un **Tab Bar** suelto:

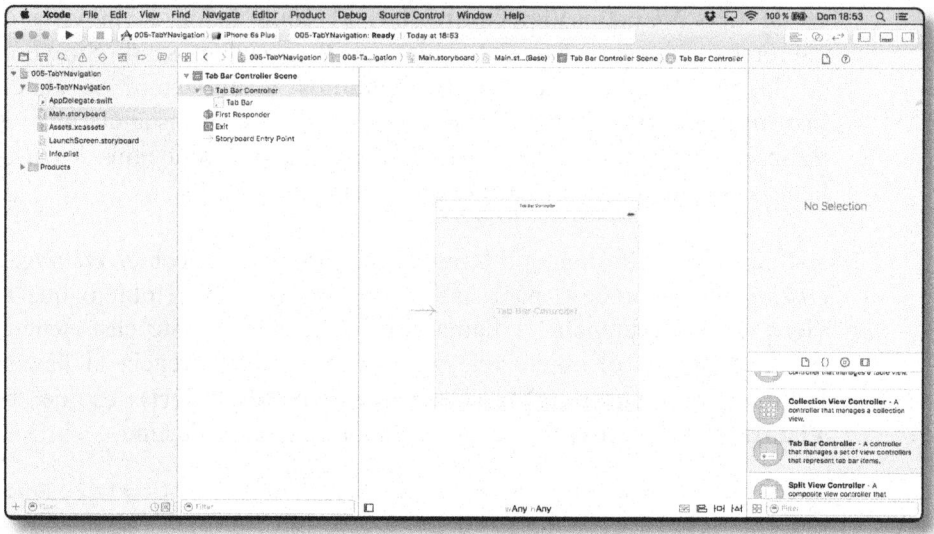

Ahora queremos que el primer elemento del **Tab Bar** sea un **Navigation Controller**, por lo que esta vez no añadiremos un **View Controller**, sino un **Navigation Controller**. Presionando sobre el **Tab Bar**, con la tecla **Ctrl** presionada, arrastramos al **Navigation Controller** e indicamos que queremos una relación de **View Controller**:

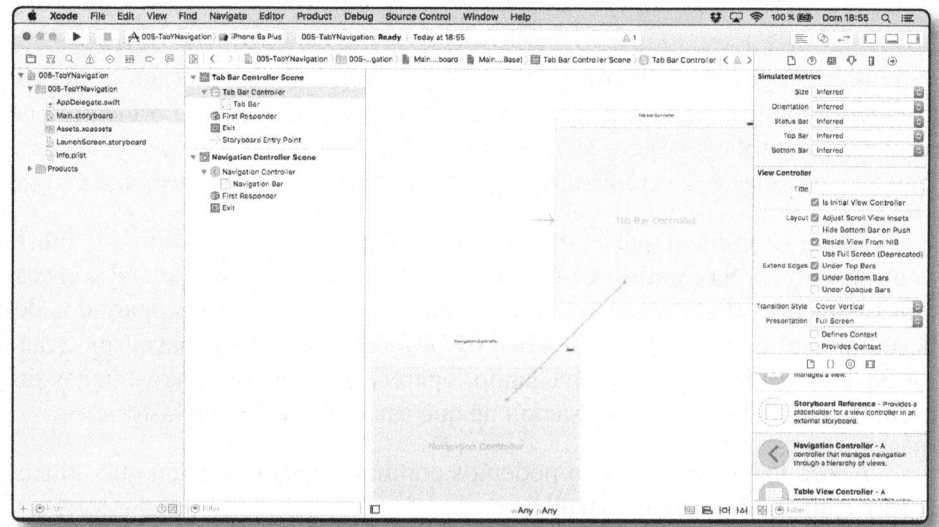

Ahora hemos conseguido lo mismo que en un **View Controller**, pero no tenemos que olvidar que el **Navigation Controller** necesita de al menos una vista inicial, por lo que arrastramos al Storyboard un **View Controller** y esta vez lo vinculamos al **Navigation Controller** pinchando y arrastrando con **Ctrl** presionado e indicando la opción **Root View Controller**:

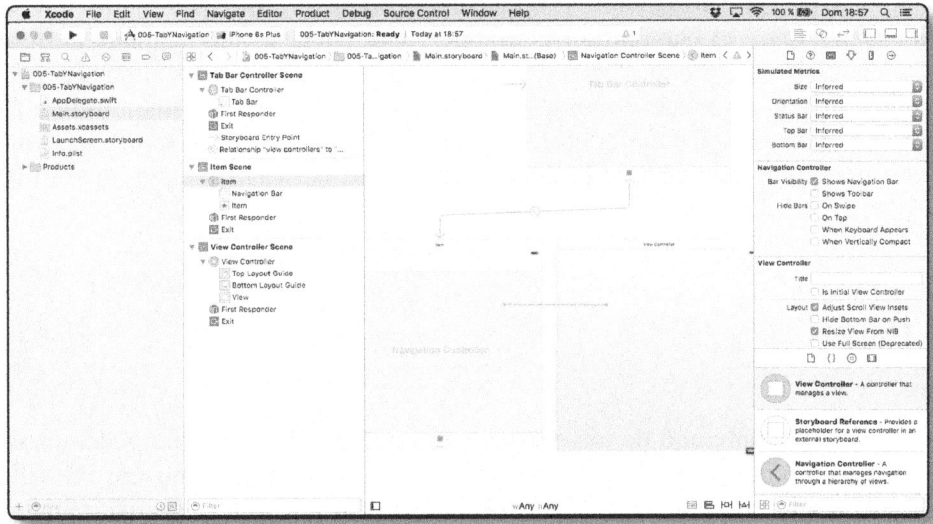

Ahora ya podemos comportarnos como si fuera un **Navigation Controller** normal, al igual que hemos visto anteriormente. Repetimos este proceso por cada uno de los elementos que contendrá el **Tab Bar**; podemos combinar **Navigation Controllers** con **View Controllers** normales para crear un árbol de ventanas bastante complejo:

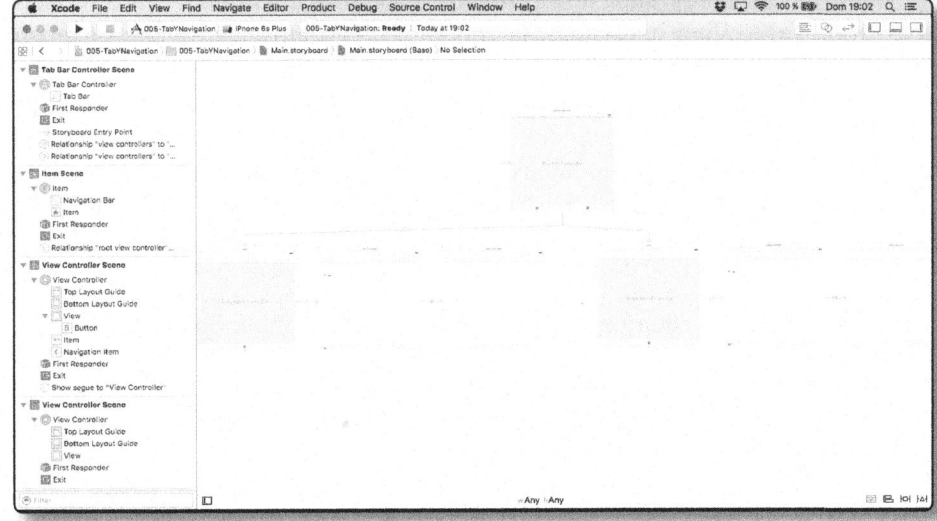

Si vinculamos cada vista con su controlador correspondiente y diseñamos utilizando los **constraints** correctos para cada ventana, podremos desarrollar una aplicación bastante compleja con una gran variedad de elementos para poder mostrar la información deseada. Podemos observar la complejidad de organización de ventanas que podemos llegar a tener en una aplicación real. Ahora intenta realizar una aplicación con navegación compleja, utilizando un **Tab Bar** para cada uno de los apartados y el **Navigation controller** para navegar internamente de forma lateral dentro de dichos apartados. Intenta insertar, para investigar, diferentes tipos de componentes que puedes encontrarte en iOS, como botones, **Switch, Slider, Text Field**, etc. Intenta ver el comportamiento de los **constraints** de cada uno; conseguirás de este modo tener una aplicación perfectamente adaptativa a todos los dispositivos de Apple.

3.7 TABLE VIEW

Posiblemente uno de los componentes más importantes que podemos usar en el desarrollo de aplicaciones. Con una **Table View** podemos mostrar un listado de elementos en formato lista. Si observamos cualquier aplicación que tengamos instalada en nuestro móvil veremos que consiste en un listado de información y que al pinchar en un elemento (ítem) accedemos a su detalle. Puede ser un listado de canciones, noticias, entradas de Facebook, ubicaciones favoritas, restaurantes cercanos. La lista sería interminable.

Pero antes de programar una **Table View** tenemos que conocer unos conceptos básicos. Toda **Table View** necesita de un modelo de los datos que vayamos a mostrar, es decir, la información que queramos listar. Ya hemos visto en temas anteriores en qué consiste el modelo de datos. Es la representación en código de la información. En el caso de querer listar canciones, el modelo será "Pista". Este modelo puede contener un título de canción, álbum al que pertenece, duración, categoría y un álbum de fotos. Pues bien, en la **Table View** indicaremos qué información mostraremos en la lista y la acción que se realizará al pinchar sobre una celda.

Las celdas son cada uno de los elementos de la tabla donde se muestra la información:

Para montar una **Table View** con un listado de elementos necesitamos tres objetos:

1. La **Table View**: contenedor de la lista.

2. **Cell:** elemento de la **Table View** donde pintar la información.

3. **Modelo:** *array* de objetos tipo modelo que queremos pintar en la lista.

Una **Table View** es, básicamente, un contenedor bonito para pintar un *array* de objetos. La construcción de cualquier tipo de lista sigue los siguientes pasos:

1. Creamos un *array* con objetos de tipo **Modelo**. La información que contendrán los objetos la obtendremos de una base de datos o de la lectura de un fichero XML o JSON generado por un Web Service.

2. Le indicaremos a la **Table View** el *array* que debe pintar.

3. Diseñamos la celda e indicamos qué información del objeto modelo debe pintarse y dónde.

A estas alturas del libro no sabemos obtener información de una base de datos ni de un fichero XML, por lo que crearemos objetos tipo modelo de forma manual para mostrar en una lista. ¡Manos a la obra!

Como hemos indicado anteriormente, vamos a seguir estos tres sencillos pasos para construir una aplicación que liste un listado de coches. En primer lugar, y como viene siendo habitual, vamos a crear un proyecto donde limpiaremos del Storyboard la **View** y su controlador (que vienen por defecto). A continuación, arrastraremos una vista de tipo **Table View** e indicaremos que es la vista inicial:

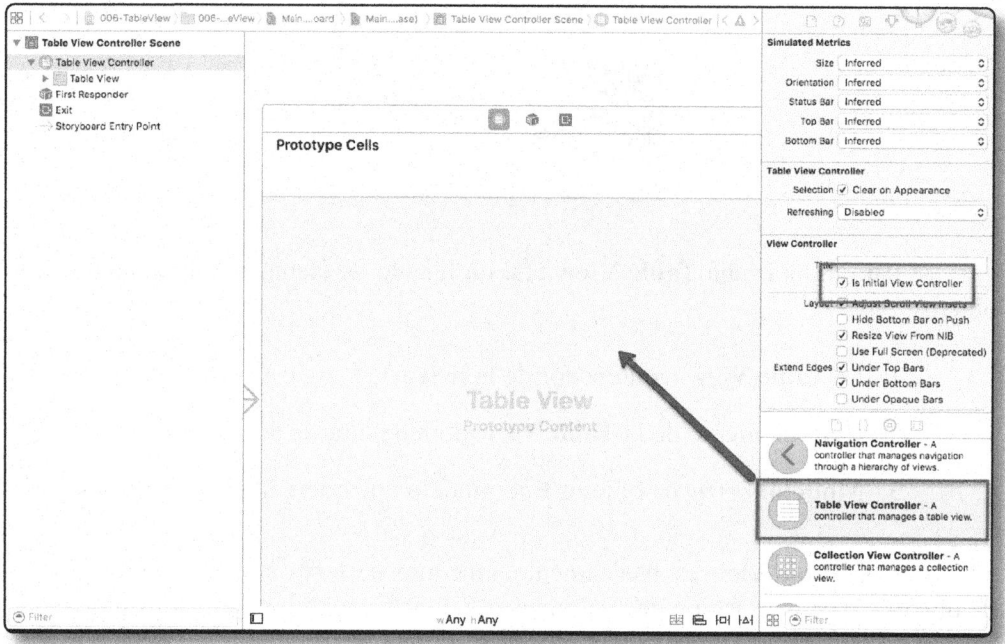

A continuación, debemos indicar quién es su controlador, por lo que en el árbol de ficheros crearemos un nuevo fichero. Indicaremos que la subclase es un **UITable View Controller**:

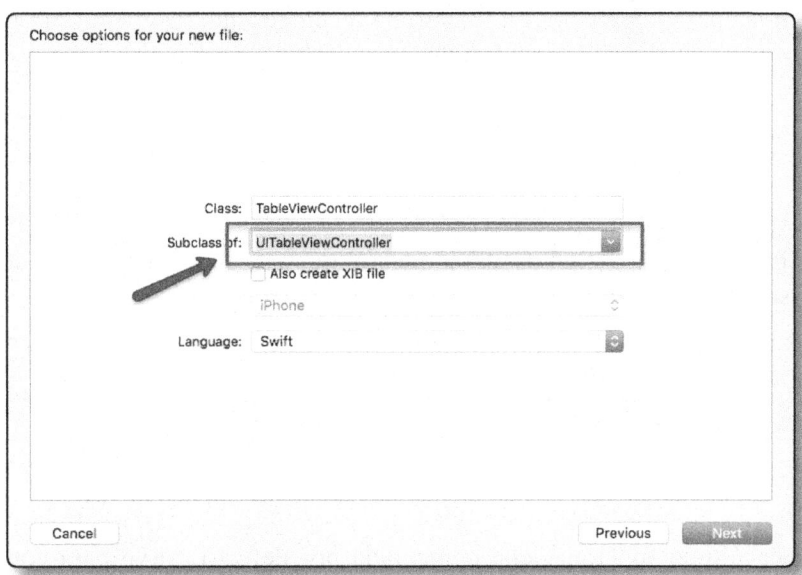

Vinculamos el controlador a la vista:

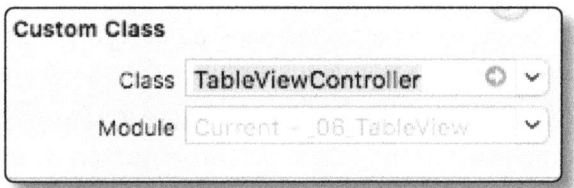

Si abrimos el controlador vemos que esta vez tenemos muchas más funciones por defecto. Cada una de ellas controla un comportamiento de la **Table View**, pero obligatorias solo existen tres, que son:

```
override func numberOfSectionsInTableView(tableView: UITable-
View) -> Int {
       // #warning Incomplete implementation, return the
number of sections
       return 0
    }
```

En la cual indicaremos el número de secciones que tendrá nuestra lista.

```
override func tableView(tableView: UITableView, numberOfRows-
InSection section: Int) -> Int {
        // #warning Incomplete implementation, return the
number of rows
        return 0
    }
```

En esta función tenemos que indicar el número de elementos que contendrá la lista. Este número coincide con el número de elementos del *array*.

```
override func tableView(tableView: UITableView, cellForRowA-
tIndexPath indexPath: NSIndexPath) -> UITableViewCell {
        let cell = tableView.dequeueReusableCellWithIdentifie
r("reuseIdentifier", forIndexPath: indexPath)
        // Configure the cell...
        return cell
    }
```

Esta última función viene comentada por defecto. Sirve para construir la celda, es decir, indicar qué información mostrar y dónde.

Ahora tenemos que crear el modelo. Este paso es muy sencillo. Como hemos mencionado anteriormente, un modelo es una clase que contiene los atributos de la información que se desea mostrar, métodos de acceso a dichos atributos y un inicializador para introducir el valor de los atributos cuando se instancie el objeto.

El modelo de datos de la aplicación se llamará **Coche**, y sus atributos serán la imagen, precio, modelo y fecha (datos que se mostrarán en la lista), por lo que crearemos un nuevo fichero con la siguiente configuración:

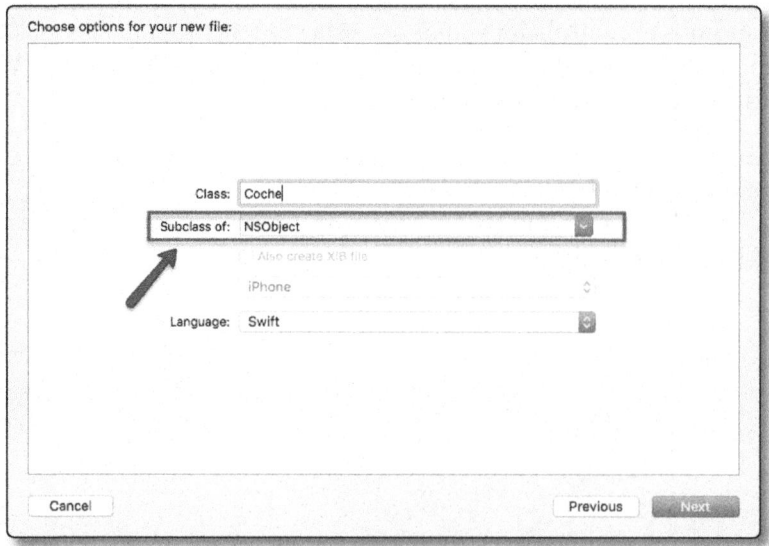

Esta vez, la **subclass** será **NSObject**, ya que queremos crear un objeto de tipo **Modelo**.

Al crear el fichero y observar el código vemos que es una clase vacía. Ahora tenemos que introducir los atributos que contendrá y crear un inicializador que añada los datos a los atributos de la clase:

```
import UIKit
class Coche: NSObject {
    //PROPERTIES
    var modelo:String;
    var fechaMatriculacion:String;
    var precio:Int;
    var foto:String;
    //FUNCIONES DE INICIALIZACIÓN
    init(modelo:String,fechaMatriculacion:String,precio:Int,f
oto:String){
        self.modelo = modelo;
        self.fechaMatriculacion = fechaMatriculacion;
        self.precio = precio;
        self.foto = foto;
    }
```

Con esto ya tendremos creado el modelo de datos. Ahora vamos a crear el *array* que contendrá un conjunto de objetos de este tipo de modelo.

En el controlador de la **Table View** podemos usar la función **viewDidLoad()** (función que se llama de forma automática una vez se ha cargado la vista y que repasa las funciones del ciclo de vida en iOS) para llenar de objetos el *array*. En un futuro, este proceso se realizará de forma automática al conectar con una base de datos y extraer de ella la información, o a través de la lectura de un fichero XML.

Primero tenemos que declarar el *array* como una variable de la clase, por lo que en el espacio donde se declararán las variables introduciremos el siguiente código:

```
class TableViewController: UITableViewController {
    //ATRIBUTOS GLOBALES:
    var listaCoches:[Coche]=[]; //array de objetos tipo coche
```

Hemos instanciado un *array* de objetos tipo **Coche**. No lo hemos declarado como constante, ya que su valor puede variar. A continuación, en la función **viewDidLoad()** crearemos objetos tipo **Coche** y los almacenaremos en *array*:

```
override func viewDidLoad() {
        super.viewDidLoad()

        //SIMULAMOS QUE CONECTAMOS A LA BASE DE DATOS Y OB-
TENEMOS LA INFORMACIÓN DE TODOS LOS COCHES ALMACENADOS. Por
cada coche, un objeto que metemos en un array para que la ta-
bla pinte dicha información.

        //Prueba: voy a instanciar un objeto de tipo Coche
        let coche:Coche = Coche(modelo: "Ford Fiesta 2009 TDI
1.9", fechaMatriculacion: "24/09/2009", precio: 4500, foto:
"ford.jpg");
        //una vez tenga el coche creado lo guardo en el array
        listaCoches.append(coche);

        //Creamos otro coche y lo añadimos al array
        let coche2:Coche = Coche(modelo: "Toyota Yaris", fe-
chaMatriculacion: "14/05/2015", precio: 1000, foto: "yaris.
jpg");
        listaCoches.append(coche2);


        //Creamos otro coche y lo añadimos al array
        let coche3:Coche = Coche(modelo: "Peugeot 208", fe-
chaMatriculacion: "14/05/2015", precio: 1000, foto: "peugeot.
jpg");
        listaCoches.append(coche3);
        //con count contamos el número de elementos que tenga
un array
        print(listaCoches.count);
    }
```

Ya hemos completado el primer paso para la construcción de una lista. Ahora tenemos que indicar al **Table View** que queremos mostrar la información contenida en el *array*. Para este proceso tenemos que buscar las dos funciones del controlador —llamadas **numberOfSectionsInTableView** y **tableView**— mencionadas anteriormente. En la primera indicaremos que nuestra tabla se compone de una sola sección, por lo que en el valor de retorno indicaremos **1**:

```
override func numberOfSectionsInTableView(tableView: UITable-
View) -> Int {
        //Número de secciones que tiene la tabla
        return 1;
    }
```

En la siguiente función tenemos que introducir en el valor de retorno el número de elementos que contendrá la lista. Este número coincide con el número de elementos del *array*, por lo que introduciremos el valor del atributo **count** del *array*:

```
override func tableView(tableView: UITableView, numberOfRows-
InSection section: Int) -> Int {
        //número de filas que tiene la tabla
        return listaCoches.count;
}
```

Con esto terminamos el segundo paso. Ahora viene el paso más complicado de los tres, pero una vez lo repitas muchas veces verás que es muy sencillo. Este tercer paso se divide en dos:

1. Diseñar la celda, vincular un controlador y crear los **Outlets**.

2. Distribuir la información que se mostrará en los elementos de la celda.

Vamos a diseñar la celda. Este proceso es muy sencillo, simplemente arrastra los elementos que quieras utilizar de la barra lateral derecha a la celda. El diseño será parecido al siguiente:

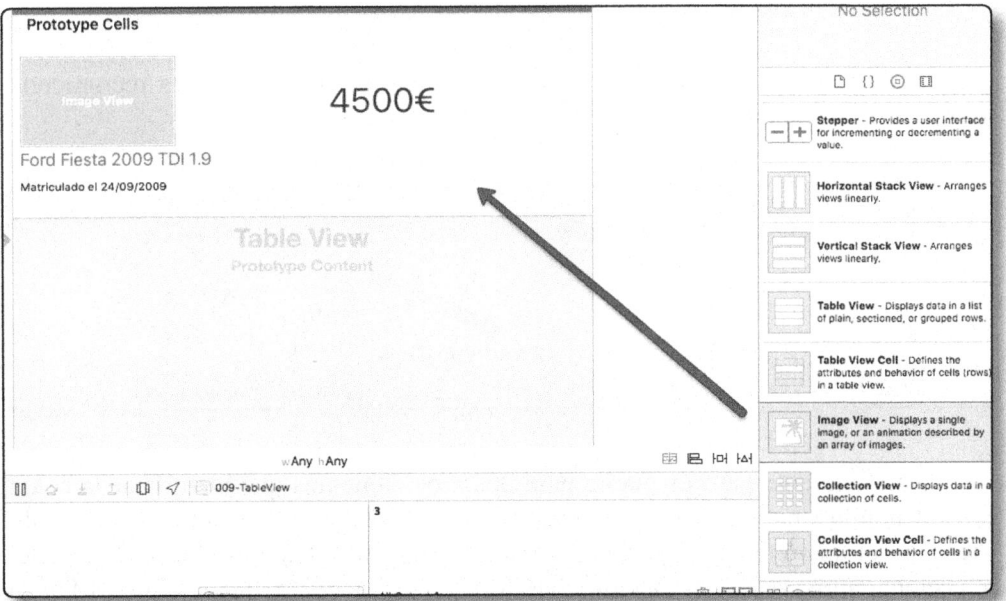

Puedes introducir información estática para comprobar que se muestra correctamente. ¡Recuerda hacer los **constraints** dentro de la celda!

Ahora tenemos que crear un controlador para la celda, por lo que crearemos un fichero nuevo con las siguientes características:

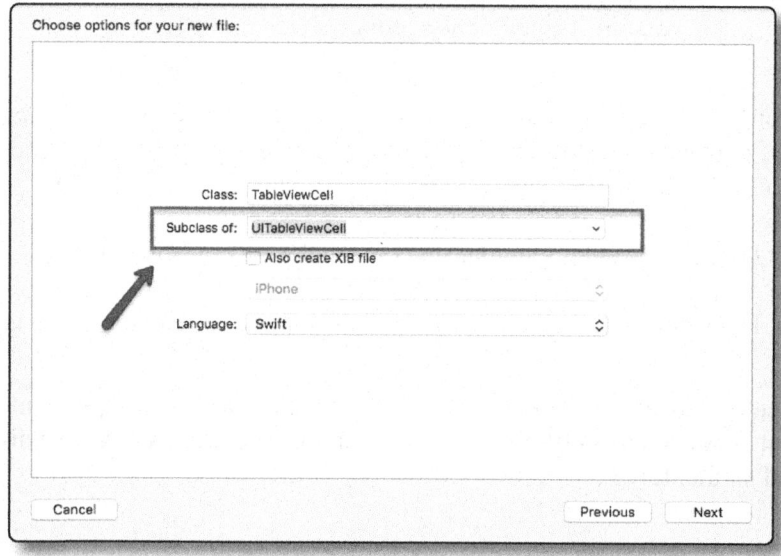

Vinculamos el controlador a la celda. Para realizar esta tarea recomiendo seleccionar la celda desde el árbol de elementos del Storyboard:

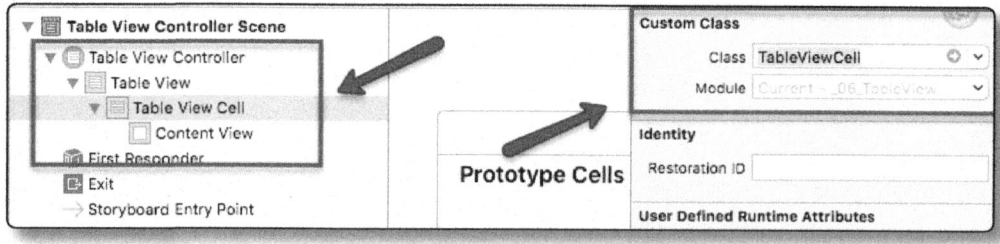

El siguiente paso es nuevo para nosotros. Tenemos que identificar la celda con un nombre para poder tener acceso a ella desde el controlador de la **Table View**. En el menú de propiedades de un elemento, en el lateral derecho de Xcode, seleccionaremos la cuarta opción, buscaremos un atributo llamado **identifier** e introduciremos un nombre que identifique a la celda:

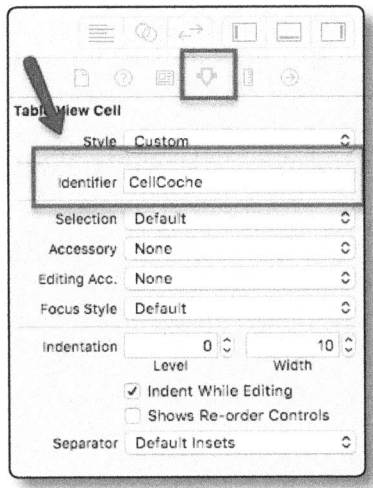

Ahora tenemos que crear en el controlador de la celda los **Outlets** de los elementos de la vista en los que mostraremos la información de los objetos almacenados en el *array*. Ya sabemos cómo realizar este proceso: dividiendo la pantalla en dos y pinchando los elementos de la vista con la tecla **Ctrl** presionada y arrastrando al controlador. Pero al dividir la pantalla vemos que no aparece el controlador de la celda sino el de la **Table View**, por lo que esta vez tenemos que indicar el controlador de forma manual. Si miramos en la pantalla, justo en el lugar donde aparece el código en la barra superior, vemos que podemos seleccionar el modo manual, quitando el automático. Al pinchar podemos indicar cuál es el controlador que queremos trabajar, en este caso, **TableViewCell.swift**. Crearemos los **Outlets** de todos los elementos introducidos en la celda:

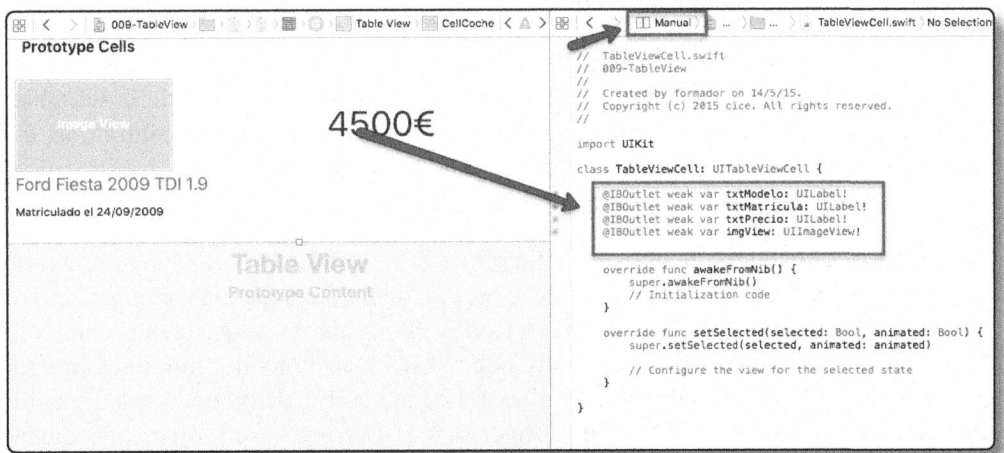

Ahora ya podemos pasar a la última fase para la construcción de una lista. Hay qie indicar cómo distribuir la información en la celda. Para realizar esta tarea tenemos que programar en la función `override func tableView(tableView: UITableView, cellForRowAtIndexPath indexPath: NSIndexPath) -> UITableViewCell` del controlador de la **Table View**. La función queda de la siguiente forma:

```
override func tableView(tableView: UITableView, cellForRowA-
tIndexPath indexPath: NSIndexPath) -> UITableViewCell {

        //1° Obtener el objeto correspondiente a la celda que
estamos montando
        let coche:Coche = listaCoches[indexPath.row];
        //2° Creamos un objeto que represente a nuestra cel-
da indicando el nombre de identificación introducido en el
Storyboard.
        let cell = tableView.dequeueReusableCellWithIdentifie
r("CellCoche", forIndexPath: indexPath) as! TableViewCell
        //3° Rellenar los datos de la celda, (poner valor)
        cell.txtModelo.text=coche.modelo;
        cell.txtMatricula.text = coche.fechaMatriculacion;
        cell.txtPrecio.text = "\(coche.precio)€";
        cell.imgView.image = UIImage(named: coche.foto);

        // Configure the cell...
        return cell
    }
```

Ahora vamos a estudiar el código introducido. Esta función es llamada por cada elemento del *array* que tengamos, es decir, va creando de forma individual cada una de las celdas, por lo que tendremos que indicar qué información mostrar en ella.

En el primer paso obtenemos el objeto del *array* que corresponde con el número de la celda que estamos creando. Este número lo obtenemos de la variable de entrada **indexPath**, cuya propiedad **row** indica en qué fila nos encontramos, es decir, qué número de celda estamos construyendo. Con esta información extraemos del *array* el objeto correspondiente.

A continuación, creamos un objeto que representa a la celda que queremos introducir en la fila indicada. En este ejemplo hemos creado una celda a cuyo controlador hemos llamado **TableViewCell** y la celda ha sido identificada en el Storyboard con el nombre de **CellCoche**. En el atributo de entrada llamado **TableView** existe una función en la que se indica la identificación de la celda y para qué fila estamos creando. Por último, hacemos el *casting* para indicar que dicha celda es de tipo **TableViewCell**, el controlador. Con todo esto obtendremos un objeto que representará a la celda la cual y ya podremos introducir en sus atributos la información deseada.

Una vez tengamos el objeto que queremos mostrar y la celda donde pintar la información ya podemos indicar dónde mostrar los datos igualando el valor del atributo de la celda con el valor del atributo del objeto.

Para las imágenes debemos tener en cuenta insertar en nuestro proyecto un conjunto de fotos cuyo nombre coincida con el valor del atributo **foto** del objeto **Coche**:

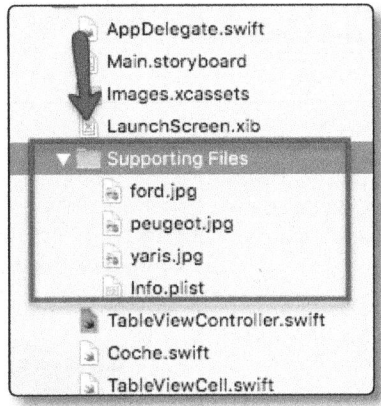

Por ejemplo, a la hora de crear los objetos, he creado uno con las siguientes características:

```
let coche2:Coche = Coche(modelo: "Toyota Yaris", fechaMatri-
culacion: "14/05/2015", precio: 1000, foto: "yaris.jpg");
```

Podemos ver que en el atributo **foto** he introducido **"yaris.jpg"**, nombre de la imagen que tengo en mi proyecto.

Para introducir un valor al atributo del **Outlet** que representa al **ImageView** de la celda hemos tenido que crear un objeto de tipo **UIImage** indicando el valor del atributo **foto** del objeto **coche** en el parámetro de entrada del inicializador de la clase:

```
cell.imgView.image = UIImage(named: coche.foto);
```

Con todo esto ya podemos lanzar nuestra aplicación y comprobar el resultado. Recomiendo practicar la creación de listas tantas veces como haga falta. Intenta hacer nuevos proyectos con **Table Views** que muestren otro tipo de modelo de datos. Una vez te sientas cómodo realizando tablas, podremos avanzar un paso más, haciendo que las celdas se puedan seleccionar navegando al detalle del elemento.

3.8 VISTADETALLE

Ya hemos visto cómo construir una lista de elementos utilizando el componente **TableView**. En muchas ocasiones, y dependiendo de la cantidad de información que haya que mostrar, puede servirnos una sola vista que contenga la lista para mostrar todos los datos deseados. Otras veces la cantidad de información es tan elevada que necesitamos dividir la información en dos partes. Para realizar este proceso se suele utilizar un diseño vista-detalle, donde la vista es el listado inicial donde podemos ver parte de la información y el detalle es la información completa del elemento seleccionado, consiguiendo así un diseño más claro y una funcionalidad cómoda para el usuario final.

Para conocer el funcionamiento de una aplicación basada en el diseño de vista-detalle vamos a preparar un nuevo proyecto en el que eliminaremos tanto el controlador como la vista insertada por defecto. Esta vez tenemos, a diferencia de una aplicación con una lista simple sin navegación, un cambio de vista al seleccionar un elemento de la lista, por lo que la vista inicial será un **Navigation Controller** que arrastraremos a nuestro Storyboard:

Podemos observar que, por defecto, ya nos integra como elemento hijo del **Navigation** una **Table**. A continuación creamos un controlador para la **Table View** y vinculamos con su vista:

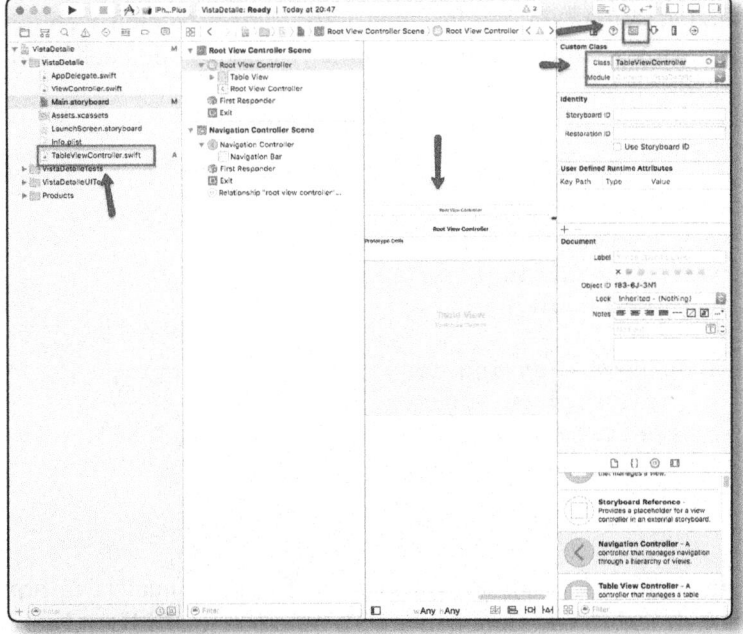

Necesitamos de un modelo de datos, un *array* con la información y montar todo en celdas dentro de la **Table View**. En esta práctica realizaremos una lista con monumentos y al pinchar en ellos se mostrará en el detalle la información contenida en Wikipedia. Crearemos un nuevo fichero en nuestro árbol del proyecto de tipo **NSObject** al que llamaremos **Monumento.swift**:

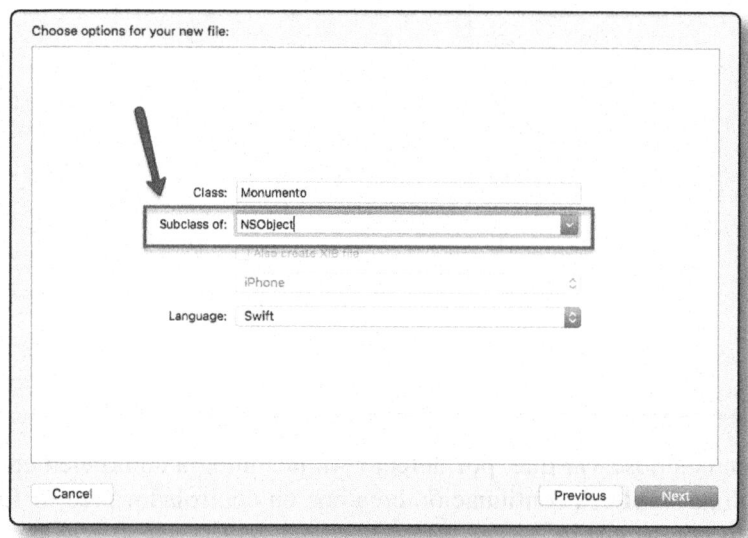

El modelo tendrá un nombre, una foto y una dirección web de Wikipedia donde mostraremos la información al detalle. El código del fichero queda de la siguiente manera:

```
import UIKit

class Monumento: NSObject {
    var nombre:String;
    var image:String;
    var web:String;

    init(nombre:String,image:String,web:String) {
        self.nombre = nombre;
        self.image = image;
        self.web = web;
    }
}
```

El siguiente paso consiste en crear de forma manual la información que mostraremos en la **Table View**, por lo que en la función **viewDidLoad** del controlador de la tabla crearemos los objetos tipo **monumento** y los introduciremos en el *array* que ha sido instanciado como variable de la clase:

```
class MonumentosTableViewController: UITableViewController {

    //Atributos globales
    var listaMonumentos:[Monumento] = [];

override func viewDidLoad() {
        super.viewDidLoad()

        let monu1:Monumento = Monumento(name: "Ciudad de las
Artes y las Ciencias", image: "valencia.jpg", webAddress:
"https://es.wikipedia.org/wiki/Ciudad_de_las_Artes_y_las_
Ciencias");
        listaMonumentos.append(monu1);

        let monu2:Monumento = Monumento(name: "Torre Eiffel",
image: "eiffel_tower.jpg", webAddress: "https://es.wikipedia.
org/wiki/Torre_Eiffel");
        listaMonumentos.append(monu2);

    }
```

Ahora diseñaremos la celda que mostrará la información inicial del monumento, crearemos su controlador y lo vincularemos a la celda **UITableViewCell**:

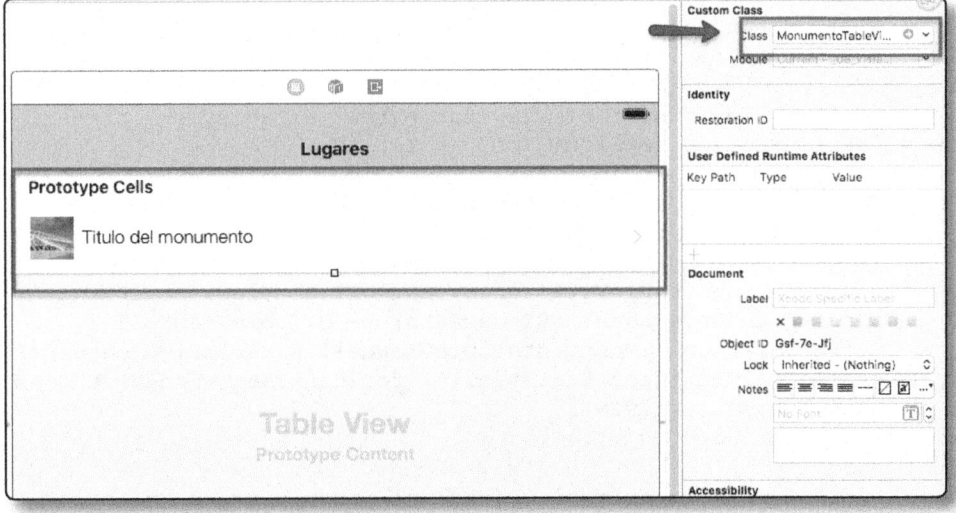

No olvides identificar la celda —en este ejemplo llamada **cell**— y crear los **Outlets**:

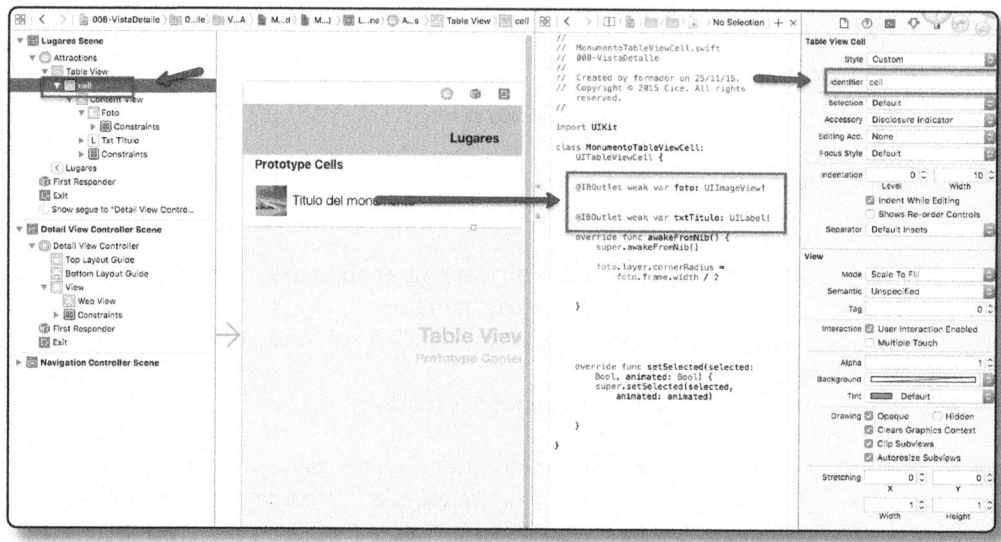

Finalmente tenemos que cargar el *array* en la tabla e indicar cómo distribuir la información dentro de la celda. El código quedará de la siguiente forma (recuerda repasar la creación de una lista en el apartado anterior):

```
override func numberOfSectionsInTableView(tableView: UITable-
View) -> Int {

    return 1
}

    override func tableView(tableView: UITableView, numberO-
fRowsInSection section: Int) -> Int {

    return listaMonumentos.count
}

override func tableView(tableView: UITableView, cellForRowA-
tIndexPath indexPath: NSIndexPath) -> UITableViewCell {
    let cell:MonumentoTableViewCell = tableView.dequeueRe
usableCellWithIdentifier("cell", forIndexPath: indexPath) as!
MonumentoTableViewCell;


    //1° Obtener el objeto del array correspondiente a la
fila de la celda que estamos montando.
    let monumento:Monumento = listaMonumentos[indexPath.row]
```

```
        //2° Rellenar la información de los outlets
        cell.txtTitulo.text = monumento.nombre;
        cell.foto.image = UIImage(named: monumento.image);


        return cell
    }
```

Vemos que, al igual que en el proyecto anterior, estamos utilizando imágenes. El nombre del atributo **image** debe coincidir con el nombre de alguna foto que tengamos en nuestro proyecto:

Al ejecutar la aplicación hemos conseguido listar una lista de monumentos dentro de un **Navigation Controller**.

Llegados a este punto vamos a montar una vista adicional que será llamada una vez seleccionamos un elemento de la lista, en este caso, un monumento del que queremos obtener más información. Esta vista mostrará una página de Wikipedia según el elemento seleccionado de la lista. El primer paso consiste en arrastrar a nuestro Storyboard una **View**:

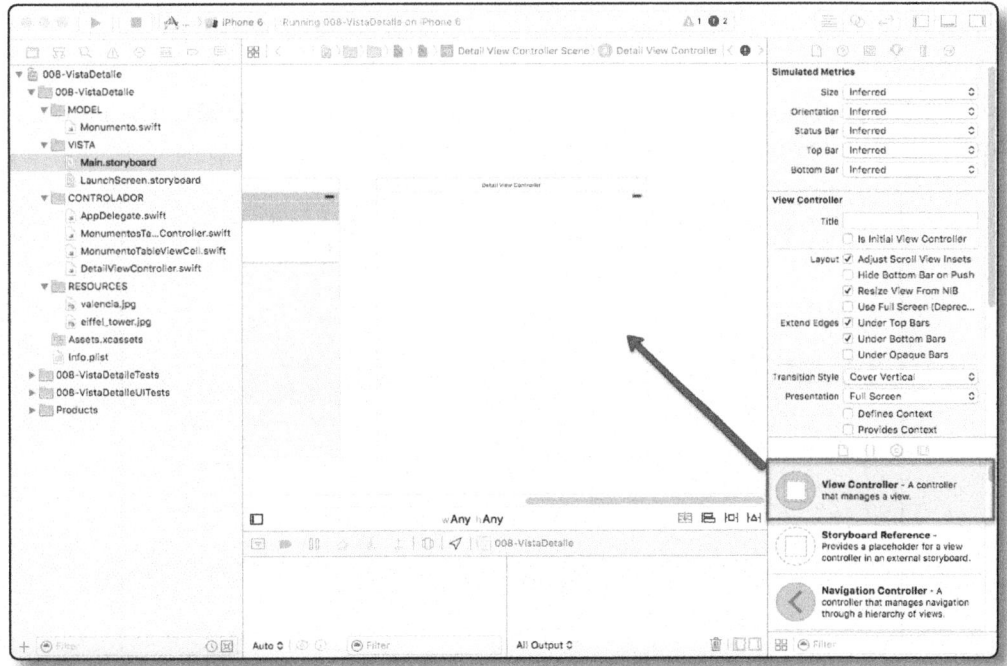

Ahora tenemos que vincular la celda con la vista, para que exista una navegación entre ellas. Para realizar esta acción pinchamos en la celda y, con la tecla **Ctrl** presionada, arrastramos a la vista recién insertada en el Storyboard, seleccionando la opción **show**:

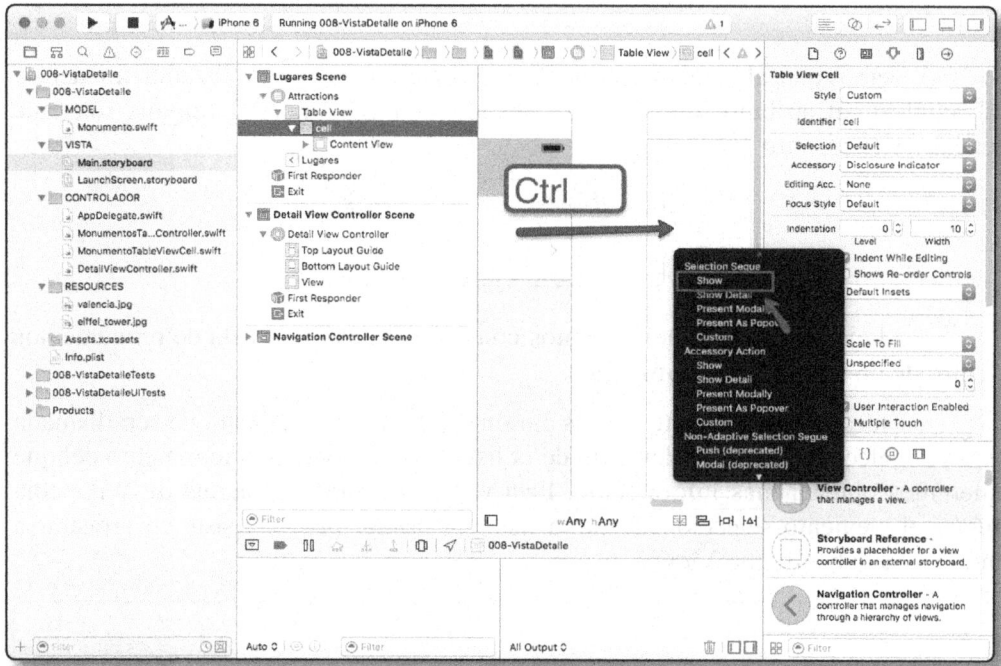

No podemos olvidar crear un controlador para la vista detalle. Creamos un nuevo fichero de tipo **ViewController.swift** y lo vinculamos a su vista:

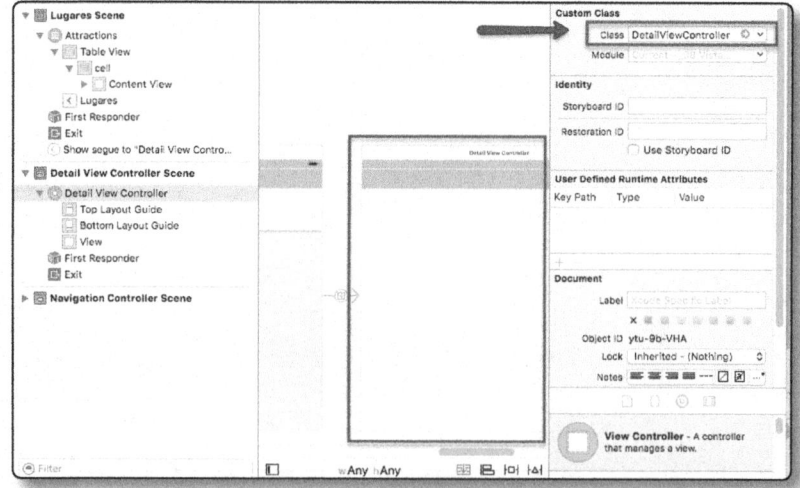

Ahora ya podemos probar la aplicación y veremos que si pinchamos sobre un elemento de la lista, navegaremos a la vista detalle.

El siguiente paso es el más importante y también el más difícil de entender. Tenemos que conseguir pasar la información del elemento seleccionado de la lista a la vista detalle. La idea consiste en conseguir obtener el objeto modelo del *array* según la fila seleccionada, ya que coincide el número de la fila con la posición del *array*. Una vez que tengamos el objeto deseado tenemos que enviárselo de alguna forma a la vista detalle. Esta acción la tenemos que realizar una vez ha sido seleccionada una fila. La función (comentada por defecto al crear el controlador) que se llama automáticamente al pinchar sobre un elemento de la lista es:

```
override func prepareForSegue(segue: UIStoryboardSegue, sen-
der: AnyObject?)
```

El **Segue** al que se refiere la función es la conexión establecida entre pantallas:

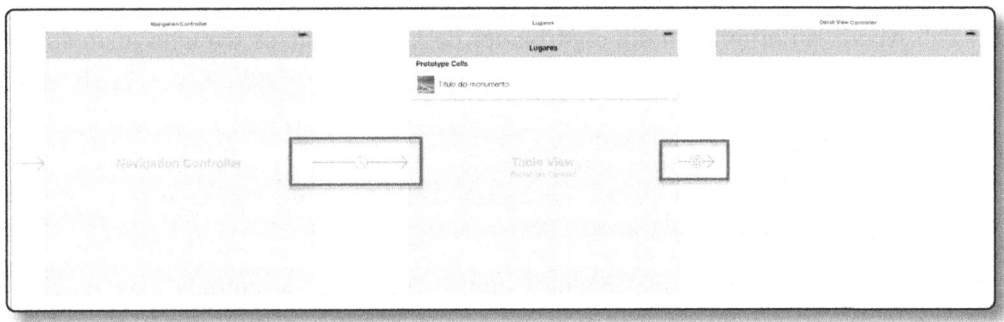

Esta función es llamada justo antes de mostrar la ventana destino al pinchar sobre un elemento de la vista que tenga una conexión. En nuestro ejemplo tenemos la celda que muestra la vista detalle al pinchar en ella. Por eso es una función perfecta para realizar la tarea deseada. En ella obtendremos el objeto del *array* según la fila seleccionada:

```
        //1º Obtener el número de la celda que he selecciona-
do
        let indexPath = self.tableView.indexPathForSelecte-
dRow;


        //2º Obtener el objeto correspondiente del array a
mostrar en el detalle según la fila seleccionada
        let monumento:Monumento =
listaMonumentos[(indexPath!.row)];
```

Ahora tenemos que crear en el controlador de la vista detalle como variable global de la clase, un objeto de tipo **monumento**. El valor de este monumento lo introduciremos desde la función que es llamada antes de ejecutar el cambio de vista, igualando el objeto obtenido del *array* según la fila al del objeto de la vista detalle. Para llevar a cabo esta acción, declaramos el objeto en el controlador de la vista detalle; con la exclamación indicamos que su valor puede ser nulo:

```
import UIKit

class DetailViewController: UIViewController {

    //objeto tipo Monumento
    var monumento:Monumento!;

    override func viewDidLoad() {
        super.viewDidLoad()
    }
```

Ahora, en la función del controlador de la tabla que es llamado justo antes de cambiar la vista, tenemos que crear un objeto que represente a la vista destino (vista detalle):

```
//3° Obtener la vista destino del segue
let detailView:DetailViewController = segue.destination-
ViewController as! DetailViewController;
```

La variable **segue** que tenemos como parámetro de entrada a la función representa la flecha que conecta con la vista. De ella podemos obtener, con la propiedad **destinationViewController**, una referencia a la vista destino, en este caso la vista detalle de nuestra aplicación. Finalmente hacemos el *casting* según el nombre del controlador vinculado a la vista destino.

Por último, tenemos que igualar el objeto de tipo **monumento** de la vista detalle con el objeto obtenido del *array* según la fila seleccionada. De esta forma conseguimos pasar la información de una vista a otra. La función queda de la siguiente forma:

```
// MARK: - Navigation
    override func prepareForSegue(segue: UIStoryboardSegue,
sender: AnyObject?) {
        //1° Obtener el número de la celda que he selecciona-
do
        let indexPath = self.tableView.indexPathForSelecte-
dRow;
```

```
        //2° Obtner el objeto correpondiente del array a mos-
trar en el detalle segun la fila seleccionada
        let monumento:Monumento =
listaMonumentos[(indexPath!.row)];

        //3° Obtener la vista destino del segue
        let detailView:DetailViewController = segue.destina-
tionViewController as! DetailViewController;

        //4° Asignar este objeto del array a la variable glo-
bal de la vista detalle
        detailView.monumento = monumento;

    }
```

Ahora tenemos en la vista detalle un objeto que corresponde con el elemento de la lista seleccionada. Pero ¿qué hacemos con este objeto? Pues ya podemos mostrar toda su información en la vista. Dado que el objetivo es mostrar la web que tiene asociada, vamos arrastrar y crear el **outlet** de un componente nuevo para nosotros llamado **Web View**, el cual tiene la capacidad para cargar una dirección web:

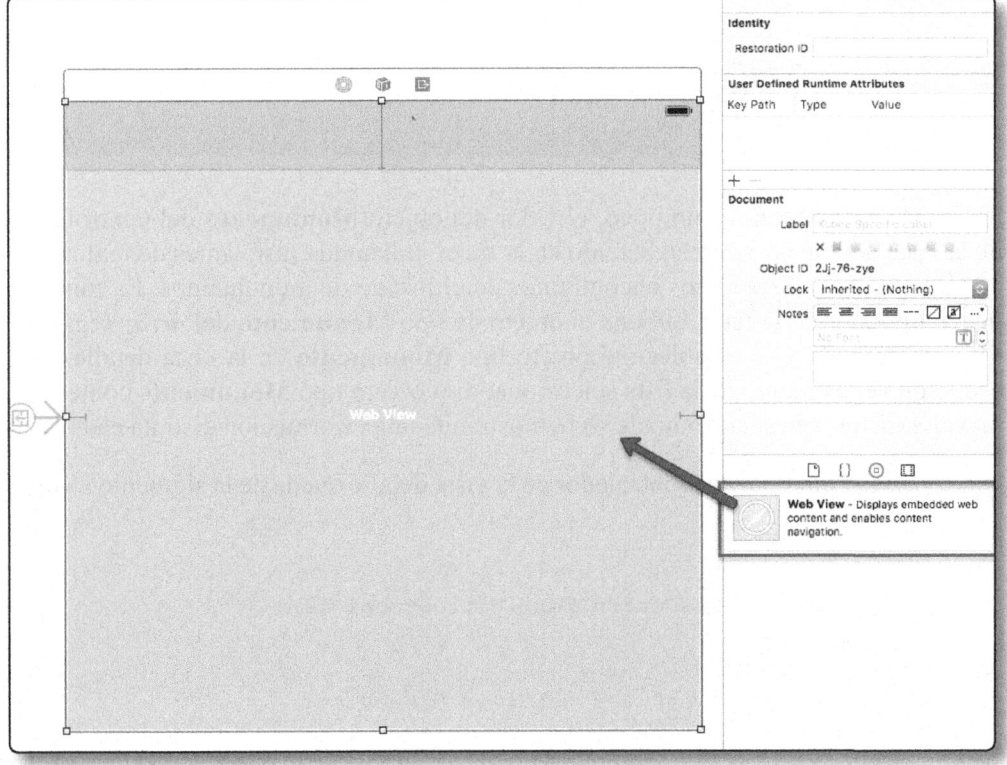

Creamos el **outlet** en el controlador del **Web View**:

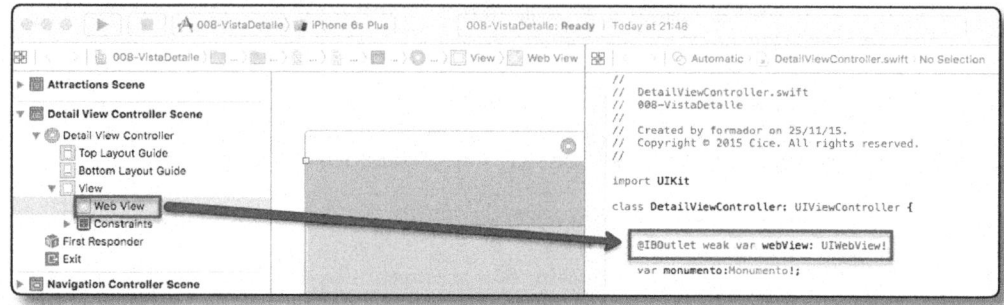

Ahora programaremos, en la función **vewDidLoad** del controlador de la vista detalle, un código para obtener del objeto **Monumento** el valor del atributo que contiene la dirección web; y de este modo la cargará en la **Web View**:

```
override func viewDidLoad() {
        super.viewDidLoad()

        //Cargar una url al webView
        let webURL = NSURL(string: monumento.web);
        let urlRequest = NSURLRequest(URL: webURL!)
        webView.loadRequest(urlRequest);


    }
```

Si recapitulamos un poco, el valor del objeto **Monumento** del controlador de la vista detalle ha sido establecido en la función llamada justo antes de realizar el cambio de vista, cuando nos encontramos en el listado de monumentos. La función del controlador de la tabla obtiene el objeto de tipo **Monumento** del *array* según la fila seleccionada y lo establece al objeto tipo **Monumento** de la vista detalle. Por eso, según el elemento de la lista seleccionada, el objeto tipo **Monumento** contendrá un valor distinto en su atributo de web, mostrando una información distinta cada vez.

El código final del controlador de la vista detalle queda de la siguiente forma:

```
import UIKit

class DetailViewController: UIViewController {

    //Outlet
    @IBOutlet weak var webView: UIWebView!
    //Objeto Monumento
    var monumento:Monumento!;
```

```
override func viewDidLoad() {
    super.viewDidLoad()

    //Cargar una url al webView
    let webURL = NSURL(string: monumento.webAddress);
    let urlRequest = NSURLRequest(URL: webURL!)
    webView.loadRequest(urlRequest);

}
}
```

Para cargar una URL en un **Web View** necesitamos crear un objeto tipo **NSURLRequest**, que, a su vez, necesita otro de tipo **NSURL** que es creado con un **String** que contiene la URL del destino.

Por último y para finalizar la práctica tenemos que introducir permisos de acceso a una dirección web. Llegados a este punto, nos estamos adelantando un poco al temario, pero es una tarea muy sencilla. Cuando programamos cualquier acción que requiera de una conexión a Internet externa tenemos que introducir permisos para poder realizar la acción. El fichero donde introducir los permisos se llama **Info.plist** y lo podemos encontrar en el árbol de ficheros de nuestro proyecto. Lo seleccionamos y nos saldrá una lista de propiedades. Es en esta lista donde tenemos que agregar una nueva fila e insertar una propiedad que será el permiso para acceder a Internet. Con botón derecho podemos seleccionar **Add Row**.

Insertaremos en la fila recién creada la siguiente propiedad: **App Transport Security Settings**, que será de tipo **Dictionary**.

Seleccionamos el diccionario recién creado y presionamos sobre el símbolo de añadir un elemento. El elemento que añadiremos será **Allow Arbritary Loads**, de tipo **Boolean**, con valor **YES**.

El listado de propiedades del proyecto quedará de la siguiente forma:

Si probamos ahora nuestra aplicación, veremos el listado de elementos; y al seleccionar uno de ellos nos conducirá a la vista detalle mostrando en nuestro **contender** de web la dirección de Wikipedia correspondiente al monumento seleccionado. Con todo esto hemos conseguido realizar una aplicación con diseño vista-detalle. El proceso más crítico es el de saber cómo transferir la información de una vista a otra. Pero creando un objeto en el destino, y con la función **prepareForSegue**, asignar un valor según la fila seleccionada es un proceso sencillo.

Al igual que ocurre con la creación de una lista, este proceso es muy repetitivo en todas nuestras aplicaciones. Una vez lo hayas practicado, conseguirás que se transforme en un proceso automatizado.

Practica tantas veces como haga falta para conseguir tener soltura en la creación de este tipo de aplicaciones antes de seguir avanzando.

3.9 SPLITVIEW

Una aplicación basada en el componente **SplitView** está diseñada para aprovechar al máximo el espacio de nuestra pantalla programando una sola aplicación pensada para funcionar en el iPad y el iPhone, cambiando el aspecto de forma automática para adaptarse a cada dispositivo.

En una aplicación de *master-detail*, como hemos visto en el apartado anterior, primero tenemos la lista de elementos y al pinchar sobre uno navegamos a la vista del detalle. Si imaginamos esta aplicación en un iPad veremos que desaprovechamos mucha pantalla mostrando solo la lista, ya que podemos tener el listado y el detalle en una misma vista. Es en este aspecto en el que se centra el **SplitView**, ya que consigue visualizar en un iPad la lista y el detalle en una misma vista; mientras que si estamos en un iPhone, mostrará primero la lista, y, al presionar sobre un elemento, navegará al detalle.

Vista en un iPhone:

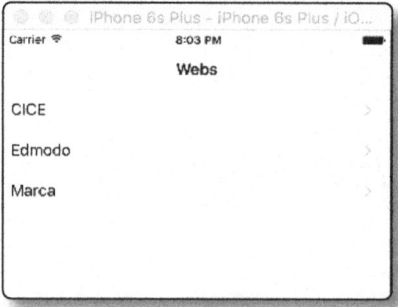

La misma aplicación utilizando una sola vista (iPad):

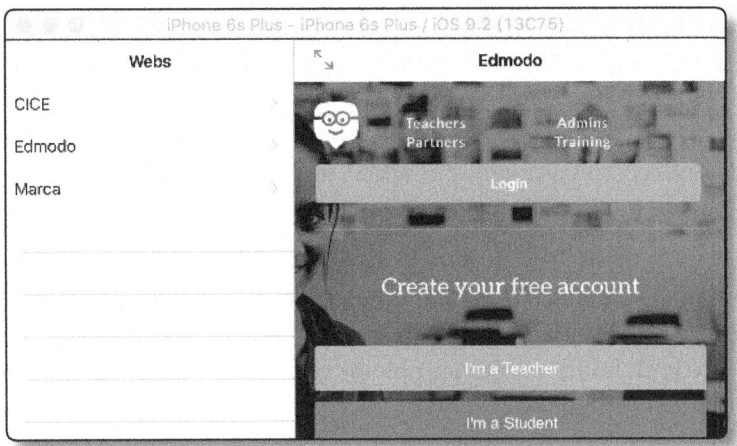

Para empezar a desarrollar una aplicación basada en **SplitView** creamos un nuevo proyecto **Universal** borrando todas las vistas y controladores que nos vienen por defecto. A continuación, arrastramos a nuestro Storyboard el componente de **SplitView**:

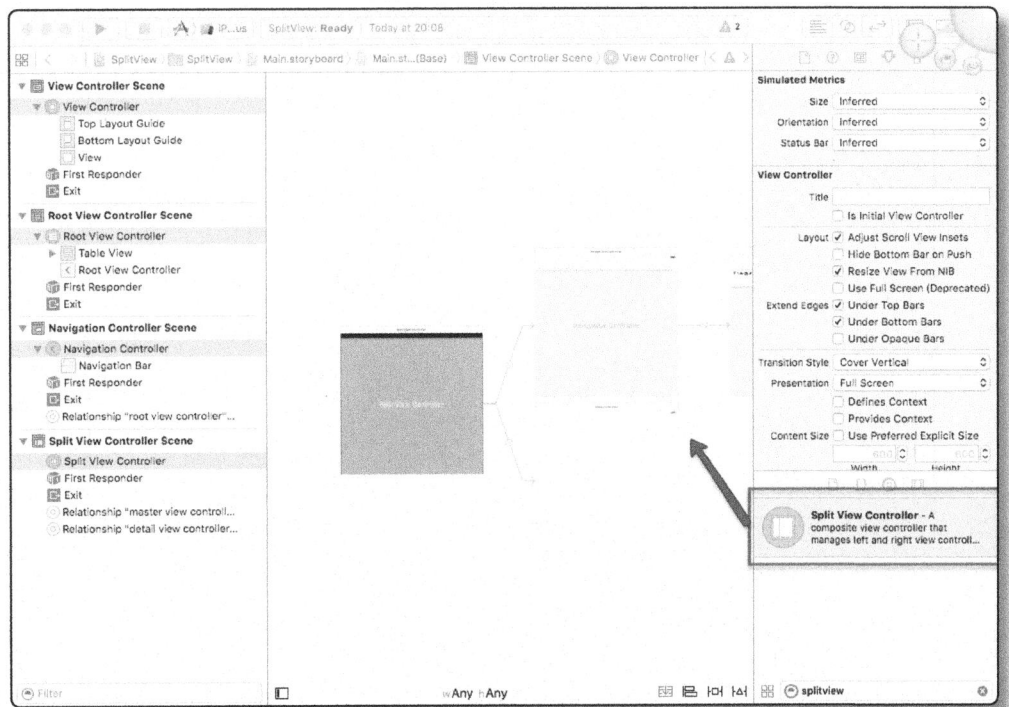

Vemos que por defecto inserta dos vistas:

1. **Navigation Controller** con un **Table View (Master)**
2. Una **View** normal (**Detail**)

Toda aplicación basada en un **SplitView** contiene una lista llamada **Master** y una **View** donde mostrar el detalle del elemento seleccionado de la lista, llamado **Detail**.

El primer paso consiste en llenar de elementos nuestra tabla. Este proceso es el mismo que hemos estudiado anteriormente al crear una **TableView**. Necesitamos la clase modelo para poder instanciar objetos que insertaremos en un *array* que será listado en el Table View.

Para esta práctica crearemos una aplicación donde listaremos una lista de páginas web y navegaremos a su contenido pinchando sobre una de ellas. Creamos la clase modelo —llamada **Web**— con un título y la dirección de la página:

```
import UIKit
class Web: NSObject {
    //Atributos
    var titulo:String;
    var url:String;
```

```
    //Constructor
    init(titulo:String,url:String) {
        self.titulo = titulo;
        self.url = url;
    }
}
```

Una vez creado el modelo tenemos que crear un controlador para nuestra tabla, y vincular a la vista:

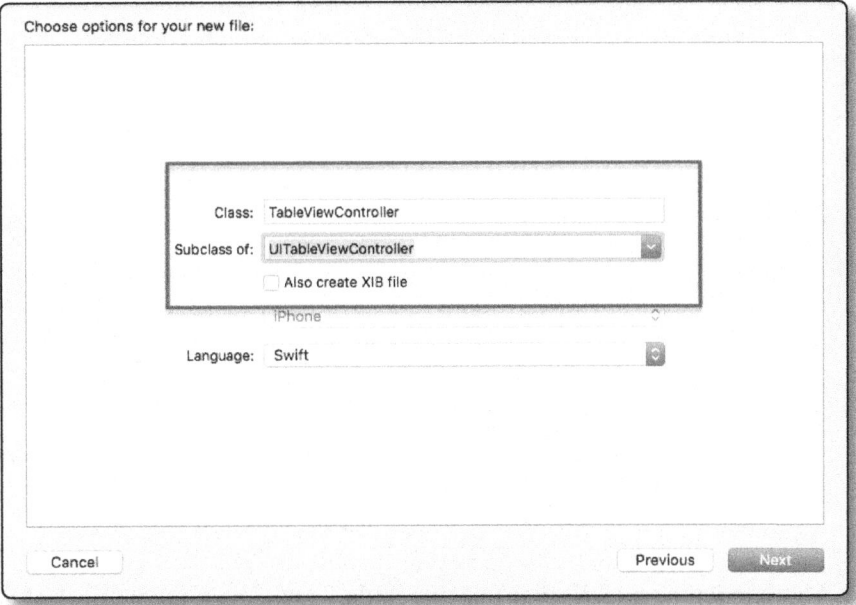

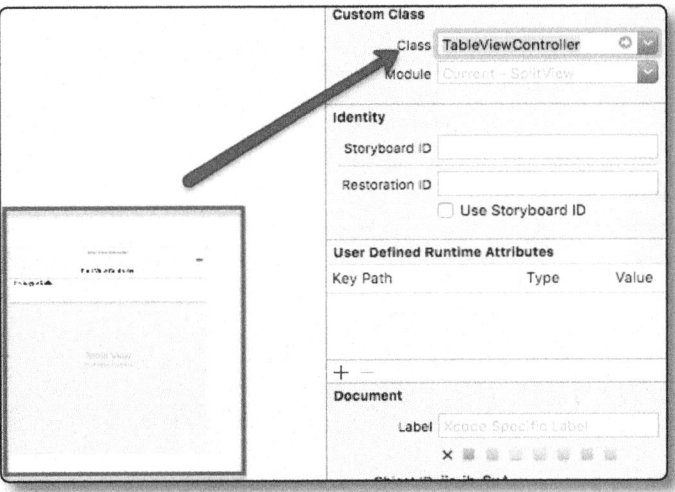

En la función **viewDidLoad()** creamos objetos tipo **Web** y los insertamos en el *array* declarado como variable de la clase:

```
import UIKit
class TableViewController: UITableViewController {
  //Array con objetos tipo Web
  var listPages:[Web]=[];

  override func viewDidLoad() {
    super.viewDidLoad()

    //Función para crear objetos tipo Web
    getPages();

  }

  //FUNCIONES PROPIAS
  func getPages(){

    let pag1 = Web(titulo: "Eblasco", url: "http://www.eblasco.es");
    listPages.append(pag1);

    let pag2 = Web(titulo: "Edmodo", url: "http://www.edmodo.com");
    listPages.append(pag2);

    let pag3 = Web(titulo: "Marca", url: "http://www.marca.com");
    listPages.append(pag3);

  }
```

Ahora tenemos que diseñar nuestra celda, la cual solo tendrá un **Label** para mostrar el título:

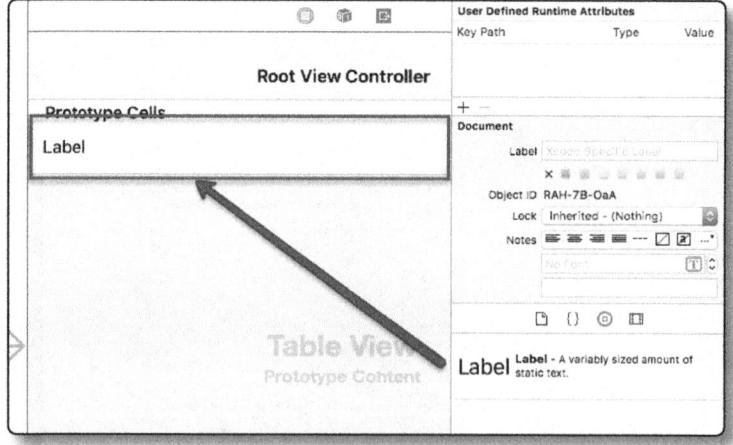

Creamos el controlador para la celda, lo vinculamos a su vista y creamos el **Outlet** del **Label** llamado **txtTitulo**. Recuerda que es necesario identificar la celda con el nombre **cell** para poder acceder a ella desde el controlador de la tabla:

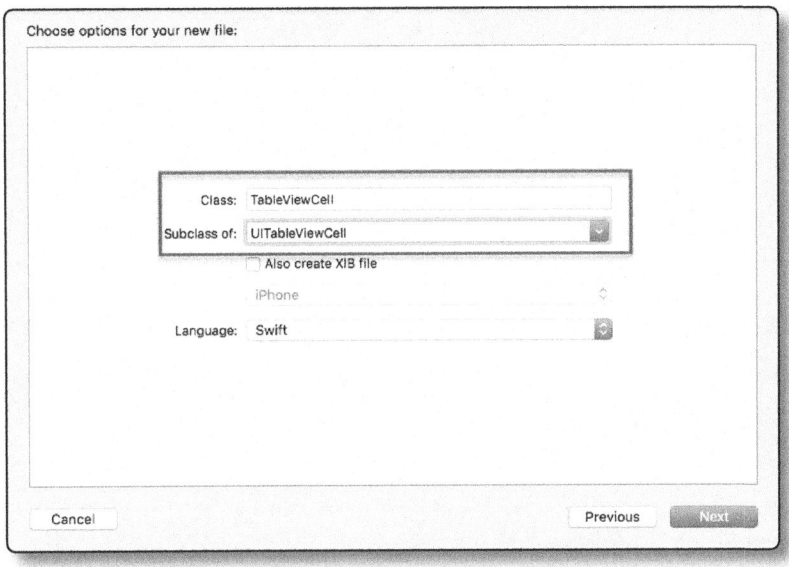

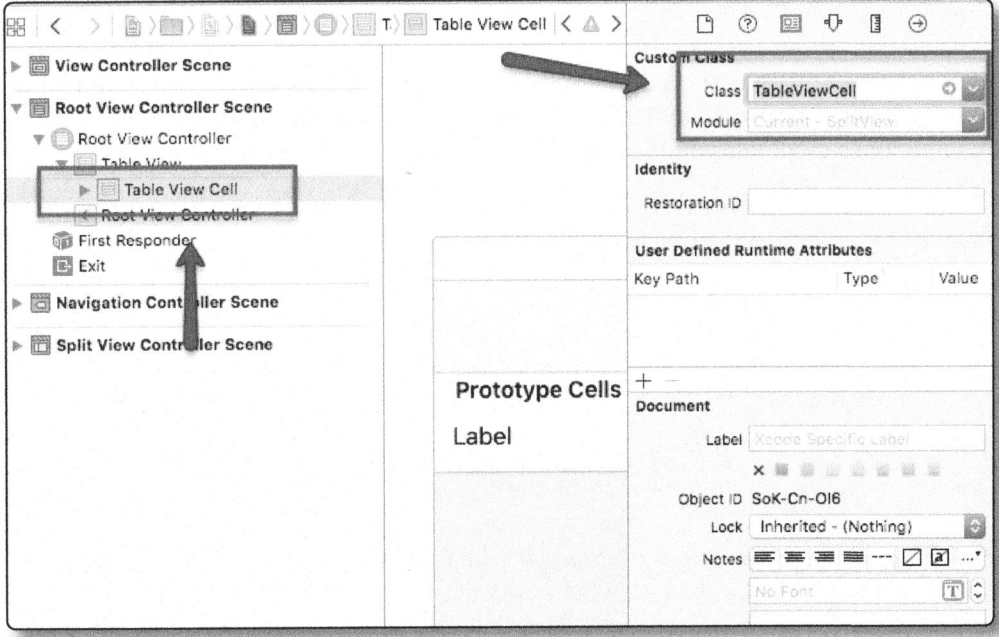

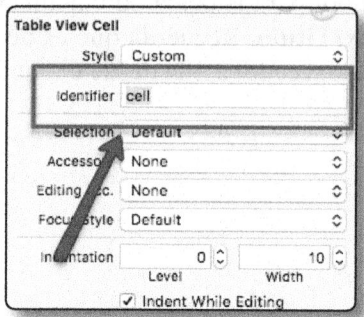

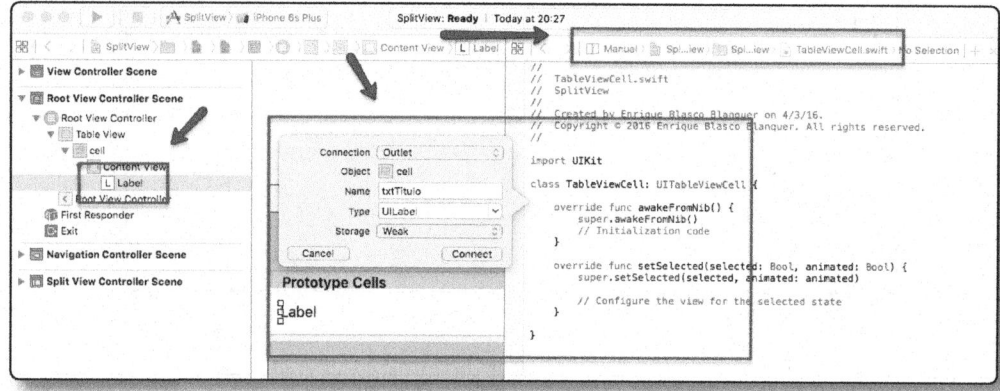

Una vez tengamos la celda preparada, podemos preparar el controlador de la tabla para que muestre el contenido del *array* en la lista. Es necesario modificar las tres funciones esenciales de la tabla para que realice dicha acción:

```
// MARK: - Table view data source
    override func numberOfSectionsInTableView(tableView: UI-
TableView) -> Int {

        return 1
    }
    override func tableView(tableView: UITableView, numberO-
fRowsInSection section: Int) -> Int {


        return listPages.count
    }


    override func tableView(tableView: UITableView, cellFo-
rRowAtIndexPath indexPath: NSIndexPath) -> UITableViewCell {


        //1º Crear la celda
```

```
        let cell = tableView.dequeueReusableCellWithIdentifie
r("cell", forIndexPath: indexPath) as! TableViewCell

        //2° Obtener el objeto del array correspondiente a la
celda
        let pag = listPages[indexPath.row];

        //3° Pintamos la información en la celda
        cell.txtTitulo.text = pag.titulo;


        return cell
    }
```

Si ejecutamos la aplicación vemos que aparece la pantalla de detalle (en blanco) si giramos el dispositivo aparecen las dos pantallas, ya que tenemos espacio suficiente para mostrarlas:

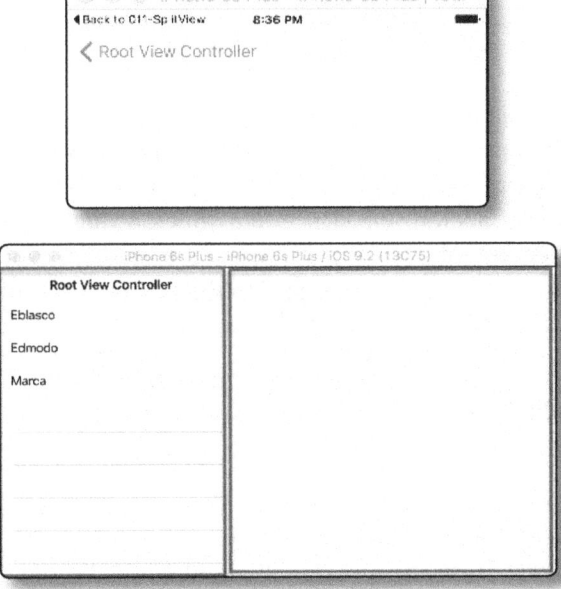

Si queremos hacer que la primera pantalla que veamos al ejecutar la aplicación sea el listado, tendremos que modificar el fichero **appDelegate.swift**. Como ya sabemos, este fichero es el primero que se ejecuta al iniciar la aplicación. En este fichero indicaremos que extienda de UISplitViewControllerDelegate y sobrescribiremos la función **splitViewController**. Para indicar que queremos mostrar la pantalla **Master** de inicio, la función debe devolver **true**:

```
class AppDelegate: UIResponder, UIApplicationDelegate, UIS-
plitViewControllerDelegate {
    var window: UIWindow?

    func application(application: UIApplication, didFinis-
hLaunchingWithOptions launchOptions: [NSObject: AnyObject]?)
-> Bool {

        return true
    }

    //FUNCIONES PROPIAS DEL CONTROLLER SPLITVIEW
    func splitViewController(splitViewController: UISplitViewCon-
    troller, collapseSecondaryViewController secondaryViewContro-
    ller: UIViewController, ontoPrimaryViewController primary-
    ViewController: UIViewController) -> Bool {
        //True: quieres descartar la vista detail de primeras
        //False: no quieres descartar la vista detail de primeras

        return true;
    }
```

Si ejecutamos la aplicación, vemos que no hace lo que esperábamos. Esto ocurre porque no hemos indicado en el **AppDelegat.swift** cuál es el fichero que contiene la función para modificar el comportamiento inicial de nuestro **SplitView**. Para llevar a cabo esta acción, en la primera función que se llama al ejecutar la aplicación crearemos un objeto que represente a nuestro **SplitView**, y con la propiedad **delegate** le indicamos que **AppDelegate.swift** es el fichero que contiene la función para, de este modo, indicar cuál va a ser la vista inicial:

```
func application(application: UIApplication, didFinishLaun-
chingWithOptions launchOptions: [NSObject: AnyObject]?) ->
Bool {

        let splitViewController = self.window!.rootViewCon-
troller as! UISplitViewController;
        splitViewController.delegate = self;

        return true
    }
```

Al ejecutar la aplicación vemos que ahora sí que aparece el listado.

Llegados a este punto tenemos que realizar la navegación a la vista detalle. En nuestro Storyboard seleccionamos la celda y con la tecla **Ctrl** presionada pinchamos y arrastramos a la vista detalle, seleccionando la opción **Show Detail**:

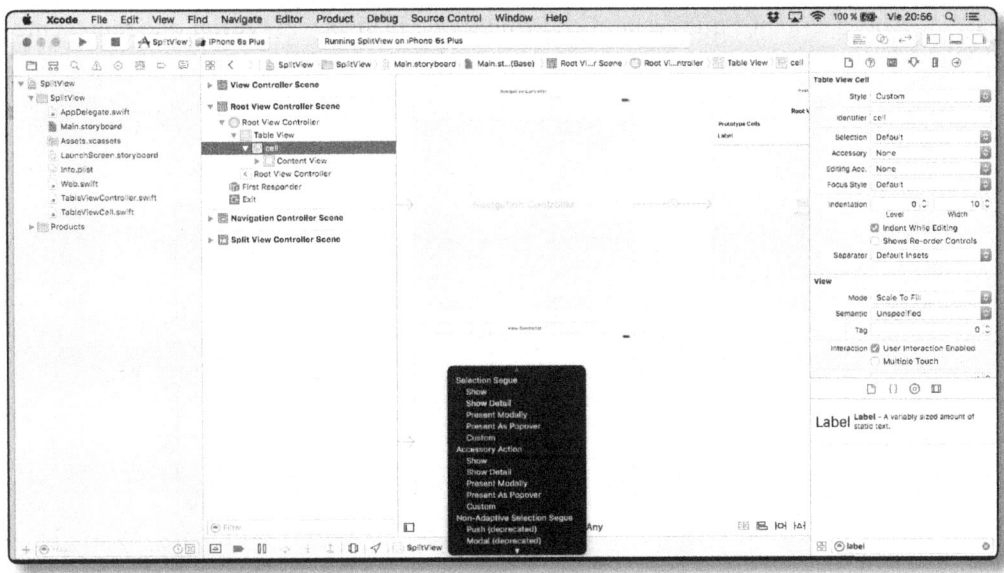

De esta forma tendremos la navegación preparada. Al pinchar sobre una celda, navegamos al detalle (siempre que nos encontremos en un iPhone, ya que en pantalla horizontal vemos las dos pantallas). Para terminar la práctica tenemos que mostrar la página web en un **WebView** del detalle, por lo que arrastramos el componente a nuestra vista detalle y creamos los **constraints** necesarios para que ocupe toda la pantalla:

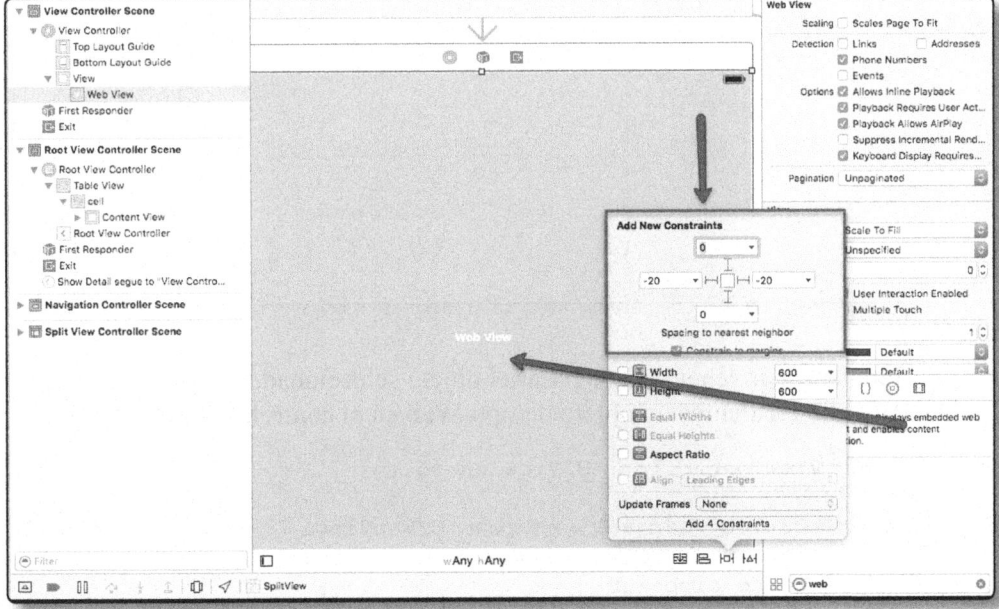

Ahora tenemos que crear el controlador de la vista y el **Outlet** que represente al **WebView**:

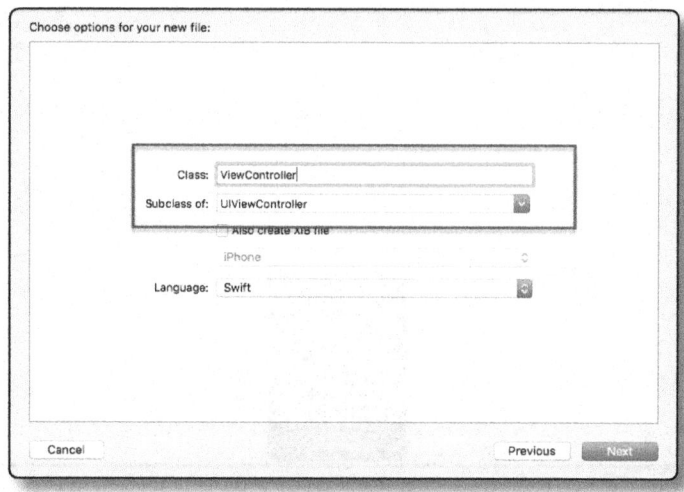

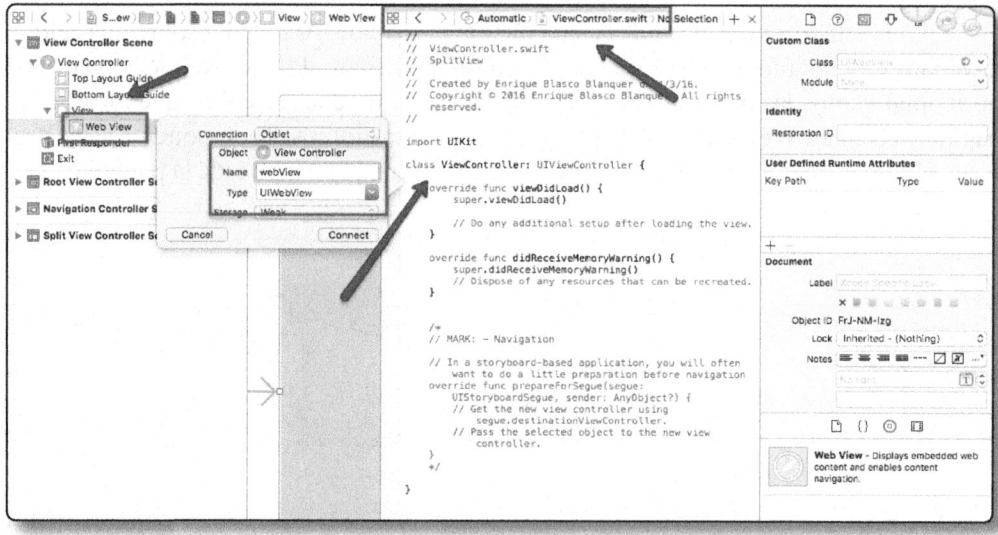

Para terminar, tenemos que pasar el objeto seleccionado de la lista a la vista detalle. Para ello crearemos un objeto de tipo **Web** en el controlador del detalle:

```
class ViewController: UIViewController {

    @IBOutlet weak var webView: UIWebView!

    //Objeto tipo Web
    var pag:Web!;
```

A continuación, en el controlador de la tabla buscamos la función que es llamada justo antes de realizar la navegación y añadimos valor al objeto creado en el detalle, igualándolo al objeto seleccionado de la lista:

```
// MARK: - Navigation
    override func prepareForSegue(segue: UIStoryboardSegue,
sender: AnyObject?) {

        //1º Objeto que representa al detail
        let detailView = segue.destinationViewController as!
ViewController

        //2º Objeto según la fila pinchada
        let pag = listPages[self.tableView.indexPathForSelec-
tedRow!.row];

        //3º Le paso al detail el objeto seleccionado
        detailView.pag = pag;
    }
```

Finalmente, en el controlador del detalle tenemos que cargar la página web del objeto recibido por la tabla en el contenedor dentro de la función **viewDidLoad()**. El problema es que, si estamos en una pantalla en horizontal, el detalle aparece al iniciar la aplicación y aún no nos ha dado tiempo de seleccionar ningún elemento de la lista, por lo que tendremos un error. Para evitarlo, tenemos que controlar si el objeto del detalle está vacío o no, añadiendo una página de inicio en caso de estarlo y dejando el del objeto en caso contrario. El código del controlador del detalle queda de la siguiente forma:

```
import UIKit
class ViewController: UIViewController {

    @IBOutlet weak var webView: UIWebView!

    //Objeto tipo Web
    var pag:Web!;

    override func viewDidLoad() {
        super.viewDidLoad()
        if pag != nil {
            let url = NSURL(string: pag.url);
            let request = NSURLRequest(URL: url!);
            webView.scalesPageToFit = true;
            webView.loadRequest(request);
```

```
            self.title=pag.titulo;

    }else{
        let url = NSURL(string: "http://www.eblasco.es");
        let request = NSURLRequest(URL: url!);
        webView.scalesPageToFit = true;
        webView.loadRequest(request);
        self.title = "EBLASCO";
    }
    }

}
```

Si ejecutamos nuestra aplicación veremos que funciona perfectamente y que presentará un aspecto distinto según el tamaño de la pantalla (no olvides añadir los permisos en el fichero **plist**).

Para finalizar el tema te propongo que realices el diseño de varias aplicaciones con datos estáticos utilizando el mayor número de componentes posibles vistos en este tema. Crea una aplicación basada en un *master-detail* con navegaciones más complejas entre distintas vistas, todas ellas bien adaptadas a cualquier tamaño de pantalla. Tómate tu tiempo en asimilar bien este tema.

4

BASE DE DATOS LOCALES

Hemos aprendido a diseñar y desarrollar aplicaciones con datos estáticos. Los datos estáticos son aquellos que no cambiarán a lo largo del tiempo. Pocas aplicaciones se encuentran desarrolladas de esta forma, ya que una de las finalidades principales de toda aplicación es el manejo de datos. Es por todo esto por lo que una de las partes más importantes es la referida a la base de datos.

Si estudiamos cómo manejan la información las aplicaciones, encontraremos que existen dos formas:

1. Base de datos locales

2. Base de datos *online*

Para identificar fácilmente el tipo de tratamiento de los datos tenemos que observar si necesitamos Internet para utilizar la aplicación.

En aplicaciones que tratan los datos de forma local, la información es necesaria solo en el dispositivo. Una aplicación bloc de notas, por ejemplo, sería un ejemplo claro de base de datos locales. Las notas son almacenadas en el propio dispositivo sin necesidad de una conexión a Internet. En otras ocasiones necesitaremos que la información pueda ser visible desde cualquier dispositivo, por lo que la información se encontrará en un servidor a través del cual, por medio de Internet, podremos acceder a los datos que tiene almacenados, permitiendo la visualización en distintos dispositivos.

Ya sean locales u *online*, los datos son almacenados en bases de datos, que contienen tablas donde se organiza la información en columnas y filas. Las columnas son el campo que se almacena y las filas la información:

DNI	NOMBRE	APELLIDOS	TELÉFONO	CORREO
11111111h	David	Pérez	961124817	david@correo.es
22222222k	Mar	Masía	963321548	mar@correo.es

En este tema nos centraremos en el manejo de datos de forma local. En iOS tenemos una librería llamada **Core Data** que nos proporciona todas las herramientas necesarias para el desarrollo de una aplicación con base de datos locales.

4.1 SQL Y CRUD

Antes de empezar a desarrollar una aplicación con **Core Data** tenemos que aprender dos conceptos fundamentales.

1. SQL

2. CRUD

SQL es el lenguaje en el que se codifican las instrucciones que manipulan la base de datos. Es un concepto mucho más extenso y necesitaríamos un libro entero para explicar bien su manejo, pero vamos a nombrar algunas de las sentencias más importantes para poder trabajar en las siguientes prácticas.

CRUD es el acrónimo de *create*, *read*, *update*, *delete*. Una aplicación CRUD es aquella que inserta, lee, actualiza y elimina datos. Si sabemos manejar estas cuatro acciones, podremos desarrollar cualquier tipo de aplicación que nos demanden. Aprenderemos a realizar estas acciones tanto con datos locales como *online*.

Las instrucciones de SQL se encuentran divididas en tres grandes grupos:

1. Sentencias para la creación de objetos

2. Sentencias para el control de seguridad

3. Sentencias para la manipulación de datos

En el tercer grupo encontramos las instrucciones necesarias para desarrollar una aplicación CRUD. Por eso vamos a centrarnos en este grupo de sentencias.

4.1.1 Read

Para realizar una **lectura** de datos de una tabla almacenada en la base de datos, y de esta forma mostrar la información en un **Table View**, utilizaremos la instrucción **Select**.

Esta sentencia se utiliza para recuperar valores almacenados en la base de datos, la sintaxis es la siguiente:

- ▶ **SELECT** campo1, campo2, campo3
- ▶ **FROM** tabla
- ▶ **WHERE** condición
- ▶ **ORDER BY** campo

Al ejecutar esta sentencia recuperaremos los datos de la tabla indicada en la cláusula **FROM**, formados por los campos indicados en **SELECT** y que cumplan la condición **WHERE**. Serán visualizados de forma ordenada según el campo insertado en **ORDER BY**.

En la sentencia de lectura de datos solo son obligatorios **SELECT** y **FROM**, los otros dos son opcionales. Si ejecutamos una sentencia **SELECT** sin un condicional estaremos recuperando todos los datos que se encuentran almacenados en la tabla indicada.

En caso de querer recuperar todos los campos de la tabla utilizaremos un asterisco (*):

```
SELECT *
FROM tabla
```

Si tenemos la siguiente tabla almacenada en la base de datos:

CONTACTOS

DNI	NOMBRE	APELLIDOS	TELÉFONO	CORREO
11111111h	David	Pérez	961124817	david@correo.es
22222222k	Mar	Masía	963321548	mar@correo.es

Y queremos listar en nuestra aplicación todos los contactos de un usuario, tendremos que utilizar la sentencia **SELECT**:

```
SELECT * FROM contactos;
```

Si queremos mostrar un dato en concreto utilizaremos un condicional **WHERE**:

```
SELECT * FROM contactos WHERE dni=11111111h.
```

Con esta sentencia estamos indicando que queremos filtrar los datos con un DNI en concreto; abtendremos así la información deseada.

Las condiciones de selección de registros se establecen en la cláusula **WHERE** mediante una expresión de tipo:

```
CAMPO OPERADOR VALOR
```

El **campo** es el nombre de la tabla indicada en **FROM**; **operador**, la operación de comparación que queramos; y el **valor**, el dato que se comparará con el campo.

Un par de cosas se han de tener en cuenta a la hora de construir un condicional:

1. Si el valor es de tipo texto, deberá escribirse entre comillas.

2. Con **WHERE** podemos incluir varias expresiones de tipo **AND** y **OR**.

4.1.2 Ordenación de registros

Con **ORDER BY** determinamos el orden en el que recibiremos los datos. Es una sentencia muy utilizada, ya que nos facilita la forma de presentación de datos dentro de una lista. Podemos ordenar los datos una vez los tengamos en nuestro *array*, pero el proceso es mucho más complejo.

Para crear una ordenación utilizaremos:

```
ORDER BY campo1 ASC/DESC
```

Donde **campo** es el nombre de la columna que queramos ordenar y la forma, ascendente (**ASC**) o descendente (**DESC**).

En el ejemplo anterior podemos indicar que queremos un listado de todos los contactos ordenados de forma ascendente por el apellido:

```
SELECT * FROM contactos ORDER BY apellidos ASC.
```

En muchas ocasiones nos encontraremos con que los datos que queremos obtener no se encuentran en una única tabla, por lo que la sentencia **SELECT** tendrá que realizar una petición a más de una tabla.

```
SELECT INNER JOIN
Con INNER JOIN conseguimos obtener la información de distin-
tas tablas:
SELECT tabla1.campo1, tabla1.campo2, tabla2.campo1, tabla2
campo2
FROM tabla1
INNER JOIN tabla2
ON tabla1.campo = tabla2.campo
```

Cuando utilizamos más de una tabla es recomendable emplear el nombre de la tabla antes del campo, ya que pueden existir campos con el mismo nombre en las dos tablas.

En **FROM** indicamos la tabla que contiene los datos principales; en **INNER JOIN**, la segunda tabla con los datos adicionales de la información principal. Finalmente tenemos que indicar cuál es la relación entre las dos tablas en la sentencia **ON**.

Imaginemos la siguiente base de datos:

CONTACTOS

DNI	NOMBRE	APELLIDOS	TELÉFONO	CORREO
11111111h	David	Pérez	961124817	david@correo.es
22222222k	Mar	Masía	963321548	mar@correo.es

MENSAJES

ID	MENSAJE	PROPIETARIO
1	Hola, ¿qué tal?	11111111h
2	Estoy en casa	22222222k
3	¿Vamos al cine?	22222222k
4	Mañana voy a la montaña	11111111h

Como vemos, en esta base de datos tenemos dos tablas, una de contactos y la otra donde se almacenan los mensajes escritos por estos contactos; las columnas **DNI** y **PROPIETARIO** están relacionadas. Imaginemos que queremos obtener la información de los contactos junto con sus mensajes. Para realizar esta consulta, o cualquier otra, podemos seguir cuatro sencillos pasos:

1. Detectar en qué tablas se encuentra la información.

2. Identificar la tabla principal. Normalmente es el **sujeto** de la oración que construimos a la hora de describir la información que queremos mostrar, por ejemplo: "Listar los **contactos** junto con los mensajes creados". En esta frase el sujeto es **contactos**, por lo que la tabla principal es **contactos**.

3. Identificar la relación entre las tablas que participan en la sentencia. En este caso vemos que la columna **Propietario** de la tabla **Mensajes** se encuentra relacionada con la columna **DNI** de la tabla **Contactos**. Con la relación podemos saber a quién pertenece un mensaje.

4. El número de tablas que participan en la sentencia determina el número de **INNER JOINS** que tenemos utilizar: si X es el número de **INNER JOINS** e Y el número de tablas que participan en la sentencia utilizaremos la siguiente formula: **x = y-1**.

Sabiendo esto ya podemos crear nuestra sentencia SQL necesaria para obtener los datos indicados anteriormente:

1. Participan dos tablas: **Contactos** y **Mensajes**

2. La tabla principal es **Contactos**

3. Con la columna **contactos.dni = mensajes.propietario**

4. $X = 2\text{-}1$, es decir, utilizaremos un **INNER JOIN**

```
SELECT contactos.*, mensajes.*
FROM contactos
INNER JOIN mensajes
ON contactos.dni = mensajes.propietario
```

4.1.3 Alias

A la hora de montar estas sentencias nos encontraremos con que utilizaremos nombres excesivamente largos en los campos, ya que tenemos indicar la tabla y a continuación el nombre de la columna. Para evitar estos casos y facilitar la comprensión de la sentencia existen los alias.

Los alias representan un nombre alternativo que puede ser asignado a un campo o tabla a fin de conseguir expresiones más reducidas.

Para dar un nombre alternativo a un campo o columna introduciremos la palabra reservada **AS** a continuación del campo o tabla, seguida del alias nuevo:

```
SELECT contactos.nombre AS nom FROM contacto AS  c
```

Con esta sentencia damos el nombre **nom** al campo **contactos.nombre** y **c** a la tabla **contacto**.

4.1.4 Operadores

Además de los operadores de comparación simples (los mismos que en Swift), en una sentencia **WHERE** podemos incluir otro tipo de operadores:

1. **LIKE**: se utiliza para buscar campos que contengan combinaciones de caracteres que cumplan ciertas condiciones:

```
SELECT * FROM contactos WHERE nombre LIKE "m%"
```

Con esta sentencia obtenemos todos los contactos cuyo nombre empiece por la letra m. Con el símbolo de porcentaje (%) indicamos que la longitud de la cadena es aleatoria. Si quisiéramos todos los nombres que terminan en d, la sentencia quedaría de la siguiente forma:

```
SELECT * FROM contactos WHERE nombre LIKE "%d"
```

2. **BETWEEN**: comprueba si un valor está comprendido entre dos datos.

```
SELECT * FROM contactos WHERE edad BETWEEN 4 and 30
```

Con esta sentencia obtenemos todos los contactos con edades comprendidas entre 4 y 30.

3. **IN**: indica si un valor se encuentra en una lista de valores.

4.1.5 CREATE

Ya conocemos la sentencia para realizar la lectura de datos, pero ahora vamos a ver la primera letra del CRUD. La creación de información. Este proceso se realiza mediante la sentencia **INSERT**. Mediante esta instrucción podemos añadir una o más filas a una tabla de la base de datos. La sintaxis es la siguiente:

```
INSERT INTO tabla (campo1, campo2,…)
VALUES (valor1, valor2,…)
```

En **tabla** indicamos el nombre de la tabla en la que queremos introducir datos seguido de las columnas en las que vamos a insertar. A continuación introducimos los valores en la sentencia **VALUES** siguiendo el mismo orden que las columnas.

Aquellas columnas que no han sido indicadas se rellenarán con los valores predeterminados establecidos en la base de datos.

4.1.6 UPDATE

Con la sentencia **update** podemos modificar los valores de los datos almacenados en las tablas de una base de datos que cumplan una determinada condición. La sintaxis para esta instrucción es la siguiente:

```
UPDATE tabla
SET campo1= valorNuevo1, campo2 = valorNuevo2, …
WHERE condición
```

En la cláusula **SET** indicamos los valores que serán asignados a cada campo. Si queremos modificar un mensaje, utilizaremos la siguiente sentencia:

```
UPDATE mensajes
SET mensaje = "¿Vamos a la playa?"
WHERE id = 3.
```

Con esta sentencia conseguimos modificar el mensaje cuyo **id** sea el 3 por el nuevo valor.

4.1.7 DELETE

Para completar el CRUD tenemos que conocer la sentencia **DELETE**, la cual elimina un registro que cumpla cierta condición. La sintaxis es la siguiente:

```
DELETE FROM tabla
WHERE condición;
```

La expresión introducida en la condición determinará los registros que serán eliminados. Por ejemplo, si queremos eliminar un mensaje determinado, introduciremos la siguiente sentencia:

```
DELETE FROM mensajes
WEHRE id = 3.
```

Así eliminamos el mensaje de la tabla mensajes cuyo **id** sea el 3.

4.2 CRUD CON CORE DATA

Con la información aprendida anteriormente ya podemos empezar a desarrollar aplicaciones con base de datos locales.

Core Data es una librería que contiene todas las herramientas necesarias para crear un CRUD local en nuestras aplicaciones. Este tipo de librería nos permite trabajar con objetos tipo **modelo** directamente. El trabajo consistirá en crear las tablas necesarias para almacenar la información, y, de forma automática, nos creará la clase que representa al modelo. Ya sabemos que con esta clase podemos crear objetos que serán almacenados en un *array*, el cual se mostrará en un **Table View.**

Core Data nos permite crear, leer, actualizar y eliminar objetos, manteniendo la consistencia de los datos en nuestra aplicación.

Estos datos se encuentran disponibles dentro del contexto de la aplicación, es decir, solo serán visibles dentro de la aplicación en la que estemos desarrollando el **Core Data**.

Internamente **Core Data** utiliza una base de datos llamada SQLite, la cual está optimizada para almacenamiento local en dispositivos móviles. Pero para nosotros es totalmente transparente, tan solo tendremos que utilizar las funciones necesarias que nos ofrece la librería.

Para aprender a crear una aplicación con base de datos locales realizaremos un proyecto real en el que manejaremos tareas.

Creamos un nuevo proyecto de Xcode para iOS, pero esta vez tenemos que seleccionar que queremos **Core Data** en nuestro proyecto:

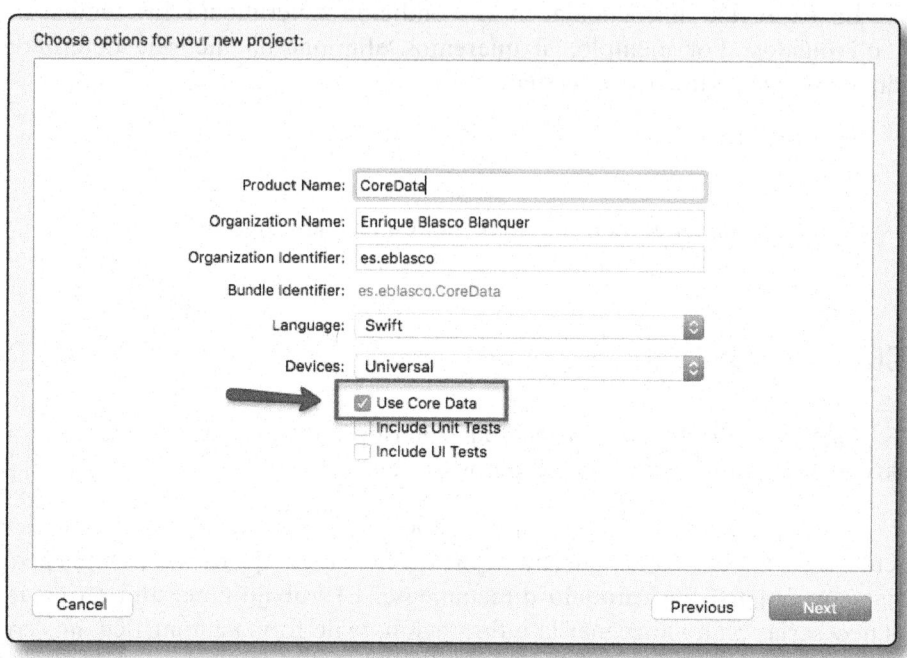

Al crear este tipo de proyecto podemos ver que en nuestro árbol de ficheros tenemos uno nuevo:

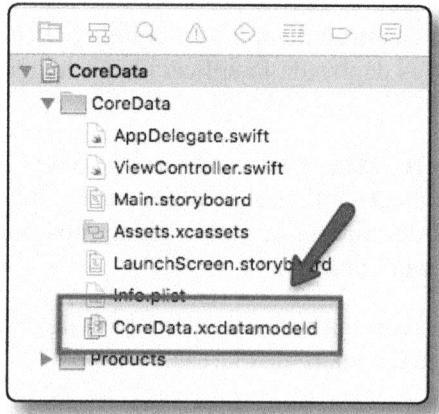

Este fichero representa la base de datos que se va a utilizar en nuestra aplicación. Si entramos en el fichero veremos que se encuentra vacío, ya que no hemos creado ninguna tabla dentro de la base de datos. Como hemos dicho anteriormente, una base de datos está compuesta por un conjunto de tablas, las cuales almacenan la información en filas. En este caso, las tablas se llaman **Entities**. En este fichero podemos crear, eliminar y editar las tablas, así como las relaciones entre ellas:

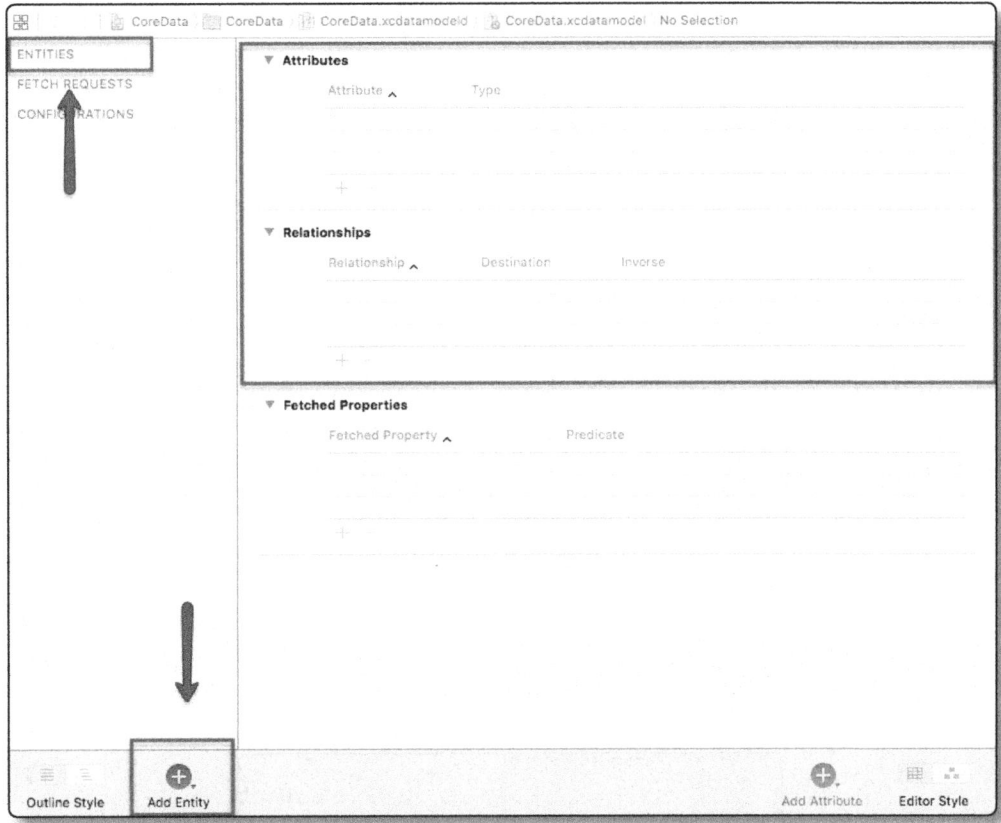

Vamos a crear una aplicación para almacenar, editar y eliminar tareas. Por eso necesitaremos una tabla que pueda contener dicha información. En este caso no hace falta crear un número identificativo, ya que es creado de forma automática por la librería **Core Data**. Tan solo tenemos que preocuparnos del tipo de información que queramos para nuestra aplicación. Una ventaja de **Core Data** es que trabaja con objetos, esto quiere decir que una tabla se encuentra vinculada con una clase que representa un modelo. Nosotros tendremos que instanciar el objeto e indicar que sea almacenado en la tabla. Este proceso es el mismo para el resto de operaciones que podamos realizar, como eliminar o editar.

Crearemos una nueva tabla llamada **Tarea**, presionando sobre el botón **Add Entity**:

Automáticamente se nos creará una nueva tabla llamada **Entity**. Si hacemos doble clic sobre ella podremos cambiar el nombre:

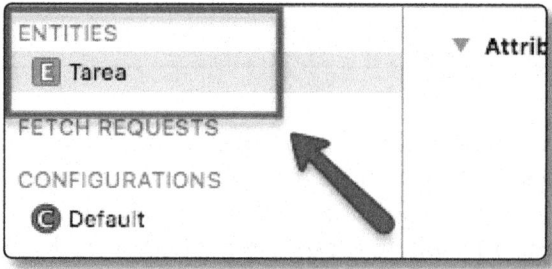

A continuación, añadiremos las columnas a la tabla, en este caso llamadas **atributos**. Seleccionamos la tabla que queramos y, en la columna de la derecha, indicamos el número de atributos y el tipo de valor presionando sobre el botón de **añadir**. Crearemos un atributo llamado **texto** de tipo **String**:

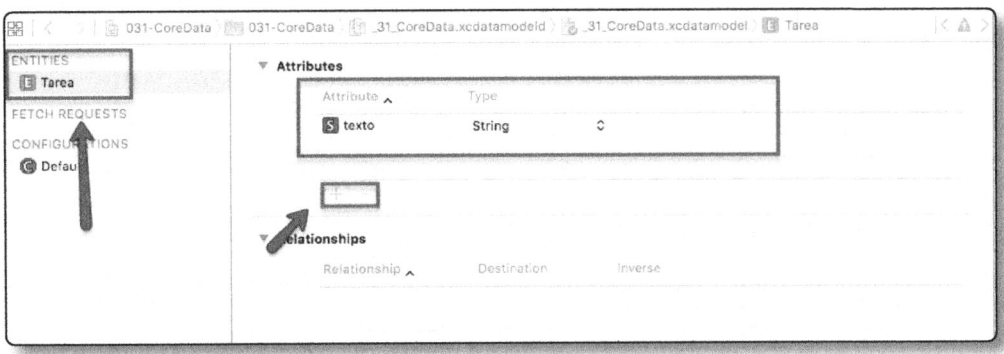

En este atributo almacenaremos el texto de la tarea que se vaya a realizar. El siguiente paso consiste en crear el modelo, es decir, la clase que represente al objeto. Hasta ahora hemos creado este modelo de forma manual creando un nuevo fichero, pero al usar **Core Data**, el modelo se encuentra vinculado con la tabla, por lo que se crea de forma automática con los atributos de la tabla correspondiente.

Para poder crear el modelo de nuestra aplicación accederemos a la barra de herramientas de **Xcode → Editor → Create NSManagedObject Subclass…**

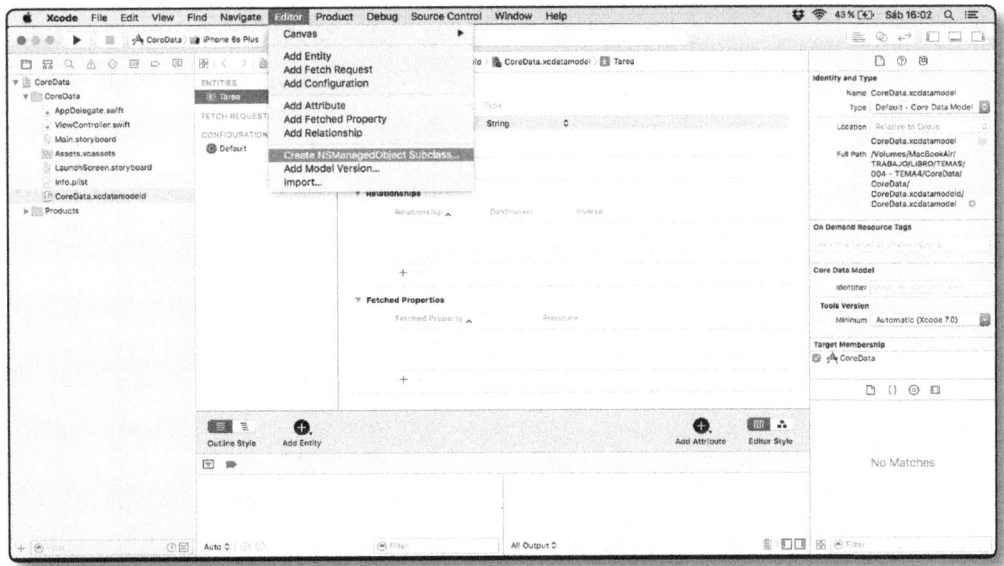

Seleccionamos la base de datos:

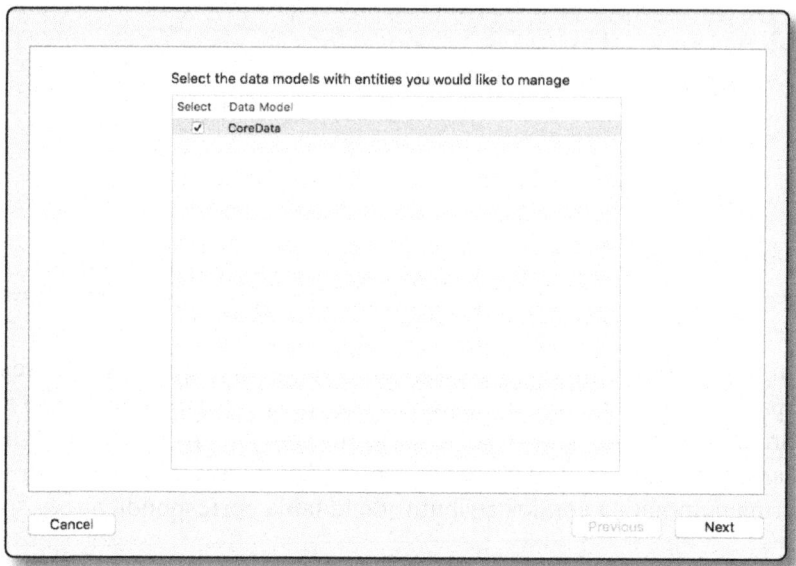

La entidad a crear el modelo:

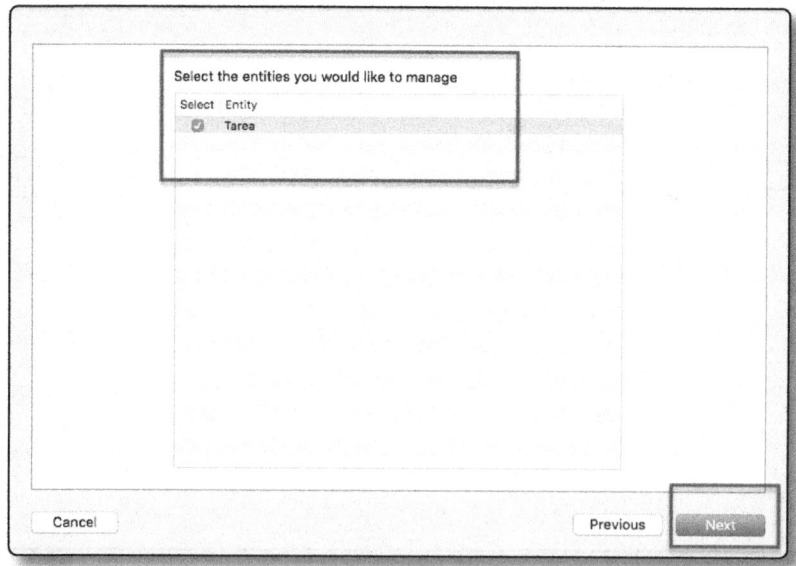

El siguiente paso es muy importante, ya que indicamos dónde queremos guardar el fichero y con qué lenguaje de programación. Debemos estar atentos y seleccionar el lenguaje Swift:

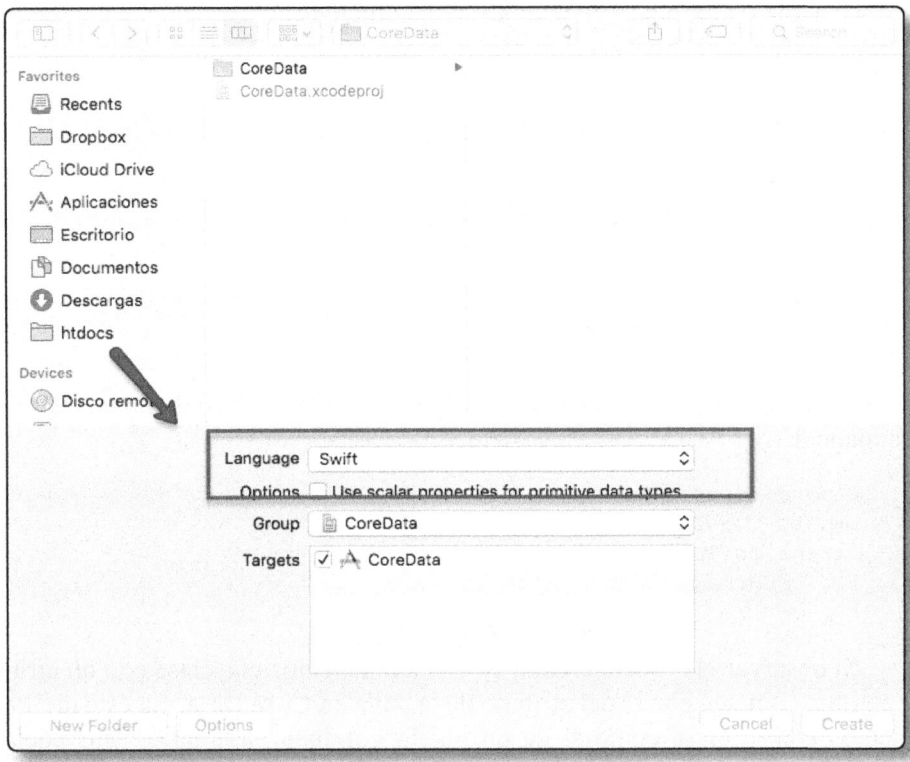

Seleccionamos en crear y veremos que generará dos ficheros. Uno con errores llamado **Tarea.swift**, que se encuentra vacío, y otro llmado **Tarea+CoreDataProperties.swift**, el cual representa a nuestro modelo. Eliminamos el fichero llamado **Tarea.swift** y renombramos el fichero **Core Data Properties** a **Tarea.swift**:

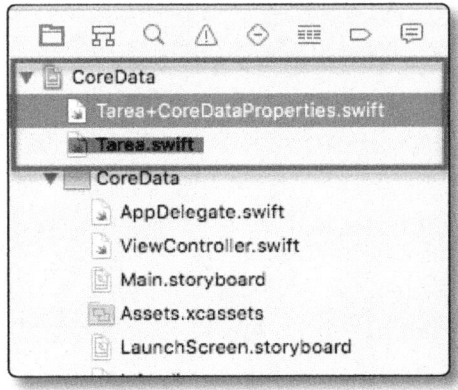

Una vez renombrado podemos ver su contenido:

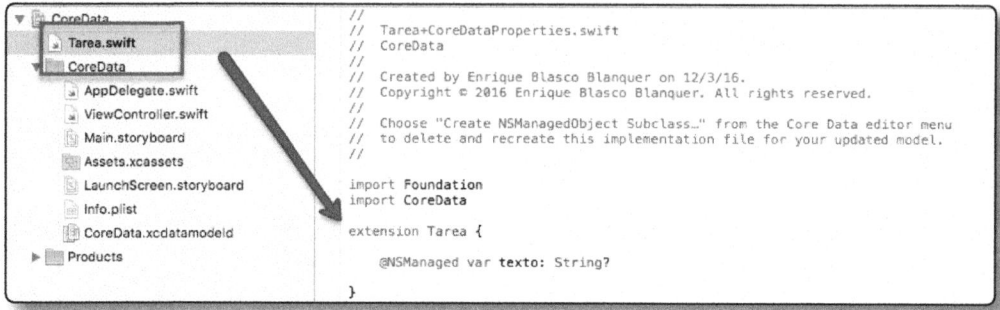

Vemos que no es una clase, sino una extensión. Lo cambiamos a clase de forma manual:

```
import Foundation
import CoreData
extension Tarea {
    @NSManaged var texto: String?
}
```

Al observar el modelo creado vemos que tenemos una clase con un atributo cuyo nombre coincide con el del atributo de la tabla en **Core Data**. En este momento trabajamos con la clase como si de un objeto cotidiano se tratase. Más adelante veremos cómo almacenar dicho objeto en **Core Data**. Una vez tengamos el modelo preparado, realizaremos la parte visual de la aplicación. Crearemos un **Navigation Controller** de ventana inicial cuyo **root** será una **Table View** para poder listar todas las tareas almacenadas. Crearemos el controlador para la tabla y la celda. La celda contendrá un **Label** donde mostrar la tarea. Recuerda crear los **outlets** de la celda e identificarla con un nombre:

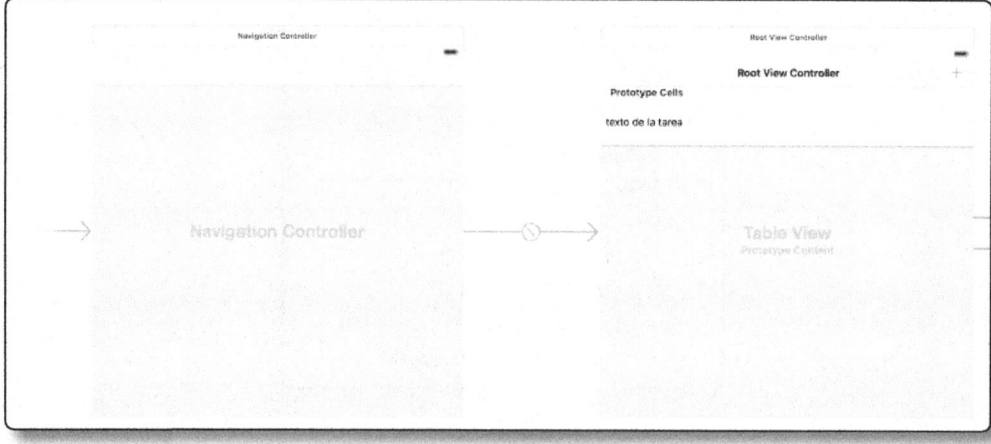

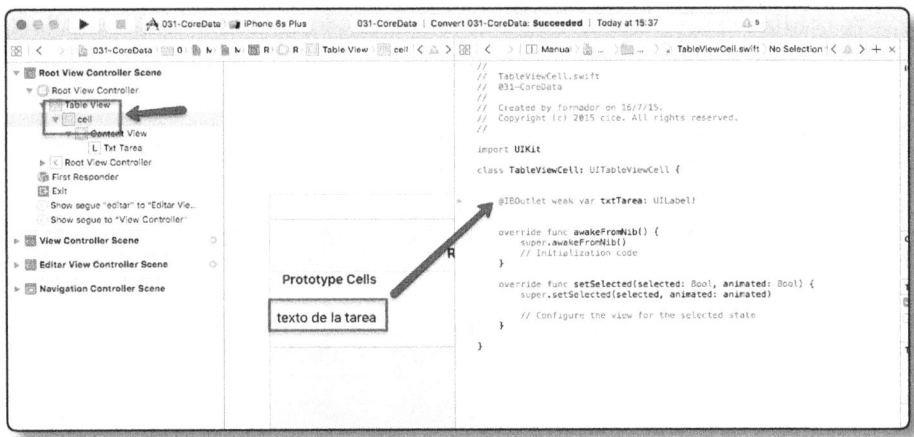

Ahora añadiremos dos vistas sencillas idénticas. Una para editar y otra para insertar una tarea. Arrastraremos dos **View Controllers** a nuestro Storyboard. Para crear una nueva tarea añadiremos un botón a la barra de navegación:

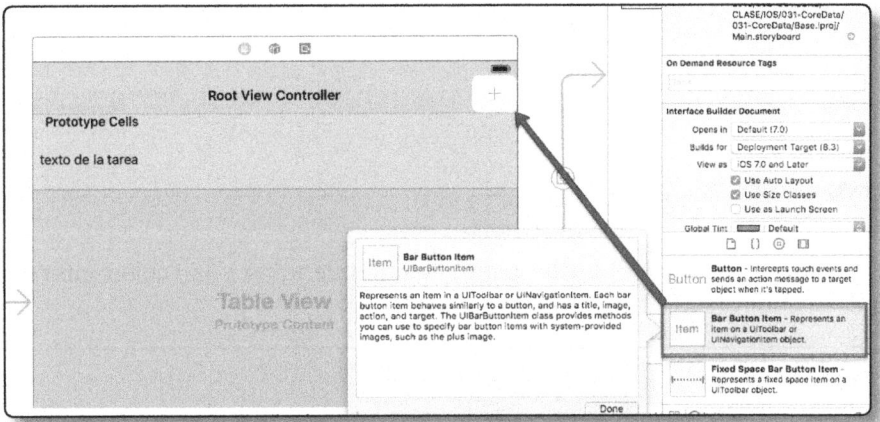

Podemos cambiar el aspecto del botón en sus propiedades (**System item**):

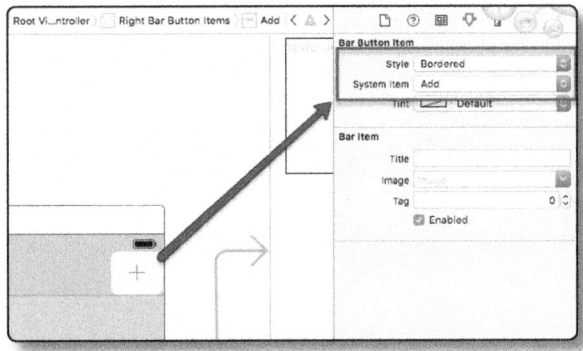

A continuación pinchamos sobre el botón de añadir, y, con la tecla **Ctrl** presionada, arrastramos a la primera **View** seleccionando **Show** del menú de opción. De esta forma crearemos una navegación. Inserta un **Text Field** en la nueva vista y un botón para poder guardar. Para terminar, debemos crear un controlador de tipo **ViewController** para la nueva vista. Con esta vista crearemos nuevos mensajes:

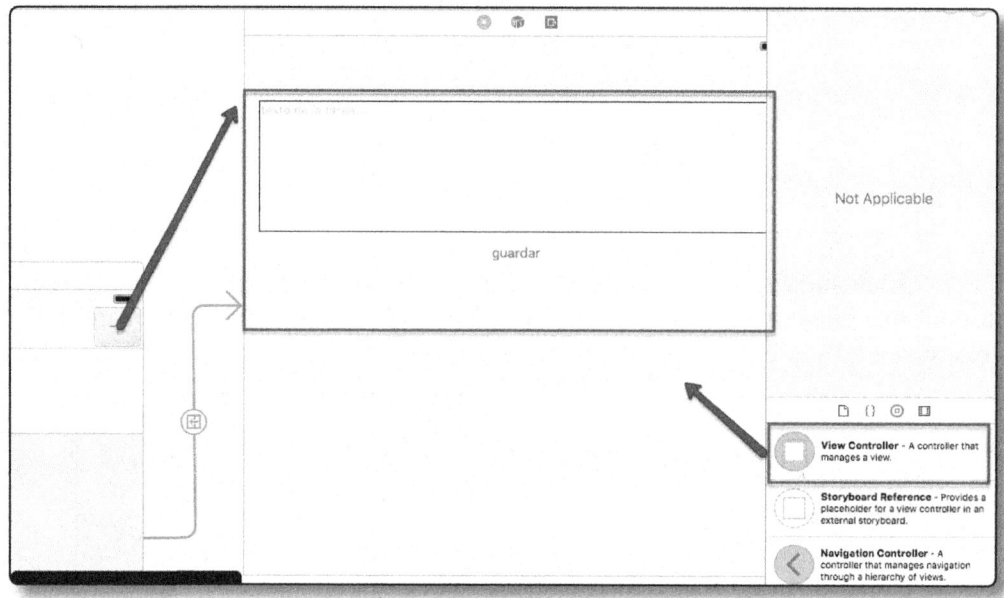

Ahora crearemos el **outlet** para el campo de texto y la acción **guardar** del botón en el controlador de la vista de añadir:

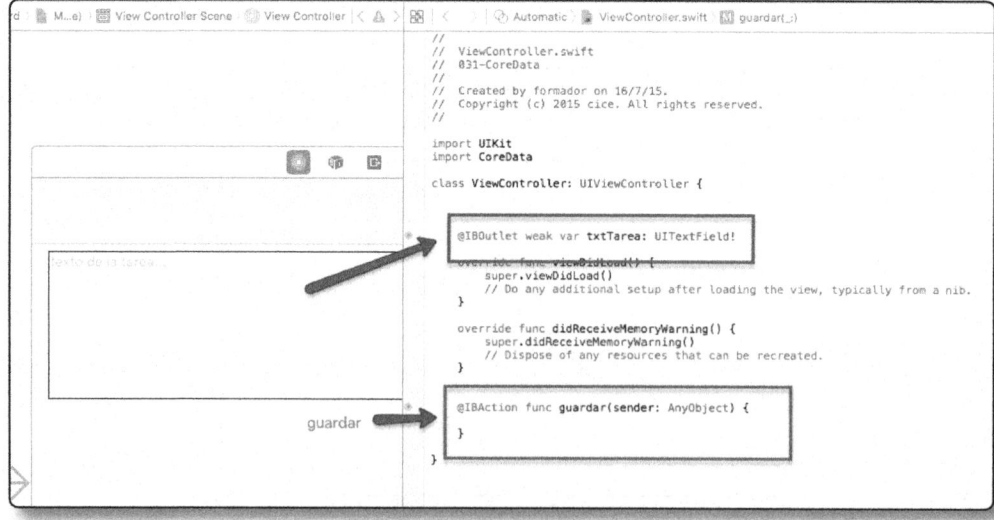

4.2.1 Insertar

Ahora ya lo tenemos todo preparado para poder insertar en nuestra base de datos. Programaremos en la función de **guardar** del controlador un conjunto de sentencias para obtener el texto insertado en el **Text Field** llamado **txtTarea**, instanciar un objeto de tipo **Tarea** con dicha información y almacenar el objeto en la base de datos para que pueda ser mostrado en la lista.

Antes de crear esta funcionalidad primero tenemos que instanciar un objeto que represente a nuestra base de datos, objeto que contendrá todas las funcionalidades necesarias para poder operar sobre **Core Data**. Este objeto es de tipo **managedObjectContext**. Definimos el objeto en la clase:

```swift
import UIKit
import CoreData

class ViewController: UIViewController {

    let managedObjectContext = (UIApplication.sharedApplication().delegate as! AppDelegate).managedObjectContext

    @IBOutlet weak var txtTarea: UITextField!

    override func viewDidLoad() {
        super.viewDidLoad()
        // Do any additional setup after loading the view, typically from a nib.
    }

    override func didReceiveMemoryWarning() {
        super.didReceiveMemoryWarning()
        // Dispose of any resources that can be recreated.
    }

    @IBAction func guardar(sender: AnyObject) {
```

Ahora ya podemos insertar un nuevo objeto en nuestra base de datos. El primer paso consiste en instanciar el objeto modelo que queramos guardar, en este caso una tarea. Pero no lo haremos de la forma convencional, sino utilizando funciones de la librería **Core Data**, en concreto del objeto **NSEntityDescription**. Para poder usar este objeto tenemos que importar la librería **Core Data** a nuestra clase:

```swift
import UIKit
import CoreData

class ViewController: UIViewController {

    let managedObjectContext = (UIApplication.sharedApplication().delegate as! AppDelegate).managedObjectContext

    @IBOutlet weak var txtTarea: UITextField!

    override func viewDidLoad() {
        super.viewDidLoad()
        // Do any additional setup after loading the view, typically from a nib.
    }

    override func didReceiveMemoryWarning() {
```

Instanciaremos el objeto indicando que queremos insertar en la base de datos. Al hacer esto, **Core Data**, de forma automática, crea un nuevo registro en la tabla correspondiente al objeto instanciado, es decir, una nueva fila con un identificador, pero con los atributos vacíos. A continuación, añadiremos valor a los atributos del modelo como estamos acostumbrados e indicaremos al **Core Data** que queremos guardar la información. Internamente realiza un **Update** de la fila creada añadiendo el valor del atributo del objeto a la columna que corresponda. Todo esto de forma automática y sin utilizar sentencias SQL. Nosotros trabajamos con los objetos; y las operaciones que realiza internamente la librería son totalmente transparentes. Para insertar un registro tenemos tres pasos:

1. Instanciar el objeto en modo inserción indicando la tabla en la que queramos insertar; en este caso, **Tarea**:

```
let tarea = NSEntityDescription.insertNewObjectForEntity
ForName("Tarea", inManagedObjectContext: self.managedOb-
jectContext!) as! Tarea;
```

2. Añadir valor al atributo del objeto:

```
tarea.texto = txtTarea.text!;
```

3. Guardar el nuevo objeto:

```
do {
     try managedObjectContext?.save()
} catch let error1 as NSError {
    error = error1
};
```

Sobre el objeto **managedObjectContext** tenemos la función **save()** para poder almacenar el objeto en la base de datos. Vemos que tenemos que abrazar la sentencia con **do** y **catch**. Esto es nuevo en Swift 2, es el control de excepciones. En caso de producirse un error al guardar en el **Core Data**, entrará de forma automática al **catch**, almacenando en la variable **error** el error ocurrido. Al utilizar **do** y **catch** evitamos que la aplicación se bloquee al generarse un error. De esta forma, también podemos indicar al usuario si hemos tenido éxito o no al insertar el nuevo registro. La función de guardar queda de la siguiente forma:

```
@IBAction func guardar(sender: AnyObject) {

    let tarea = NSEntityDescription.insertNewObject
ForEntityForName("Tarea", inManagedObjectContext: self.
managedObjectContext!) as! Tarea;
```

```
tarea.texto = txtTarea.text!;

var error:NSError?;

do {
    try managedObjectContext?.save()
} catch let error1 as NSError {
    error = error1
};


if let err = error {
    //error al guardar
    let alert:UIAlertView = UIAlertView(title:
"Error", message: "Error al guardar", delegate: nil,
cancelButtonTitle: "ok");
    alert.show();
}else{
    //objeto guardado
    txtTarea.text = "";
    let alert:UIAlertView = UIAlertView(title:
"Mensaje", message: "Tarea guardada correctamente", delegate:
nil, cancelButtonTitle: "ok");
    alert.show();
} }
```

4.2.2 Listar

El proceso de listar elementos en una lista es siempre el mismo. Nuestro objetivo es conseguir un *array* con objetos del tipo modelo que queramos mostrar. Hasta ahora estos objetos los hemos creado de forma manual en nuestro código; pero esta vez los objetos los obtendremos de la tabla de **Core Data**. Por eso, el principal objetivo será aprender cómo obtener dichos objetos de una tabla de nuestra base de datos. Al igual que en editar, necesitamos el objeto tipo **managedObjectContext** para poder realizar este proceso.

En nuestro controlador de la tabla crearemos una función que será llamada al iniciar la ventana y al aparecer. Esta función será la encargada de obtener los objetos de la tabla de **Core Data** y almacenarlos en un *array*. Debemos tener en cuenta que los objetos almacenados son de tipo **NSManagedObject**, por lo que tendremos que hacer la conversión a tipo **Tarea**. Una vez tengamos el *array* ya lo podemos montar en nuestra lista.

En el controlador de la clase crearemos la función **load data**, que será llamada en la función del ciclo de vida **viewVillApper()**, de esta forma cargaremos los datos cada vez que aparezca la ventana de la lista:

```
import UIKit
import CoreData


class TableViewController: UITableViewController {

    override func viewDidLoad() {
        super.viewDidLoad()

    }

    override func viewWillAppear(animated: Bool) {
        loadData();
    }

    func loadData(){


    }
```

A continuación, definiremos el objeto tipo **managedObjectContext** y el *array* de objetos **NSManagedObject** vacío para obtener los objetos de la tabla. Al igual que en la clase de crear, tendremos que importar la librería **Core Data**:

```
import UIKit
import CoreData
class TableViewController: UITableViewController {

    let managedObjectContext = (UIApplication.sharedApplica-
tion().delegate as! AppDelegate).managedObjectContext
    var listaTarea:[NSManagedObject] = [];
```

Ahora ya podemos programar la función **loadData()** para que obtenga los objetos almacenados en la tabla. Los pasos son los siguientes:

1. Indicar de qué tabla queremos obtener los datos y preparar la petición:

```
//2º Indicamos de que entidad queremos los datos
let entityDescription = NSEntityDescription.entityForName("Tarea", inManagedObjectContext: self.managedObjectContext!);

//3º Pereparanos la petición
let request = NSFetchRequest()
request.entity = entityDescription;
```

2. Ejecutar la petición y recibir los objetos de tipo **AnyObject**:

```
//4º Ejecutar petición y recibir los datos
var error:NSError?;
var objects: [AnyObject]?
do {
    objects = try managedObjectContext?.executeFetchRequest(request)
} catch let error1 as NSError {
    error = error1
    objects = nil
};
```

Al igual que ocurre en la función **save()** para almacenar un objeto, la función **executeFetchRequest()** necesita ser abrazada por un **do catch**, ya que puede generar un error. La función **executeFetchRequest()** es la encargada de obtener los datos según la petición realizada. En este caso indicamos que queremos todos los datos de la tabla **Tarea**.

3. Si no tenemos ningún error podemos añadir a nuestro *array* de la clase los objetos recibidos de la tabla:

```
//5º Si tenemos datos los recorremos y almacenamos en nuestro array
if let results = objects{
    //todo ok
    for(var i=results.count-1;i>=0;i--){
        listaTarea.append(results[i] as! NSManagedObject);
    }
    self.tableView.reloadData();
}else{
    //error al obtener datos

}
```

Con esto ya tendremos en nuestro *array* **listaTarea** todos los objetos almacenados en la tabla. El siguiente paso consiste en rellenar las tres funciones de la lista para mostrar los objetos. La función **load data** queda de la siguiente forma:

```
func loadData(){
        //1º Limpiamos el array
        listaTarea = [];

        //2º Indicamos de que entidad queremos los datos
        let entityDescription = NSEntityDescription.
entityForName("Tarea", inManagedObjectContext: self.managedO-
bjectContext!);

        //3º Pereparanos la petición
        let request = NSFetchRequest()
        request.entity = entityDescription;
```

```
        //4° Ejecutar petición y recibir los datos
        var error:NSError?;
        var objects: [AnyObject]?
        do {
            objects = try managedObjectContext?.
executeFetchRequest(request)
        } catch let error1 as NSError {
            error = error1
            objects = nil
        };

        //5° Si tenemos datos los recorremos y almacenamos en
nuestro array
        if let results = objects{
            //todo ok
            for(var i=results.count-1;i>=0;i--){
                listaTarea.append(results[i] as! NSManagedOb-
ject);
            }
            self.tableView.reloadData();
        }else{
            //error al obtener datos


        }
}
Ahora rellenamos las tres funciones de la lista:
// MARK: - Table view data source
    override func numberOfSectionsInTableView(tableView: UI-
TableView) -> Int {
        return 1
    }
    override func tableView(tableView: UITableView, numberO-
fRowsInSection section: Int) -> Int {
        return listaTarea.count;
    }
override func tableView(tableView: UITableView, cellForRowA-
tIndexPath indexPath: NSIndexPath) -> UITableViewCell {
        let cell = tableView.dequeueReusableCellWithIdentifie
r("cell", forIndexPath: indexPath) as! TableViewCell
        // Configure the cell...
        let tarea:Tarea = listaTarea[indexPath.row] as! Tarea
        cell.txtTarea.text = tarea.texto;
        return cell
    }
```

Si ejecutamos nuestra aplicación, veremos que ya aparecen todas nuestras tareas almacenadas. Podemos crear nuevas y comprobar cómo van apareciendo en el listado:

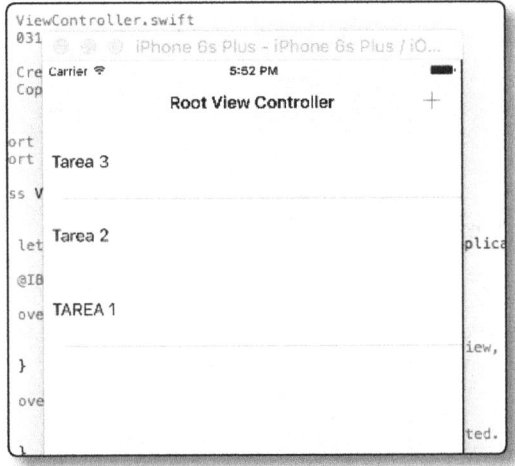

4.2.3 Eliminar

El proceso de eliminar es muy sencillo. Tenemos que obtener el objeto tipo **tarea** que queramos eliminar y llamar a la función **deleteObject()** de **managedObjectContext**.

El problema es cómo obtener dicho objeto. Vamos a sobrescribir una función, nueva para nosotros, de la tabla, la cual activa la funcionalidad de deslizar sobre una celda para eliminar:

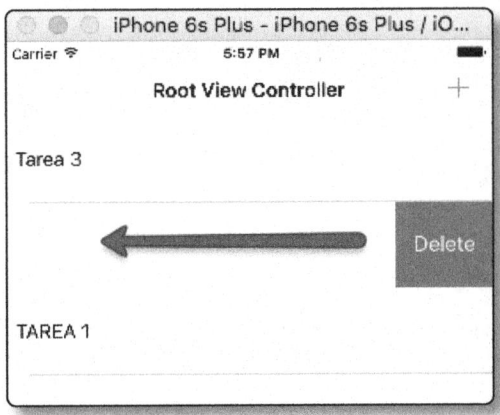

Esta función se llama:

```
// Override to support editing the table view.
override func tableView(tableView: UITableView, commitEditingStyle editingStyle:
    UITableViewCellEditingStyle, forRowAtIndexPath indexPath: NSIndexPath) {

}
```

Si añadimos dentro de ella la siguiente condición:

```
override func tableView(tableView: UITableView, commitEdi-
tingStyle editingStyle: UITableViewCellEditingStyle, forRowA-
tIndexPath indexPath: NSIndexPath) {

    if editingStyle == .Delete {

    }
}
```

Ahora podremos deslizar hacia la izquierda una celda y veremos que aparece el botón de eliminar. Pero si eliminamos, no hace nada; por lo que dentro de la condición obtendremos el objeto que haya que eliminar según la fila seleccionada. Con la función **deleteObject()** eliminaremos el objeto y actualizaremos la base de datos. La función queda de la siguiente forma:

```
override func tableView(tableView: UITableView, commitEdi-
tingStyle editingStyle: UITableViewCellEditingStyle, forRowA-
tIndexPath indexPath: NSIndexPath) {
        if editingStyle == .Delete {
            // Obtener el objeto según la fila seleccionada
            let tarea:Tarea = listaTarea[indexPath.row] as!
Tarea;
            //eliminar de la base de datos
            managedObjectContext?.deleteObject(tarea);
            do {
                try managedObjectContext?.save()
            } catch _ {
            };
```

```
                    //eliminar el objeto de la lista
                    listaTarea.removeAtIndex(indexPath.row);
                    //Animación al eliminar
                    tableView.deleteRowsAtIndexPaths([indexPath],
            withRowAnimation: .Fade)
                }
        }
```

Prueba tu aplicación. Podrás eliminar tareas al deslizar el dedo hacia la izquierda. Solo nos queda poder editar una tarea.

4.2.4 Editar

El primer paso para editar es conseguir pasar el objeto de la celda seleccionada a la vista detalle. Es el mismo proceso que en el capítulo de vista-detalle visto anteriormente. Añadiremos a nuestro Storyboard una vista con un **TextField** y el botón de editar. Crearemos el controlador para la vista y añadiremos el **outlet** del **txtTarea** y la acción al presionar sobre el botón llamado editar. Esta vista será llamada al presionar sobre una celda, por lo que seleccionamos la celda de la vista y, con la tecla **Ctrl** presionada, arrastramos a la vista de editar y seleccionamos **show**:

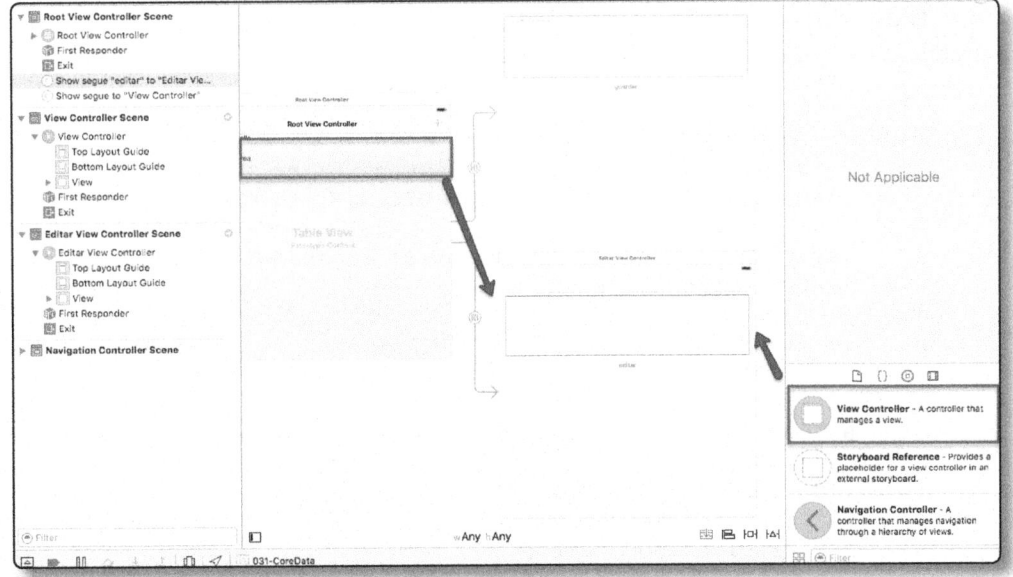

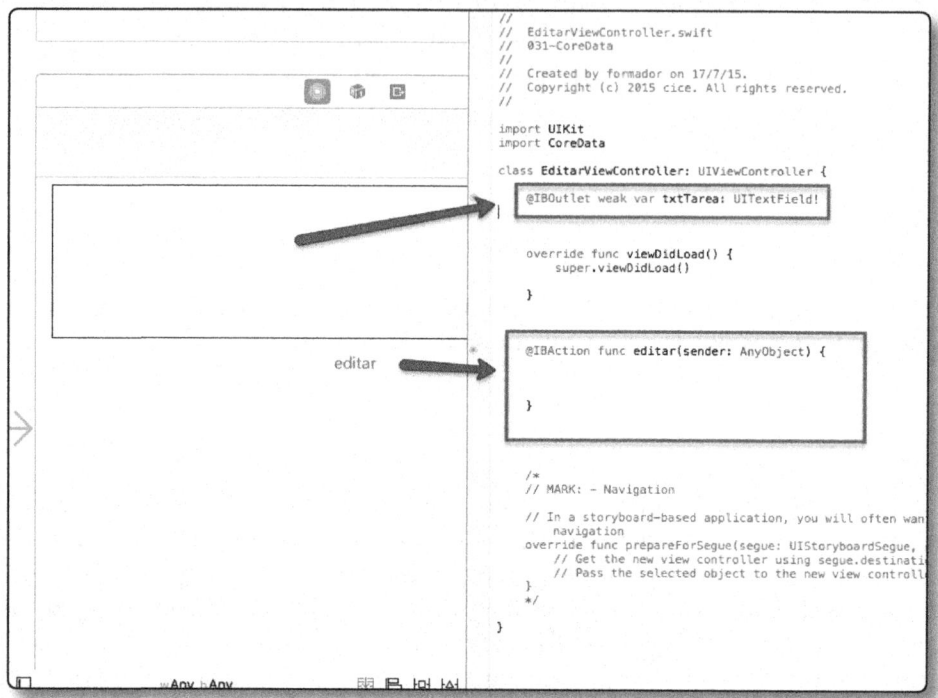

Al igual que ocurre con listar e insertar, necesitamos el objeto **managedObjectContext** para realizar la operación de editar e importar la librería **Core Data**. Por otra parte, definiremos un objeto tipo **Tarea** cuyo valor será introducido por el controlador de la tabla al seleccionar un elemento de la lista:

```
import UIKit
import CoreData
class EditarViewController: UIViewController {
    @IBOutlet weak var txtTarea: UITextField!

    var tarea:Tarea?; // el valor se lo añade la tabla, según
la fila seleccionada

    let managedObjectContext = (UIApplication.sharedApplica-
tion().delegate as! AppDelegate).managedObjectContext

En la función viewDidLoad() cargaremos el valor del atributo
texto del objeto recibido en nuestro Text Field:
override func viewDidLoad() {
        super.viewDidLoad()
        //rellenamos campos
        txtTarea.text = tarea?.texto;
    }
```

Finalmente, podremos programar nuestra función de editar.

1. Modificar el objeto con el nuevo valor introducido:

```
tarea?.texto = txtTarea.text!;
```

2. Guardar el contexto:

```
var error:NSError?;
  do {
        try managedObjectContext?.save()
    } catch var error1 as NSError {
        error = error1
};
```

3. Comprobar si no tenemos error para mostrar un mensaje al usuario y volver a la ventana de la lista.

La clase de editar queda de la siguiente forma:

```
import UIKit
import CoreData
class EditarViewController: UIViewController {
    @IBOutlet weak var txtTarea: UITextField!

    var tarea:Tarea?; // el valor se lo añade la tabla, según
la fila seleccionada

    let managedObjectContext = (UIApplication.sharedAppli-
cation().delegate as! AppDelegate).managedObjectContext //el
guardian


    override func viewDidLoad() {
        super.viewDidLoad()
        //rellenamos campos
        txtTarea.text = tarea?.texto;
    }
    override func didReceiveMemoryWarning() {
        super.didReceiveMemoryWarning()
        // Dispose of any resources that can be recreated.
    }
```

```
@IBAction func editar(sender: AnyObject) {

    tarea?.texto = txtTarea.text!;
    var error:NSError?;
    do {
        try managedObjectContext?.save()
    } catch var error1 as NSError {
        error = error1
    };

    if let err = error {
        //error al guardar
        let alert:UIAlertView = UIAlertView(title:
"Error", message: "error al guardar", delegate: nil,
cancelButtonTitle: "ok");
        alert.show();
    }else{
        //objeto editado
        self.navigationController?.popToRootViewControlle
rAnimated(true);
    }

}
}
```

Para terminar la práctica necesitamos pasar el objeto **Tarea** seleccionado de la lista a nuestra vista detalle por medio de la función **prepareForSegue** del controlador de la tabla:

```
// MARK: - Navigation
override func prepareForSegue(segue: UIStoryboardSegue,
sender: AnyObject?) {

    //1° Obtener el objeto de la lista según el
objeto seleccionado
    let row = self.tableView.
indexPathForSelectedRow?.row;
    let tarea:Tarea = listaTarea[row!] as! Tarea;

    //2° Objeto que representa la vista detalle
    let editarView = segue.destinationViewController
as! EditarViewController;

    //3° Pasar el objeto seleccionado a la vista detalle
    editarView.tarea = tarea;

}
```

Con esto tenemos una práctica completa para listar, eliminar, editar e insertar con **Core Data**. Podemos observar que es un proceso muy sencillo y repetitivo. Intenta mejorar la apariencia de la aplicación o añade nuevos campos a la tabla para poder almacenar la fecha de la tarea, etc.

4.3 NSPREDICATE

Hasta ahora hemos visto cómo podemos obtener datos de **Core Data**, pero sin realizar ninguna condición. En ocasiones queremos efectuar una búsqueda de datos, por lo que tendremos que poder filtrarlos. Para llevar a cabo esta tarea, iOS nos ofrece **NSPredicate**, una clase que nos permite crear expresiones regulares antes de obtener los datos de **Core Data** para poder filtrarlos. En concreto debe introducirse justo antes de crear la petición en aquellos casos en los que estemos ejecutando la operación de obtener datos:

```
//1º Indicamos de que tabla queremos los datos
let entityDescription = NSEntityDescription.entityForName("Ciudad", inManagedObjectContext:
    managedObjectContext!);

//2º Preparamos la consulta...
let pred = NSPredicate(format: "nombre contains [c]%@", txtSearch.text);

//3º La petición
let request = NSFetchRequest();
request.entity = entityDescription;
request.predicate = pred;
```

Podemos ver que la clase **NSPredicate** nos permite crear una expresión regular, la cual filtra los datos de la petición.

La expresión es creada en el parámetro **format**:

```
//2º Preparamos la consulta...
let pred = NSPredicate(format: "nombre contains [c]%@", txtSearch.text);
```

4.3.1 Sintaxis de expresión

Sustituciones

1. **%@**: comodín para sustituir cualquier objeto de tipo **valor.**, **String**, **number** o **date**.

2. **%K**: comodín para sustituir un atributo de la tabla:

```
NSPredicate(format: "%K = %@", "nombre", "Valencia")
```

Con esta expresión estamos indicando que queremos todos los datos de las ciudades cuyo nombre sea **Valencia** con la comparación básica =. **%K** valdrá **"nombre"** y **%@** es sustituido por **"Valencia"**.

Comparaciones básicas

1. =, ==: la expresión de la izquierda es igual a la de la derecha.

2. >=, =>: la expresión de la izquierda es mayor o igual que la de la derecha.

3. <=, =<: la expresión de la izquierda es menor o igual que la expresión de la derecha.

4. >: la expresión de la izquierda es mayor que la derecha.

5. <: la expresión de la izquierda es menor que la derecha.

6. !=, <>: las expresiones son distintas entre sí.

7. **BETWEEN**: indica que la expresión de la izquierda se encuentra en el rango de valores de la derecha. En esta ocasión necesitaremos un *array* a la derecha del **BETWEEN**. Por ejemplo: **1 BETWEEN {0,10}** , en este caso estamos indicando que el valor 1 se encuentra entre 0 y 10.

Comparaciones lógicas

1. **And, &&**: condicional **AND**

2. **Or, ||**: condicional **OR**

3. **NOT, !**: condicional **NOT**

Comparaciones de cadenas

1. **BEGINSWITH**: la expresión de la izquierda empieza por la palabra escrita en la derecha.

2. **CONTAINS**: la expresión de la izquierda contiene la palabra de la derecha.

3. **ENDSWITH**: el texto de la izquierda termina con la palabra de la derecha.

4. **LIKE**: la expresión de la izquierda es igual al de la derecha.

Comparaciones relacionales

1. **ANY, SOME**: obtiene cualquiera que cumpla la condición, por ejemplo: **ANY altura < 1.50**

2. **ALL**: obtiene todos los que cumplan la condición, **ALL altura < 1.50**

3. **NONE**: aquellos que no cumplan la condición: **NONE edad>=18**

4. **IN**: equivalente al **BETWEEN:nombre IN {"Alma","Elena","Kike"}**

Operadores con arrays

1. **array[index]**: el elemento del índice específico

2. **array[FIRST]**: el primer elemento del *array*

3. **array[LAST]**: el último elemento del *array*

4. **array[SIZE]**: indica el tamaño del *array*

Con estas operaciones podemos crear complejas expresiones para filtrar los datos:

```
NSPredicate(format: "(edad >= 18) AND (nombre = %@)", "Kike")
```

En este caso vemos que estamos filtrando aquellos usuarios mayores de edad que se llamen Kike.

Sabiendo esto podemos añadir un sencillo filtro a nuestra aplicación de tareas. Añadiremos un **SearchBar** y, al escribir, nos irá filtrando en directo aquellas tareas que contengan la palabra que estamos escribiendo:

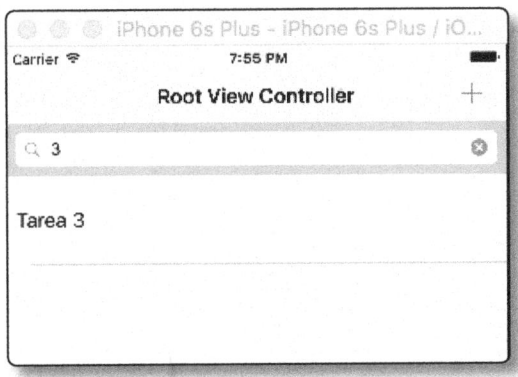

Para realizar esto agregaremos a nuestra ventana de la tabla un **Search Bar**:

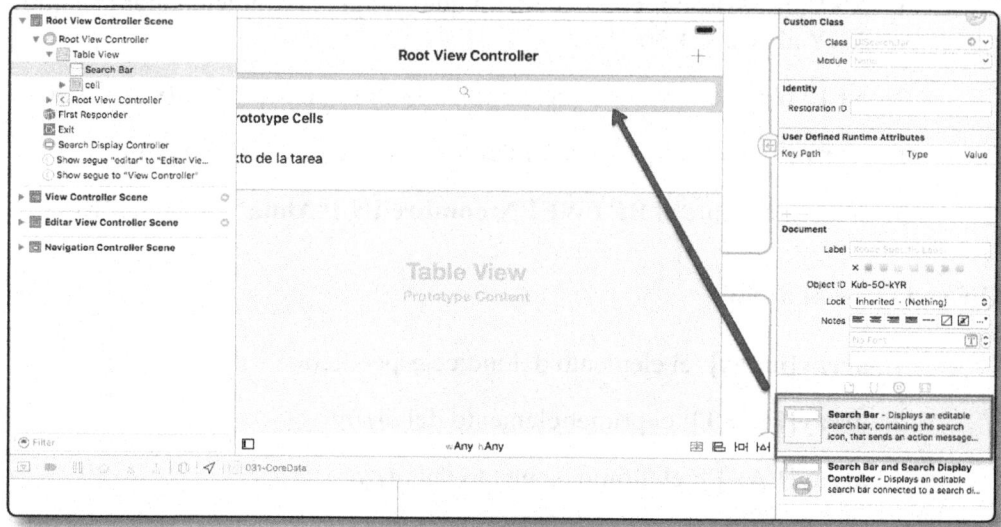

Crearemos el **outlet** de la barra en el controlador y extenderemos la clase de **UISearchBarDelegate** indicando en la función **viewDidLoad()** cuál es la clase que contendrá las funciones que maneja la barra de búsqueda:

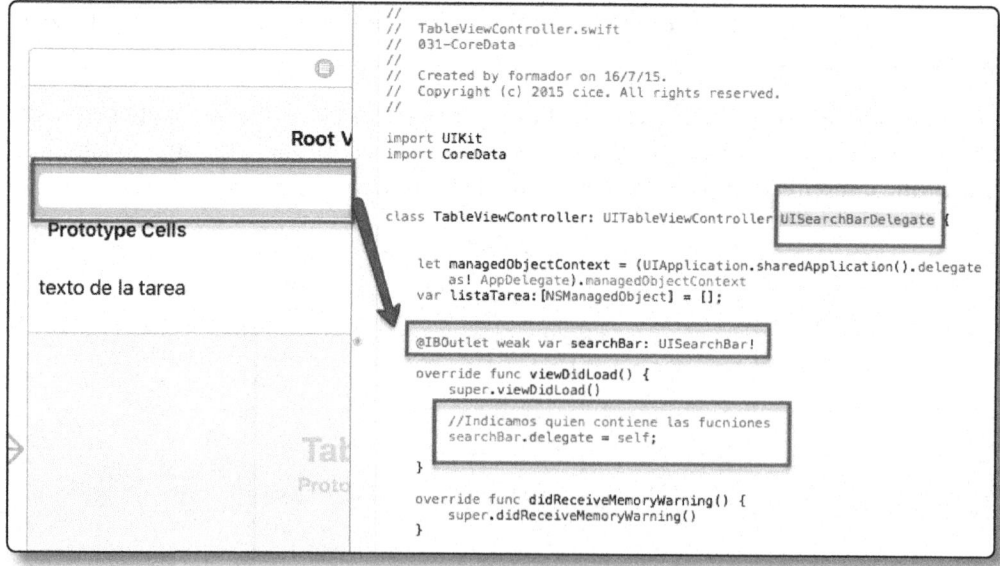

A continuación, sobrescribiremos la función de la clase heredada **UISearchBarDelegate** llamada:

```
//FUNCIONES PARA FILTRAR
    func searchBar(searchBar: UISearchBar, textDidChange
searchText: String) {


    }
```

La cual es llamada cada vez que encuentra un cambio en el texto de la barra de búsqueda. Con la variable de entrada **searchText** podemos obtener el texto introducido. Dentro de las llaves llamaremos a la función **loadData()** creada por nosotros, la cual obtiene los datos de **Core Data**; pero le enviaremos como parámetro de entrada el texto obtenido de la variable **searchText** para que filtre el listado:

```
//FUNCIONES PARA FILTRAR
func searchBar(searchBar: UISearchBar, textDidChange sear-
chText: String) {
        loadData(searchText)
    }
```

En la función **viewWillApper()** también llamamos a **loadData()**, pero esta vez le pasaremos un texto vacío, ya que en este momento no queremos filtrar:

```
override func viewWillAppear(animated: Bool) {
        loadData("");
    }
```

Ahora modificaremos nuestra función **loadData()** para que pueda recibir un **String**. Crearemos el filtro indicando que queremos obtener todos los valores de texto de la tabla que contengan la palabra pasada como parámetro de entrada , y, en caso de que no sea un texto vacío el que se vaya a filtrar, aplicaremos a la petición el nuevo filtro:

```
func loadData(textoFiltro : String){
        listaTarea = [];

        let entityDescription = NSEntityDescription.
entityForName("Tarea", inManagedObjectContext: self.managedO-
bjectContext!);

        //NUEVO, CREAMOS UN FILTRO
        //-----------------------
        let predic = NSPredicate(format: "%K CONTAINS %@",
"texto", textoFiltro)
```

```
let request = NSFetchRequest()
request.entity = entityDescription;

//APLICAR EL FITRO A LA PETICIÓN
//------------------------------
if textoFiltro != "" {
    request.predicate = predic;
}
var error:NSError?;
var objects: [AnyObject]?
do {
    objects = try managedObjectContext?.
executeFetchRequest(request)
} catch let error1 as NSError {
    error = error1
    objects = nil
};
if let results = objects{
    for(var i=results.count-1;i>=0;i--){
        listaTarea.append(results[i] as! NSManagedOb-
ject);
    }
    self.tableView.reloadData();
}
}
```

Con esto terminamos el tema de **Core Data**. Verás que ahora amplías mucho más las posibilidades de aplicaciones que puedes programar. Intenta crear un bloc de notas con filtros de búsqueda, ordenación por fecha, etc. Saber manejar bien las bases de datos locales con **Core Data** nos ayuda a producir aplicaciones con manejo de información local de forma muy sencilla y rápida. También tenemos que pensar que **Core Data** esta explícitamente creado para que funcione perfectamente bajo la plataforma iOS, por lo que podemos estar tranquilos en cuanto al rendimiento obtenido.

5

SERVICIOS WEB

Podríamos decir que un 50 % de las aplicaciones que podemos ver en la App Store utilizan datos externos. En el tema anterior hemos visto el manejo de datos locales, es decir, datos que solo podemos manejar desde el propio dispositivo donde ha sido instalada la aplicación. Pero en muchas ocasiones estas funcionalidades no son suficientes. Imaginemos que estamos desarrollando una aplicación donde queremos escribir un mensaje que pueda recibir otro usuario desde otro dispositivo móvil. En esta ocasión, el mensaje no se puede almacenar localmente, ya que el otro usuario no podrá leer el contenido, sino que la información debería ser almacenada en un servidor con acceso a Internet, lo cual permite que el usuario destino pueda conectarse por medio de Internet a dicho servidor y obtener el contenido para que este sea mostrado en su dispositivo.

Este proceso se realiza por medio de un servidor, el cual almacena la información. Podríamos decir que es un intermediario con capacidad para almacenar datos y recibir peticiones de lectura. Este servidor tiene dos funcionalidades principales:

1. Recibir información para almacenar, editar y eliminar.

2. Servir de listado de información en formato XML y JSON.

Tendremos que pensar qué tipo de lenguaje de servidor podemos usar, esta decisión es mucho más compleja de lo que parece y depende del tipo de proyecto. Pero en este libro vamos a usar PHP, ya que es un lenguaje potente, gratuito y muy extenso. Puedes encontrar una gran variedad de información en Internet para el desarrollo con PHP. Por otra parte, los servidores que soportan este lenguaje son mucho más económicos (muchos de ellos son gratuitos).

Realizaremos un servidor local para efectuar pruebas, es decir, montaremos nuestro ordenador como un servicio web con soporte PHP. Para la base de datos decidimos usar MySQL. Esta base de datos es muy famosa, fiable y gratuita. Existe una compatibilidad muy buena con PHP y, al igual que ocurre con el lenguaje de programación, puedes encontrar una gran variedad de información en Internet.

Con respecto a este tipo de aplicaciones se suele decir que la información se encuentra en la "nube". La nube es un servidor con una base de datos MySQL y la aplicación programada con PHP:

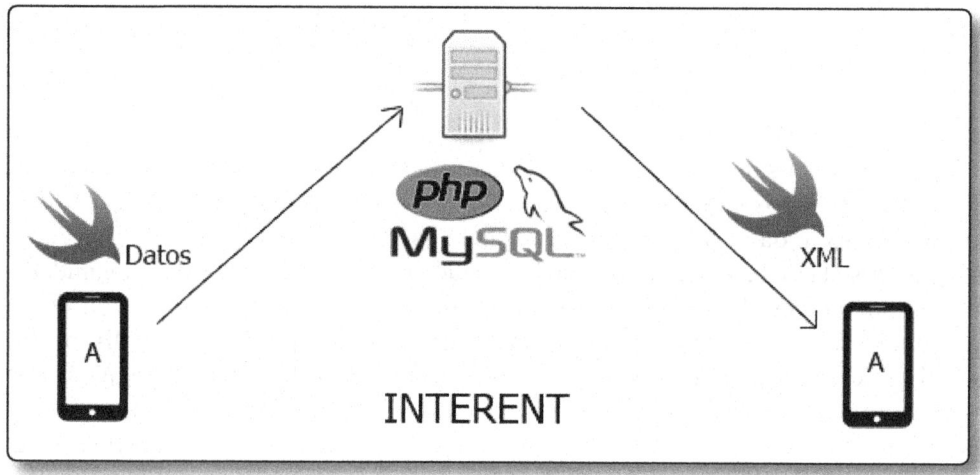

Si observamos la figura, vemos que el proceso es muy sencillo. La información la tenemos en el cliente (el dispositivo iOS) y es enviada por medio de Internet a un servidor, el cual, con un programa creado con PHP, recogerá la información y la almacenará en la base de datos MySQL. Por otra parte, tenemos otro cliente que quiere obtener dicha información. Programaremos la aplicación para poder formular una petición a un servidor que, por medio de PHP, obtendrá de la base de datos MySQL los datos solicitados y los enviará al cliente en formato XML para que pueda leer el fichero.

El servidor es independiente de la plataforma del cliente, por lo que podemos usarlo para otro tipo de desarrollos (Android, Windows Mobile, web, etc.). Esto es lo que ocurre en aplicaciones como Facebook. Puedo, desde mi aplicación en iOS, publicar una entrada, la cual se almacenará en un servidor y mis contactos podrán leer mi publicación en sus dispositivos Android.

En este tema aprenderemos a realizar un CRUD completo en un servidor. No es el objetivo aprender en profundidad el lenguaje PHP, pero comentaremos lo suficiente para que puedas desarrollar tus propias aplicaciones. Para este proceso vamos a necesitar NetBeans como entorno de desarrollo para PHP, y MAMP para poder lanzar el servidor en nuestra máquina y hacer pruebas.

5.1 NETBEANS Y MAMP

Vamos a aprender a crear un servidor web con PHP y MySQL para que nuestras aplicaciones puedan manejar la información de forma remota. Así será posible compartir la información entre diferentes dispositivos. Facebook, Twitter, aplicaciones bancarias, etc. utilizan esta tecnología para hacer llegar a todo el mundo la información.

En primer lugar vamos a preparar el entorno de trabajo instalando en nuestro equipo NetBeans y MAMP.

Para instalar NetBeans tenemos que acceder a *https://netbeans.org/*, buscar la última versión estable y presionar sobre el botón **Download**:

A continuación nos saldrá un cuadro donde elegir la versión de NetBeans que queramos descargar. Podemos optar por la versión completa para poder desarrollar con otros lenguajes de programación, pero en nuestro caso nos sirve con la versión para PHP:

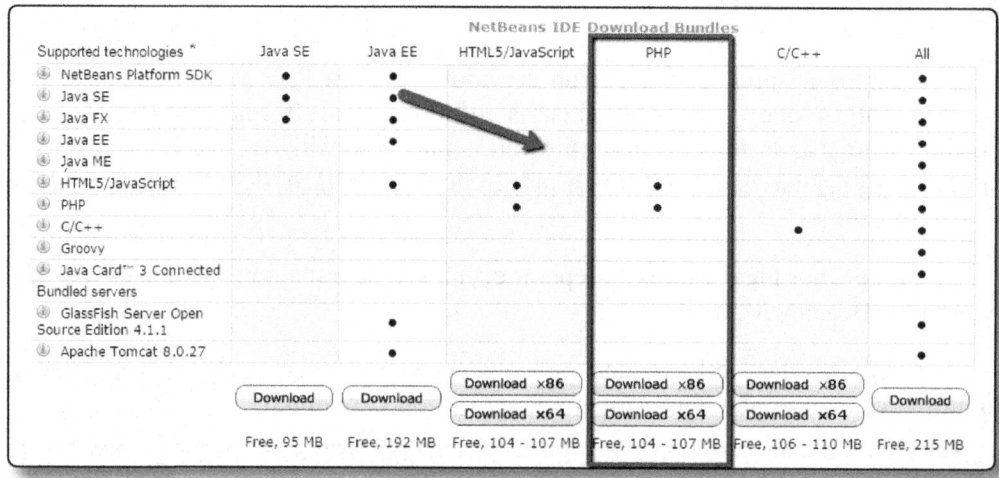

Antes de instalar el NetBeans debemos tener instalado el JDK de Java. Vamos a *http://www.oracle.com/technetwork/es/java/javase/downloads/index.html* y seleccionamos la descarga de Java:

Aceptamos la licencia y seleccionamos el sistema operativo en el que vamos a instalar el JDK:

Java SE Development Kit 8u73

You must accept the Oracle Binary Code License Agreement for Java SE to download this software

Accept License Agreement   Decline License Agreement

Product / File Description	File Size	Download
Linux ARM 32 Hard Float ABI	77.73 MB	jdk-8u73-linux-arm32-vfp-hflt.tar.gz
Linux ARM 64 Hard Float ABI	74.68 MB	jdk-8u73-linux-arm64-vfp-hflt.tar.gz
Linux x86	154.75 MB	jdk-8u73-linux-i586.rpm
Linux x86	174.91 MB	jdk-8u73-linux-i586.tar.gz
Linux x64	152.73 MB	jdk-8u73-linux-x64.rpm
Linux x64	172.91 MB	jdk-8u73-linux-x64.tar.gz
Mac OS X x64	227.25 MB	jdk-8u73-macosx-x64.dmg
Solaris SPARC 64-bit (SVR4 package)	139.7 MB	jdk-8u73-solaris-sparcv9.tar.Z
Solaris SPARC 64-bit	99.08 MB	jdk-8u73-solaris-sparcv9.tar.gz
Solaris x64 (SVR4 package)	140.36 MB	jdk-8u73-solaris-x64.tar.Z
Solaris x64	96.78 MB	jdk-8u73-solaris-x64.tar.gz
Windows x86	181.5 MB	jdk-8u73-windows-i586.exe
Windows x64	186.84 MB	jdk-8u73-windows-x64.exe

Una vez descargado el instalador de Java JDK, lo instalamos y, a continuación, ya podemos instalar el NetBeans. Una vez instalado el NetBeans, lo ejecutamos:

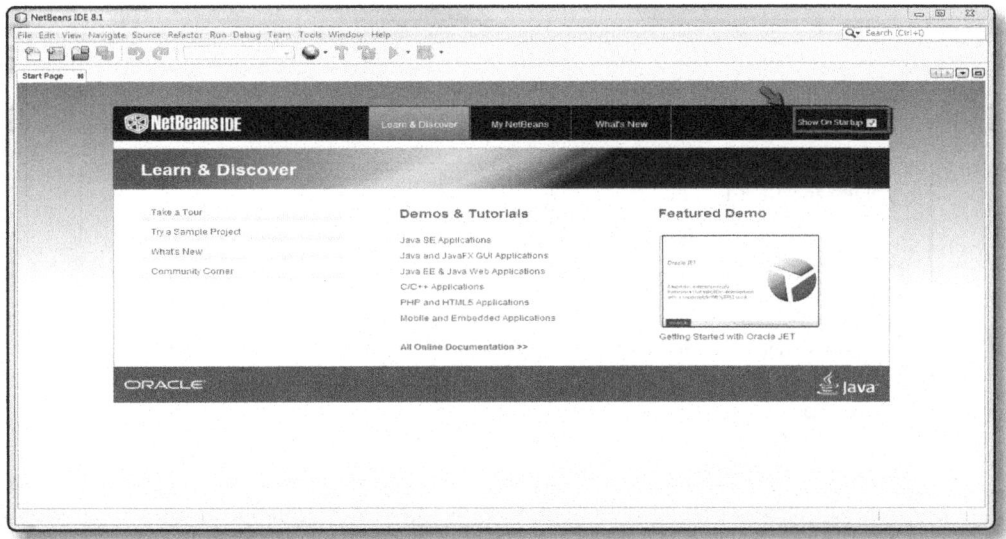

La primera vez que lanzamos la aplicación nos saldrá una ventana de bienvenida que podemos ocultar para que no nos aparezca más veces. Cerramos la pestaña de bienvenida y vemos el entorno de desarrollo. Es una aplicación muy

sencilla, ya que tenemos en la parte superior la barra de herramientas; en la derecha, el árbol de proyectos; y en el centro, el código:

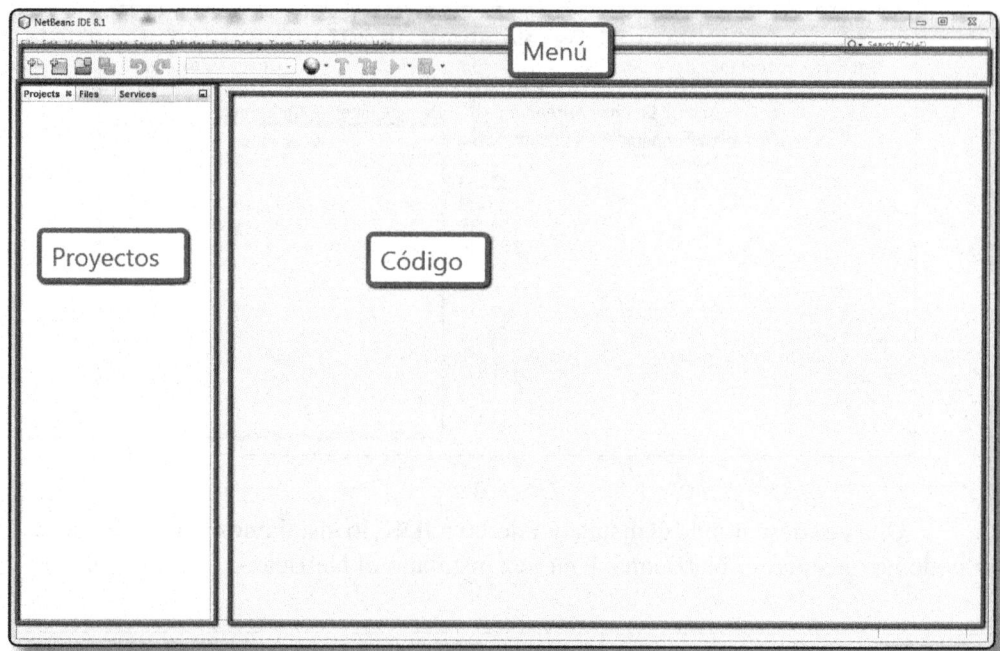

Del menú, los tres botones más importantes son:

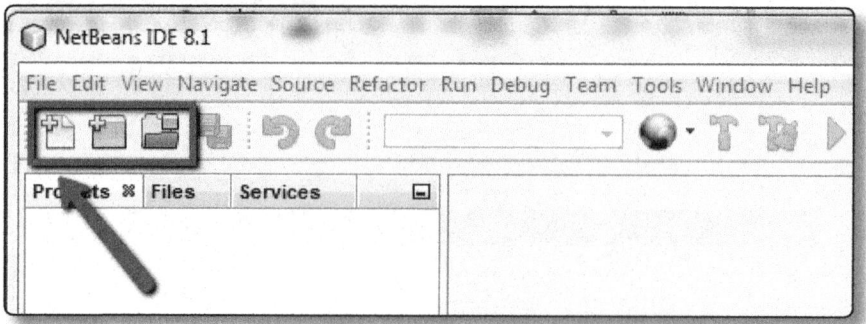

Con los que podemos hacer un nuevo fichero, un nuevo proyecto, o abrir un proyecto existente. Al igual que Xcode, NetBeans funciona por proyectos.

Pero antes de crear un proyecto PHP necesitamos tener un servidor funcionando, por lo que vamos a instalar y ejecutar MAMP para poder montar uno.

Entramos en *https://www.mamp.info/en/* y seleccionamos descargar el MAMP, no el MAMP PRO, ya que queremos el gratuito:

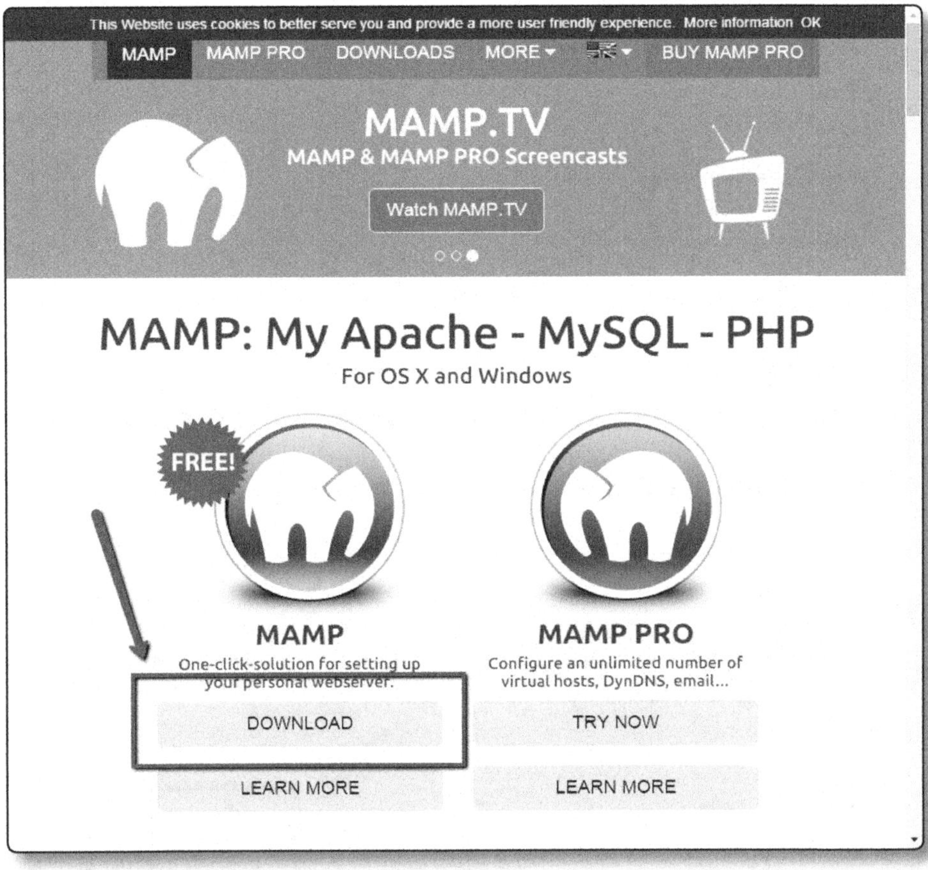

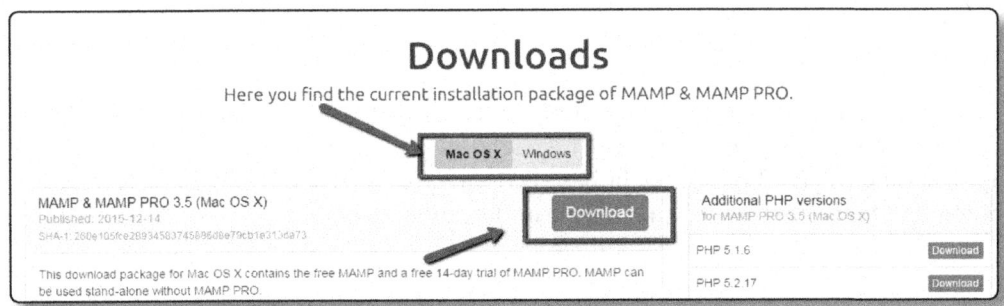

Seleccionamos el sistema operativo y descargamos:

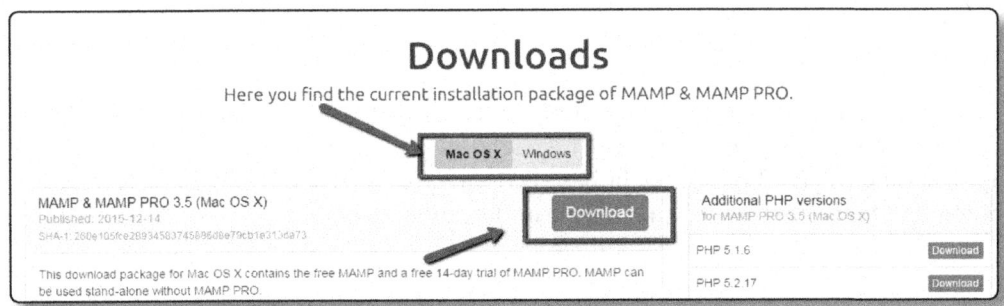

Una vez descargado, procedemos a instalarlo. Tenemos que estar atentos de no instalar el MAMP PRO:

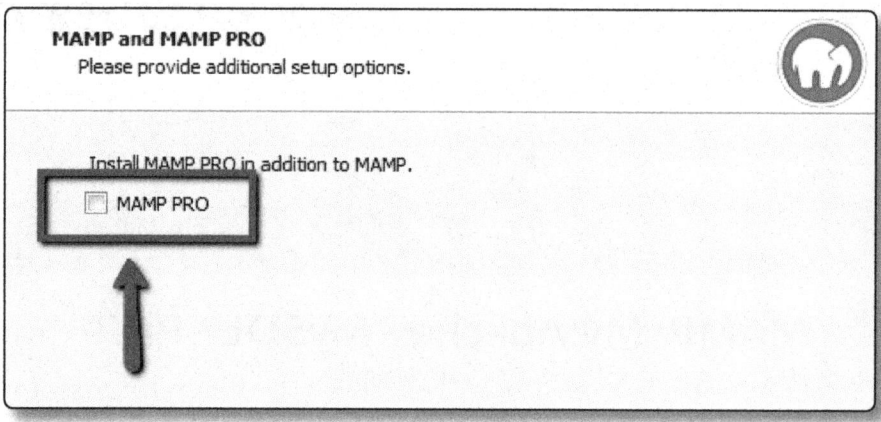

Al finalizar la instalación ejecutamos el programa:

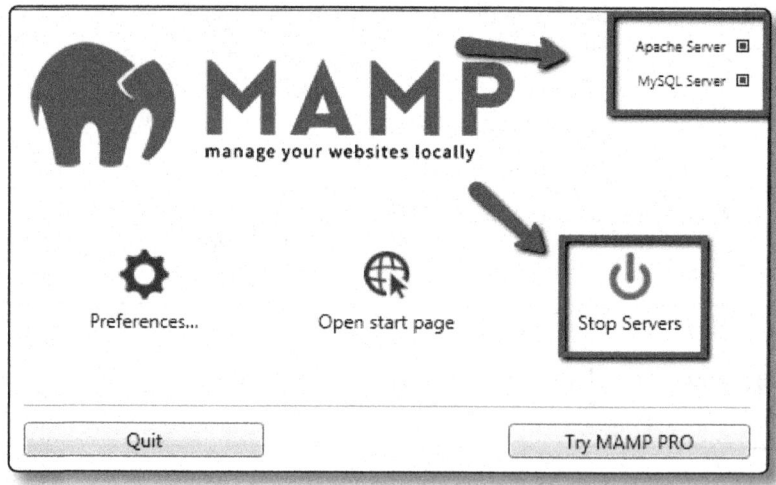

Tenemos que asegurarnos de que se encienden los dos servicios llamados Apache Server y MySQL Server. El Apache es el encargado de hacer funcionar la aplicación en PHP; MySQL es la base de datos. Ahora podemos presionar sobre el botón de **Open start page**, que nos abrirá la siguiente página:

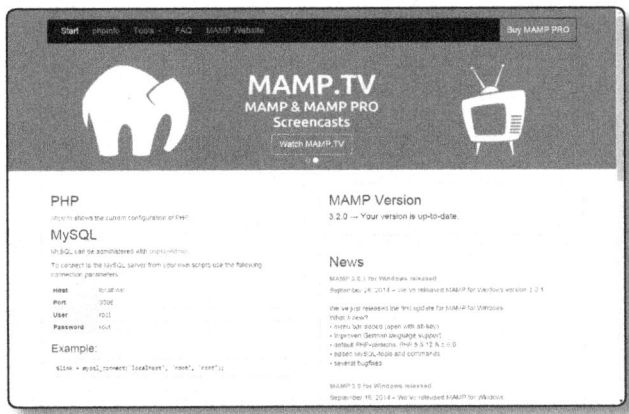

Esto significa que ya tenemos el servidor funcionando correctamente, por lo que podemos empezar a crear una pequeña aplicación con PHP para ver que puede ejecutarse.

MAMP ejecutará toda aplicación que se encuentre en la carpeta llamada **htdocs**, por lo que todos nuestros proyectos los ubicaremos en dicha carpeta (la podemos encontrar dentro de la carpeta de la aplicación MAMP).

Con el MAMP en marcha ejecutamos el NetBeans y presionamos sobre el botón de crear un nuevo proyecto y seleccionamos **PHP → PHP Application**.

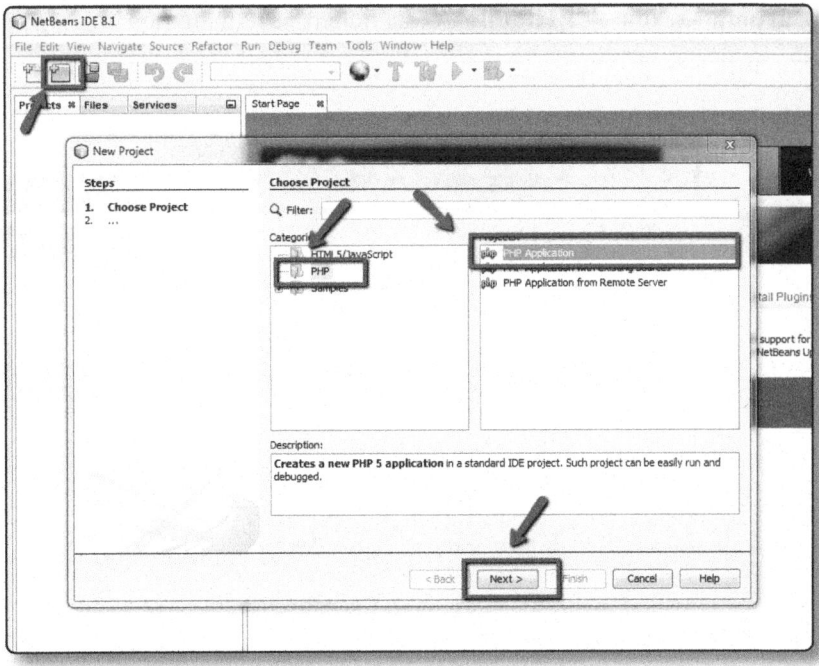

En la siguiente pantalla introducimos un nombre para nuestro proyecto y nos aseguramos de que en la ubicación lo guardamos en la carpeta **htdocs** de nuestro MAMP. Para finalizar presionamos sobre **Finish**:

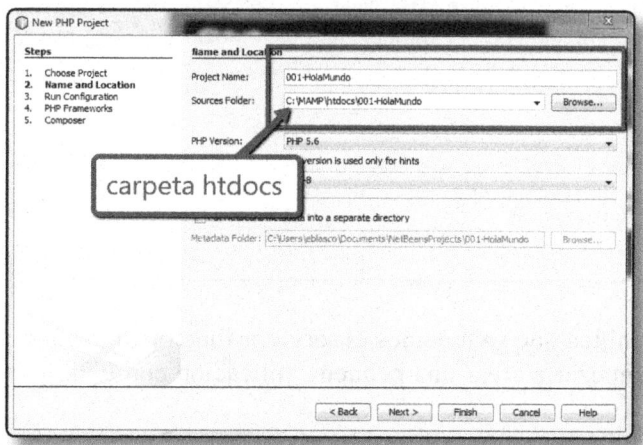

Veremos que a la derecha de NetBeans tendremos nuestro proyecto creado. Tan solo tenemos que saber que todo proyecto en PHP debe contener, al menos, un fichero llamado **index.php**, ya que será el primer fichero que buscará nuestro servidor (MAMP) al introducir la dirección del proyecto en nuestro navegador. Por eso, dentro de la carpeta **Source Files** crearemos un nuevo fichero PHP. Presionamos botón derecho sobre la **Carpeta → New → PHP File**. A este fichero le llamaremos **index.php**:

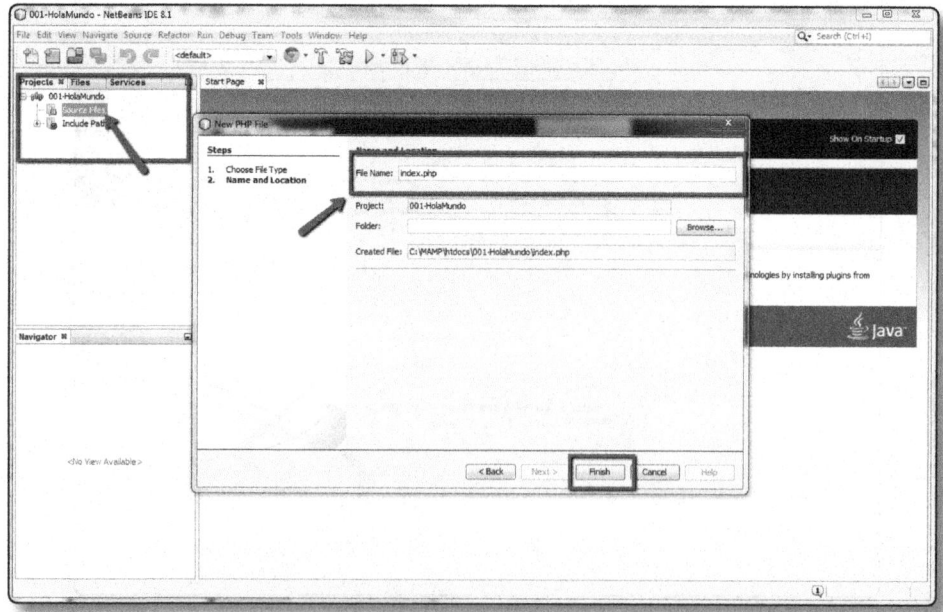

En la pantalla aparecerá nuestro primer código PHP. Aprenderemos un poco de PHP mientras vamos creando el código. Te recomiendo que estudies cómo crear aplicaciones usando PHP, ya que te dará una cierta libertad, pues no tendrás que depender de un desarrollador web.

Todo código en PHP debe incluirse dentro de la etiqueta:

```
<?php
```

A continuación ya podemos empezar a crear todas las sentencias PHP.

Los comentarios son exactamente los mismos que en Swift, pero debemos tener cuidado, ya que **toda sentencia de código en PHP termina con punto y coma (;)**. Con la sentencia **print** podemos pintar mensajes por pantalla. Por lo que introduciremos el siguiente código en nuestro fichero **index.php**:

```
<?php
print 'Servidor funcionando correctamente';
```

Ahora tenemos que ejecutar la aplicación. Sobre el fichero **index.php** podemos presionar el **botón derecho** y **run**:

Llegados a este punto ya tendremos nuestro equipo preparado para desarrollar una aplicación en el servidor. Tenemos que recordar que estamos creando una aplicación PHP en un servidor local, esto quiere decir que solo podremos acceder a él para realizar peticiones con dispositivos que se encuentren en la misma red que nuestro equipo. Este servidor es para desarrollo. De esta forma, mientras creamos nuestra aplicación en iOS, podremos hacer tantas pruebas como queramos sin llegar a salir a Internet; así, podremos hacer las pruebas de forma más ligera.

Una vez terminado el desarrollo de nuestra aplicación en iOS tendremos que subir el proyecto PHP a un servidor real para que podamos acceder desde cualquier dispositivo por medio de Internet.

La dirección para acceder a nuestra aplicación PHP y de esta forma realizar peticiones (insertar, eliminar, editar y listar) es: *http://NUESTRA_IP:PUERTO/ CARPETA_PROYECTO/index.php*.

Por ejemplo:

http://192.168.0.5:8080/mensajesServer/index.php.

Esta será la dirección que usaremos a la hora de desarrollar la aplicación en iOS.

En un proyecto real, el servicio web debería estar programado antes de empezar con la aplicación cliente (iOS), pero en este caso programaremos de forma paralela para poder ir aprendiendo poco a poco la relación entre PHP y la aplicación cliente.

Antes de ponernos a desarrollar un servicio CRUD con PHP e iOS tenemos que aprender la lectura de ficheros XML, ya que será el formato en el que el servidor nos enviará los datos para poder mostrarlos en nuestra aplicación. Si recordamos el principio de este tema, los datos se encuentran almacenados en una base de datos MySQL. Cuando un cliente realice una petición al servidor para la lectura de dichos datos, PHP obtendrá los datos correspondientes y los transformará en un fichero XML, que recibiremos en nuestra aplicación y lo recorreremos para pintarlo en un **TableView**:

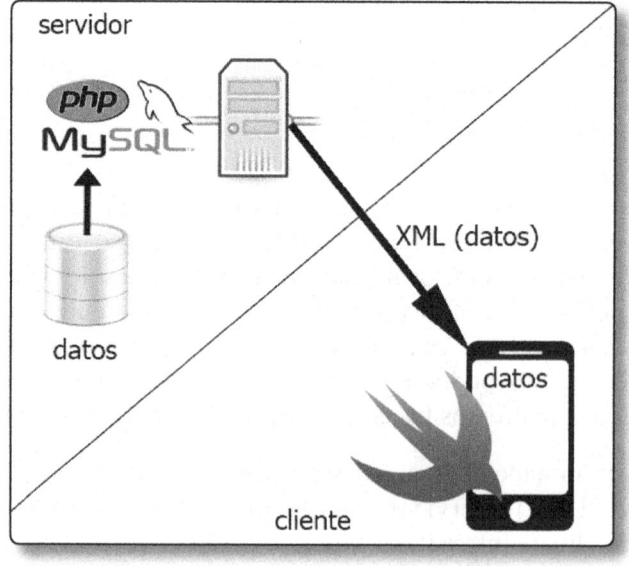

5.2 LECTURA DE FICHEROS XML

Un fichero XML es un contenedor de datos por medio de etiquetas para poder facilitar la lectura de la información. IOS contiene herramientas que nos facilitan la lectura de estos ficheros. Por eso nos decantamos por esta opción para la presentación de datos, en lugar de por JSON.

Muchos servidores ofrecen servicios web donde podemos obtener información con este formato. Por ejemplo, podemos obtener la previsión del tiempo realizando una petición a un servidor que nos conteste con un fichero XML con toda la información. Muchos periódicos ofrecen el mismo servicio. Nos presentan todas sus noticias por medio de ficheros XML. En nuestras aplicaciones emplearemos el mismo mecanismo. Obtendremos los datos de la base de datos y los transformaremos a XML para que puedan ser enviados a un cliente.

En este tema utilizaremos el servicio de *tutiempo.net*, que nos genera un XML donde podemos obtener la previsión del tiempo de una ciudad. Si accedemos a la página *http://www.tutiempo.net/gratis.htm*, podemos seleccionar una ciudad y generar el XML:

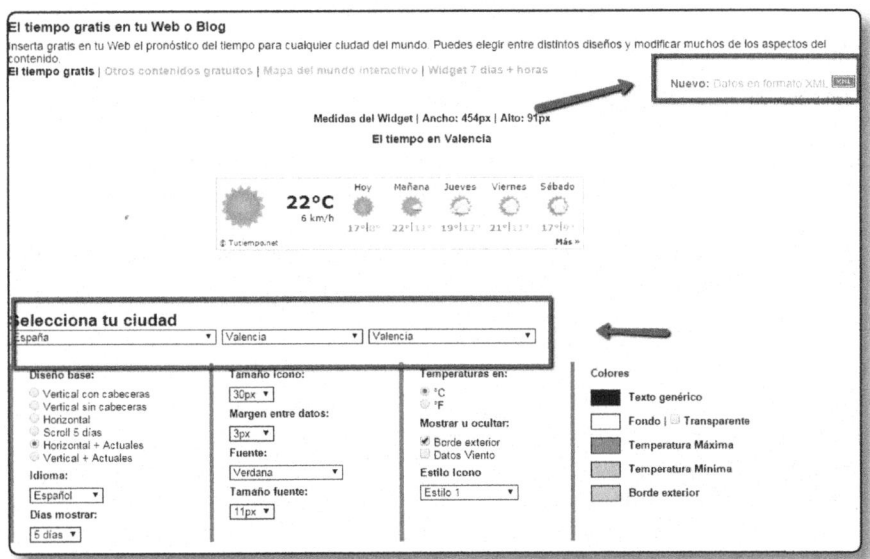

Vemos que en mi caso me ha generado la siguiente dirección:

http://xml.tutiempo.net/xml/1069.xml

Si accedemos a la URL, veremos un fichero XML que contiene toda la información.

Aprenderemos a realizar una petición a esta URL, obtener el fichero XML, extraer la información en la que estamos interesados y mostrarlos en un **Table View**.

Más adelante aprenderemos a crear nuestros propios ficheros XML con PHP con datos de nuestra base de datos.

De un fichero XML tenemos que conocer tres conceptos:

1. Nodo/Etiqueta

2. Atributo

3. Texto

Donde el nodo o etiqueta es el nombre del dato que contiene. Si observamos bien vemos que tienen el mismo formato que las etiquetas HTML. Entre los símbolos **< nombre >** introducimos el nombre de la etiqueta, a continuación, nos encontramos el texto que es el dato que contiene la etiqueta. Finalmente, para cerrar el contenido introducimos la misma etiqueta, pero cerrada: **</ nombre >**. Veamos un ejemplo del XML del tiempo:

```
<temperatura>16</temperatura>
```

Vemos que tenemos una etiqueta llamada **temperatura** que contiene el dato 16. Con esta etiqueta obtenemos la temperatura en una fecha concreta.

Una etiqueta puede contener texto u otras etiquetas; ello permite organizar mejor la información:

```
<hora>
<fecha>2016-3-1</fecha>
<hora_datos>17:00</hora_datos>
<temperatura>16</temperatura>
<texto>Despejado</texto>
<humedad>40</humedad>
<presion>1023</presion>
<icono>http://i5.tutiempo.net/wi/01/50/1.png</icono>
<viento>13</viento>
<dir_viento>Sureste</dir_viento>
<ico_viento>http://i5.tutiempo.net/eltiempo/DirViento/
SE.png</ico_viento>
</hora>
```

En este caso vemos que tenemos la etiqueta **hora**, que se repite muchas veces, representando cada vez una hora distinta. Dentro de ella encontramos más etiquetas, las cuales contienen la información.

Con iOS podemos indicar qué etiquetas queremos recorrer y, por tanto, obtener la información que contienen. En el caso de querer mostrar la información del tiempo por horas indicaremos que queremos recorrer las etiquetas **hora** y obtener el contenido de **fecha**, **temperatura**, **humedad**, etc.

En otras ocasiones podemos encontrarnos atributos en las etiquetas. Los atributos son configuraciones adicionales dentro de una etiqueta para mostrar información adicional al dato que contienen:

```
<temperatura medida="grados">16</temperatura>
```

En este ejemplo vemos que contiene un atributo llamado **medida** con valor **grados**. Una etiqueta puede contener muchos atributos o ninguno.

Según queramos obtener la información del texto contenido o del atributo, el código en Swift cambia. Pero en los dos casos es muy sencillo.

El primer paso, por tanto, es entender el XML que queremos leer, identificar los nombres de las etiquetas que contienen la información deseada y estudiar la estructura del fichero.

En el caso del fichero XML generado por *tutiempo.net* encontramos dos etiquetas de información sobre el documento y sobre la localidad cuya previsión estamos haciendo. A continuación tenemos dos etiquetas que contienen el pronóstico por horas y por días:

```
▼<datos>
  ▶ <informacion>...</informacion>
  ▶ <localidad>...</localidad>
  ▶ <pronostico_horas>...</pronostico_horas>
  ▶ <pronostico_dias>...</pronostico_dias>
</datos>
```

Si desplegamos la etiqueta de **pronostico_horas**, vemos repetidas unas etiquetas llamadas **hora**, las cuales contienen datos de interés sobre el pronóstico en una hora determinada:

```
▼<datos>
  ▶<informacion>...</informacion>
  ▶<localidad>...</localidad>
  ▼<pronostico_horas>
    ▼<hora>
        <fecha>2016-3-1</fecha>
        <hora_datos>17:00</hora_datos>
        <temperatura>16</temperatura>
        <texto>Despejado</texto>
        <humedad>40</humedad>
        <presion>1023</presion>
        <icono>http://i5.tutiempo.net/wi/01/50/1.png</icono>
        <viento>13</viento>
        <dir_viento>Sureste</dir_viento>
        <ico_viento>http://i5.tutiempo.net/eltiempo/DirViento/SE.png</ico_viento>
    </hora>
    ▼<hora>
        <fecha>2016-3-1</fecha>
        <hora_datos>18:00</hora_datos>
        <temperatura>15</temperatura>
        <texto>Despejado</texto>
        <humedad>46</humedad>
        <presion>1023</presion>
        <icono>http://i5.tutiempo.net/wi/01/50/1.png</icono>
        <viento>14</viento>
        <dir_viento>Sureste</dir_viento>
        <ico_viento>http://i5.tutiempo.net/eltiempo/DirViento/SE.png</ico_viento>
    </hora>
```

La etiqueta **pronóstico_dias** contiene un grupo de etiquetas repetidas llamadas **dia**, que, a su vez, contiene otras etiquetas con información de interés sobre el pronóstico de un día en concreto:

```
▼<datos>
  ▶<informacion>...</informacion>
  ▶<localidad>...</localidad>
  ▶<pronostico_horas>...</pronostico_horas>
  ▼<pronostico_dias>
    ▼<dia>
        <fecha>2016-3-1</fecha>
        <fecha_larga>Martes 1 de Marzo</fecha_larga>
        <temp_maxima>17</temp_maxima>
        <temp_minima>8</temp_minima>
        <icono>http://i5.tutiempo.net/wi/01/50/1.png</icono>
        <texto>Despejado</texto>
        <humedad>45</humedad>
        <viento>20</viento>
        <dir_viento>Oeste</dir_viento>
        <ico_viento>http://i5.tutiempo.net/eltiempo/DirViento/O.png</ico_viento>
        <salida_sol>7:37</salida_sol>
        <puesta_sol>18:52</puesta_sol>
        <salida_luna>01:14</salida_luna>
        <puesta_luna>11:45</puesta_luna>
        <ico_fase_luna>http://i5.tutiempo.net/Fases/FasesFB50/Luna22.gif</ico_fase_luna>
    </dia>
    ▼<dia>
        <fecha>2016-3-2</fecha>
        <fecha_larga>Miércoles 2 de Marzo</fecha_larga>
        <temp_maxima>22</temp_maxima>
        <temp_minima>11</temp_minima>
        <icono>http://i5.tutiempo.net/wi/01/50/2.png</icono>
        <texto>Nubes dispersas</texto>
        <humedad>44</humedad>
        <viento>22</viento>
        <dir_viento>Noroeste</dir_viento>
        <ico_viento>http://i5.tutiempo.net/eltiempo/DirViento/NO.png</ico_viento>
        <salida_sol>7:35</salida_sol>
        <puesta_sol>18:53</puesta_sol>
        <salida_luna>02:08</salida_luna>
        <puesta_luna>12:27</puesta_luna>
        <ico_fase_luna>http://i5.tutiempo.net/Fases/FasesFB50/Luna23.gif</ico_fase_luna>
    </dia>
```

Ahora ya sabemos qué etiqueta indicar a Swfit que recorra y el nombre de las etiquetas cuya información queremos obtener. En el caso de querer pintar un listado con el pronóstico de días de una ciudad, indicaremos que recorra las etiquetas **dia** y obtenga la información de las etiquetas que encuentre en su interior.

Ahora que ya entendemos la estructura del fichero XML que queremos leer, vamos a crear una nueva aplicación que nos pinte en una lista el pronóstico del tiempo por días de una localidad en concreto. De esta forma aprenderemos el código para la petición de un fichero de este tipo y la extracción de su información para mostrarla en una lista.

El código es siempre el mismo, lo único que cambia es el nombre de las etiquetas del fichero XML.

5.2.1 Aplicación del tiempo

Para aprender la lectura de ficheros XML vamos a crear una aplicación con un listado donde podamos obtener la previsión del tiempo por días en Madrid.

Creamos un nuevo proyecto con Xcode Universal y eliminamos la vista con su controlador.

Añadimos un **Navigation Controller** cuyo **root** sea un **TableView**, creamos el controlador para la tabla y la celda, indicamos que el **Navigation Controller** es inicial y diseñamos la celda. Para esta aplicación vamos a mostrar el icono, el texto del pronóstico, la fecha y las temperaturas máxima y mínima.

Para la imagen que contiene el icono de tiempo añadiremos una **Image View** a nuestra celda e indicaremos que queremos el modo **Aspect Fit** para mantener la proporción del icono:

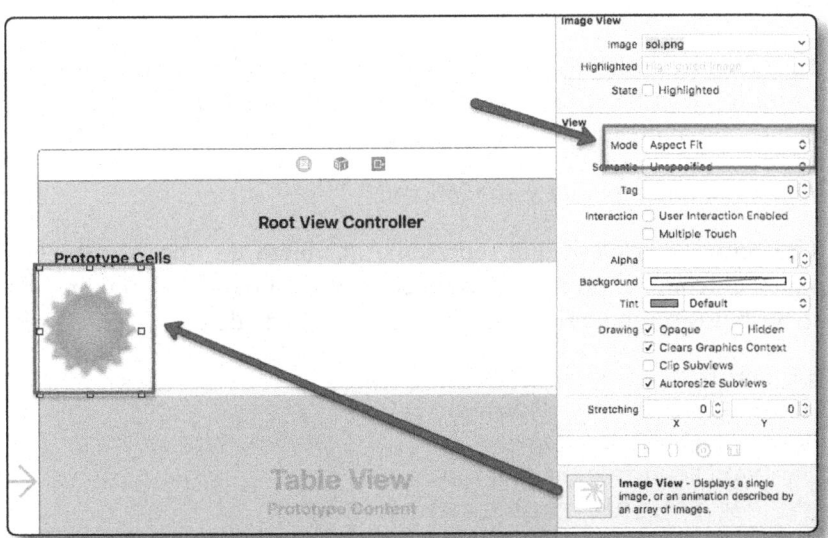

Para terminar la parte visual, diseñaremos la celda. Quedará así:

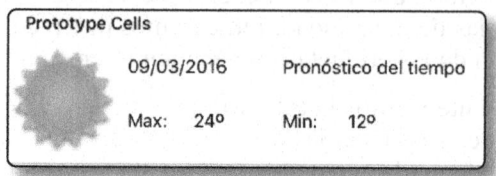

En la celda tenemos seis **Labels** y una **Image View**. Ahora podemos crear los **Outlets** en el controlador de la celda para el texto descriptivo, el icono, la fecha y las temperaturas máxima y mínima:

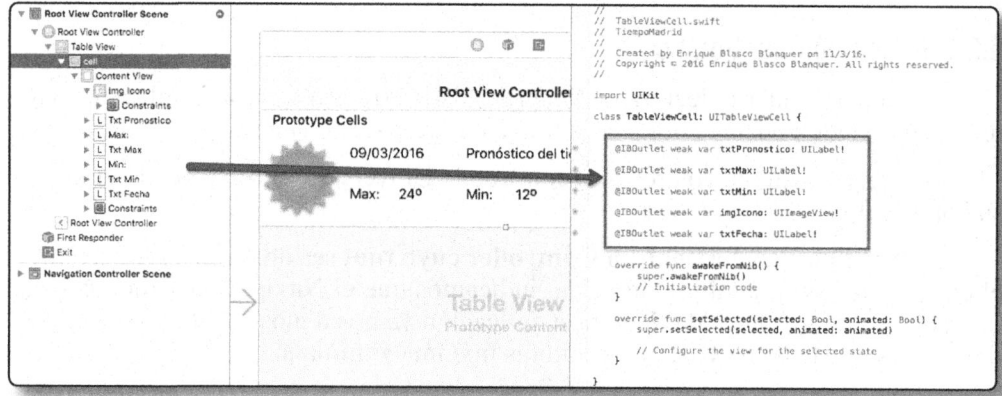

Recuerda identificar la celda con un nombre para poder acceder a ella desde el controlador de la tabla.

El siguiente paso consiste en crear un *array* con objetos tipo **pronóstico** para poder mostrarlo en la lista. Estos objetos los crearemos por medio del XML visto anteriormente, cuya dirección es la siguiente:

http://xml.tutiempo.net/xml/3768.xml

Crearemos una clase que represente al objeto de tipo **NSObject** con los atributos para el icono, el pronóstico, la fecha y las temperaturas máxima y mínima. Los cinco atributos serán de tipo **String**. La clase queda de la siguiente forma:

```
import UIKit
class Pronostico: NSObject {
    var fecha:String?;
    var temp_maxima:String?;
    var temp_minima:String?;
    var icono:String?;
```

```
    var texto:String?;
    //Constructor vacío para pdoer crear objetos
    //con atributos vacíos
    override init(){
    }
}
```

La lectura del fichero XML se genera en el controlador de la tabla, la cual debe recorrer cada una de las etiquetas que se encuentren en el XML, obteniendo el contenido de aquella que nos interese. Para poder realizar esta tarea tenemos que extender nuestro controlador de la siguiente clase:

```
NSXMLParserDelegate
```

La cual nos permitirá sobrescribir tres funciones principales para la lectura de un fichero XML:

1. Función cuando encuentra una etiqueta

2. Lectura del contenido

3. Finaliza la etiqueta

En la primera función podemos obtener la etiqueta que estamos leyendo, por lo que podemos saber si nos interesa obtener el texto que contiene en la siguiente función. Debemos tener en cuenta que el contenido lo obtiene leyendo carácter a carácter, por lo que en la última función tendremos el texto completo.

En el controlador de la tabla crearemos un *array* vacío para almacenar objetos tipo **Pronostico**, así como un **NSMutableString** para almacenar el contenido de la etiqueta. Utilizamos un **NSMutableString** y no un **String** porque en él podemos ir añadiendo caracteres hasta formar el texto completo. En un **String** se puede concatenar, pero realiza una carga notable en la memoria del dispositivo.

Con el objeto tipo **NSXMLParser** indicaremos la URL del fichero XML y llamaremos a su función para empezar la lectura.

Finalmente definiremos un objeto tipo **Pronostico** vacío para almacenar en sus atributos la información obtenida del XML. Este objeto lo almacenaremos en el *array* para que pueda ser cargado en la lista:

1. Extendemos el controlador de la clase de **NSXMLParserDelegate**.

2. Creamos los atributos de la clase.

3. Sobrescribimos las tres funciones para el XML.

```
class TableViewController: UITableViewController ,
NSXMLParserDelegate{
    //Parser XML:
    var parser:NSXMLParser = NSXMLParser();
    //Array de objetos Pronostico:
    var listaDias:[Pronostico] = [];
    //Objeto Pronostico:
    var pronostico:Pronostico?;
    //Texto para el contenido de las etiquetas:
    var txtNodo:NSMutableString?;
```

Las funciones para el XML son:

```
//FUNCIONES PARA EL XML
    func parser(parser: NSXMLParser, didStartElement
elementName: String, namespaceURI: String?, qualifiedName
qName: String?, attributes attributeDict: [String :
String]) {
        <#code#>
    }
    func parser(parser: NSXMLParser, foundCharacters
string: String) {
        <#code#>
    }
    func parser(parser: NSXMLParser, didEndElement
elementName: String, namespaceURI: String?, qualifiedName
qName: String?) {
        <#code#>
    }
```

El siguiente paso es identificar la etiqueta que nos interesa en la primera función. Si es de tipo **día** significa que estamos empezando a leer un nuevo pronóstico, por lo que crearemos un objeto tipo **Pronostico** nuevo. Con el parámetro de entrada **elmentName** podemos saber el nombre de la etiqueta. Por último, nos interesa vaciar el texto del nodo cada vez que leamos una nueva etiqueta del XML:

```
func parser(parser: NSXMLParser, didStartElement elementName:
String, namespaceURI: String?, qualifiedName qName: String?,
attributes attributeDict: [String : String]) {
        //Vaciamos el txtNodo
        txtNodo = NSMutableString();

        if(elementName=="dia"){
```

```
        pronostico = Pronostico(); //creamos un nuevo
objeto tipo pronostico vacío
    }
}
```

En la siguiente función almacenaremos el texto que contiene la etiqueta. Al leer carácter a carácter, tenemos que ir añadiendo, con la función **appendString**, el parámetro de entrada llamado **string** a nuestra variable **txtNodo**:

```
func parser(parser: NSXMLParser, foundCharacters string:
String) {
        //obtenemeos el texto de los nodos
        txtNodo?.appendString(string);
    }
```

La última función es la más complicada. Tenemos que comprobar qué etiqueta termina. Si es alguna de las que nos interesa, añadiremos el contenido almacenado en la variable **txtNodo** en el atributo del objeto **Pronóstico** correspondiente. Si la etiqueta que termina es la de día significa que ha finalizado la lectura del pronóstico del tiempo para dicho día, por lo que podremos añadir el objeto al *array*:

```
func parser(parser: NSXMLParser, didEndElement elementName:
String, namespaceURI: String?, qualifiedName qName: String?)
{
        switch(elementName){
        case "fecha" :
            pronostico?.fecha = txtNodo! as String;
            break;
        case "temp_maxima":
            pronostico?.temp_maxima = txtNodo! as String;
            break;
        case "temp_minima":
            pronostico?.temp_minima = txtNodo! as String;
            break;
        case "icono":
            pronostico?.icono = txtNodo! as String;
            break;
        case "texto":
            pronostico?.texto = txtNodo! as String;
            break;
        case "dia":
            listaDias.append(pronostico!);
            break;
        default:
            break;
        }
    }
```

Con esto ya tenemos la lectura de ficheros XML. Es el mismo proceso para cualquier XML que queramos, tan solo tendremos que adaptar las tres funciones al tipo de datos que contenga el fichero.

Pero con esto no mostramos nada. Hemos conseguido recorrer el fichero y crear un *array* con objetos tipo **Pronóstico** con la información deseada, pero no hemos indicado que empiece la lectura y la carga de los datos en la lista. Para indicar que queremos empezar la lectura del fichero utilizaremos el objeto llamado **parser** con la función **parser()**, habiendo introducido anteriormente la URL donde se encuentra alojado el fichero XML. Podemos añadir un indicador en nuestra aplicación para indicar que estamos obteniendo datos. De esta forma, el usuario podrá saber que la aplicación se encuentra trabajando. En iOS existe un componente llamado **Activity Indicator View** para realizar esta tarea; componente que arrastraremos a nuestra vista de la tabla. Tenemos que crear el **outlet** del objeto en el controlador y añadirle la propiedad **Animating** para que lo veamos moviéndose:

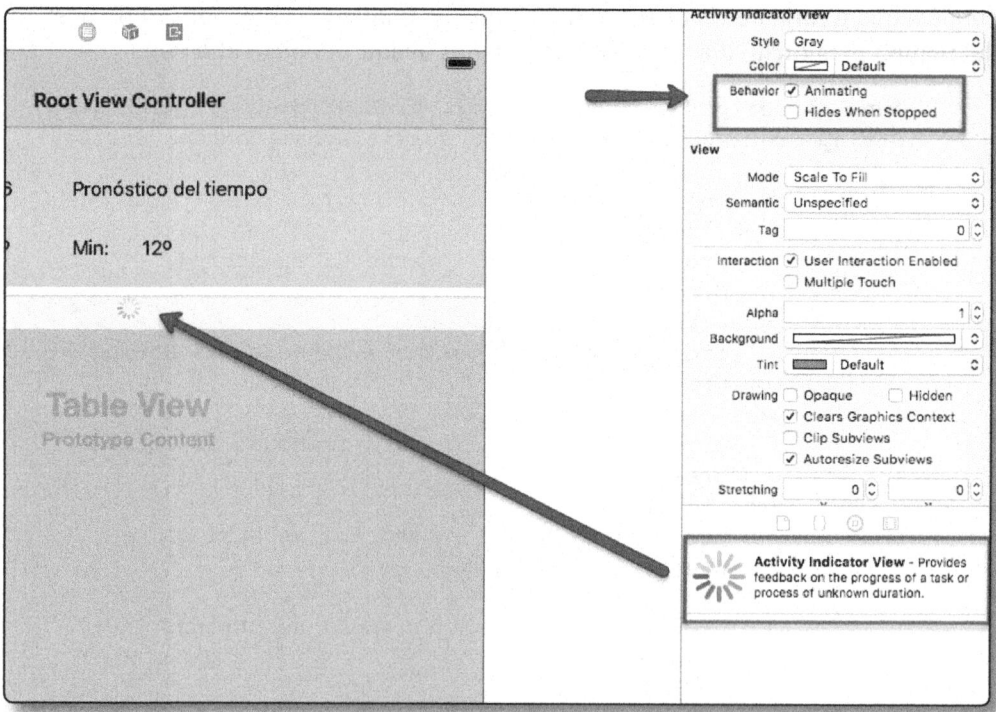

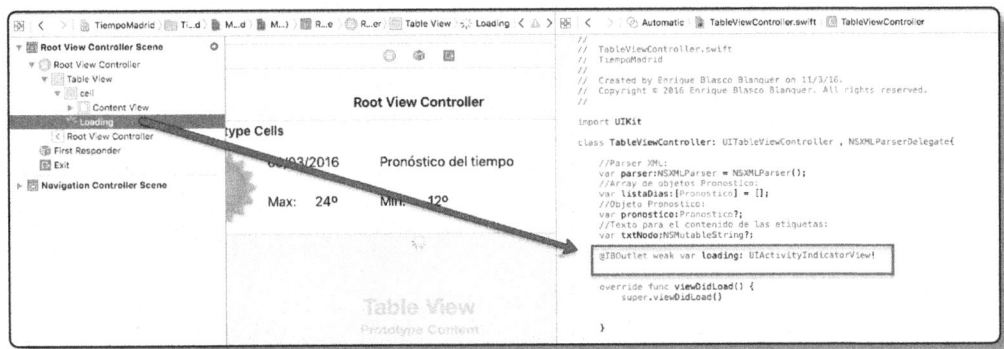

Ahora, en la función **viewDidLoad** del controlador de la tabla, le añadiremos al **parser** la URL del fichero XML y llamaremos a la función para que empiece la lectura de datos:

```
override func viewDidLoad() {
        super.viewDidLoad()
        //Preparar al parser para que lea xml
        parser = NSXMLParser(contentsOfURL: (NSURL(string:
"http://xml.tutiempo.net/xml/3768.xml"))!)!;
        //indicamos donde se encuentran las funcioens para el XML
        parser.delegate = self;
        //Empezamos la lectura del fichero:
        parser.parse();

    }
```

En el atributo **delegate** del objeto **parser** indicamos cuál es la clase que contiene las funciones para la lectura de ficheros XML. En esta ocasión hemos añadido **SELF**, ya que es la clase donde se encuentra el objeto la que contiene dichas funciones.

El último paso es preparar las funciones para la tabla, funciones que ya conocemos. Indicamos el número de secciones y el número de filas, y montamos la celda con la información del *array*. El código del controlador de la clase queda de la siguiente forma:

```
import UIKit
class TableViewController: UITableViewController , NSXMLPar-
serDelegate{
    //Parser XML:
    var parser:NSXMLParser = NSXMLParser();
    //Array de objetos Pronostico:
```

```swift
var listaDias:[Pronostico] = [];
//Objeto Pronostico:
var pronostico:Pronostico?;
//Texto para el contenido de las etiquetas:
var txtNodo:NSMutableString?;

@IBOutlet weak var loading: UIActivityIndicatorView!


override func viewDidLoad() {
    super.viewDidLoad()
    //Preparar al parser para que lea xml
    parser = NSXMLParser(contentsOfURL: (NSURL(string:
"http://xml.tutiempo.net/xml/3768.xml"))!)!;
    //indicamos donde se encuentran las funcioens para el XML
    parser.delegate = self;
    //Empezamos la lectura del fichero:
    parser.parse();

}

//FUNCIONES PARA EL XML
func parser(parser: NSXMLParser, didStartElement ele-
mentName: String, namespaceURI: String?, qualifiedName qName:
String?, attributes attributeDict: [String : String]) {
    //Vaciamos el txtNodo
    txtNodo = NSMutableString();

    if(elementName=="dia"){
        pronostico = Pronostico(); //creamos un nuevo ob-
jeto tipo hora vacio
    }
}
func parser(parser: NSXMLParser, foundCharacters string:
String) {
    //obtenemeos el texto de los nodos
    txtNodo?.appendString(string);
}
func parser(parser: NSXMLParser, didEndElement element-
Name: String, namespaceURI: String?, qualifiedName qName:
String?) {
    switch(elementName){
    case "fecha" :
        pronostico?.fecha = txtNodo! as String;
        break;
```

```
            case "temp_maxima":
                pronostico?.temp_maxima = txtNodo! as String;
                break;
            case "temp_minima":
                pronostico?.temp_minima = txtNodo! as String;
                break;
            case "icono":
                pronostico?.icono = txtNodo! as String;
                break;
            case "texto":
                pronostico?.texto = txtNodo! as String;
                break;
            case "dia":
                listaDias.append(pronostico!);
                break;
            default:
                break;
            }
        }


    // MARK: - Table view data source
    override func numberOfSectionsInTableView(tableView: UI-
TableView) -> Int {
        // #warning Incomplete implementation, return the
number of sections
        return 1
    }
    override func tableView(tableView: UITableView, numberO-
fRowsInSection section: Int) -> Int {
        // #warning Incomplete implementation, return the
number of rows
        return listaDias.count
    }


    override func tableView(tableView: UITableView, cellFo-
rRowAtIndexPath indexPath: NSIndexPath) -> UITableViewCell {

        let cell = tableView.dequeueReusableCellWithIdentifie
r("cell", forIndexPath: indexPath) as! TableViewCell

        let pronostico:Pronostico = listaDias[indexPath.row];

        cell.txtFecha.text = pronostico.fecha;
        cell.txtMax.text = pronostico.temp_maxima;
```

```
cell.txtMin.text = pronostico.temp_minima;
cell.txtPronostico.text = pronostico.texto;

//MONTAR IMAGEN DESDE UNA URL
let urlIcono:NSURL = NSURL(string: pronostico.ico-
no!)!;

let data:NSData = NSData(contentsOfURL: urlIcono)!;
cell.imgIcono.image = UIImage(data: data);



    return cell
}

}
```

¡¡Con esto ya lo tenemos todo!! Antes de probar la aplicación debemos dar permisos de acceso a Internet en el fichero **plist**; y ya estará listo:

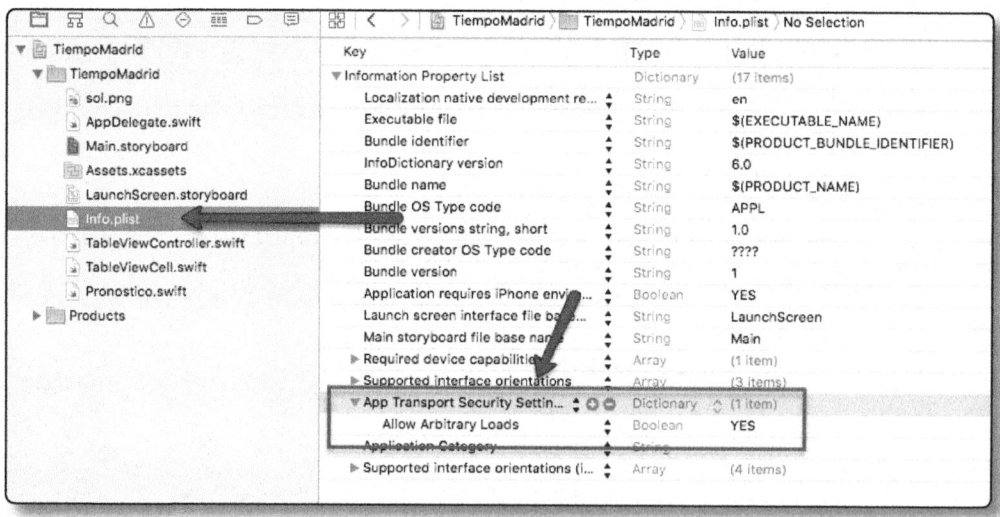

Intenta añadir un **TabBar** donde se muestre el pronóstico del tiempo por horas, o intenta cargar la información XML de otro *webservice* para practicar con la lectura de ficheros XML.

5.3 BASE DE DATOS MYSQL

Ahora ya sabemos obtener datos de un XML generado por un *webservice*, pero lo interesante sería crear nosotros mismos nuestro *webservice* para generar la información deseada para nuestra aplicación.

La base de datos elegida para almacenar los datos es MySQL, ya que es una de las más usadas en el mercado y muy fácil de manipular mediante el lenguaje de programación PHP.

Los pasos para desarrollar una aplicación con base de datos *online* son los siguientes:

1. Diseño de la base de datos

2. Desarrollo de la aplicación del servidor (PHP)

3. Desarrollo de la aplicación cliente (iOS)

Para practicar estos tres pasos vamos a desarrollar una aplicación de mensajería privada. Es decir, una aplicación en la que podremos realizar una identificación y listar todos los mensajes escritos por los usuarios. Esta aplicación permitirá escribir, listar, eliminar y editar mensajes.

Para realizar esta aplicación vamos a necesitar una base de datos *online*, ya que los mensajes van a ser visibles desde cualquier dispositivo. Por lo que el primer paso consistirá en diseñar la base de datos.

Para acceder al panel de administración de MySQL, llamado PHPMYADMIN, debemos poner en marcha nuestro servidor local con MAMP:

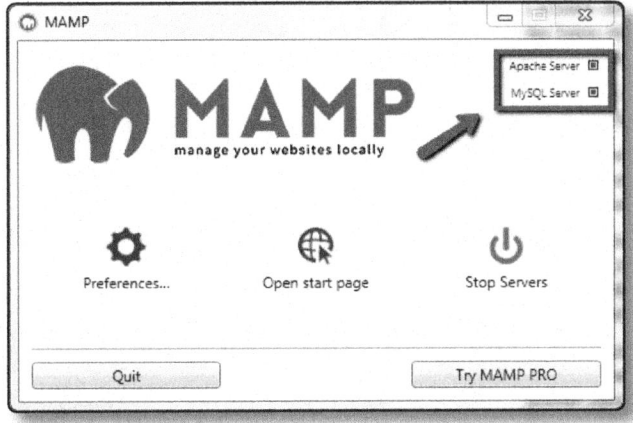

Una vez puesto en marcha, presionamos sobre el botón **Open start page**, el cual nos abrirá la página de inicio del servidor:

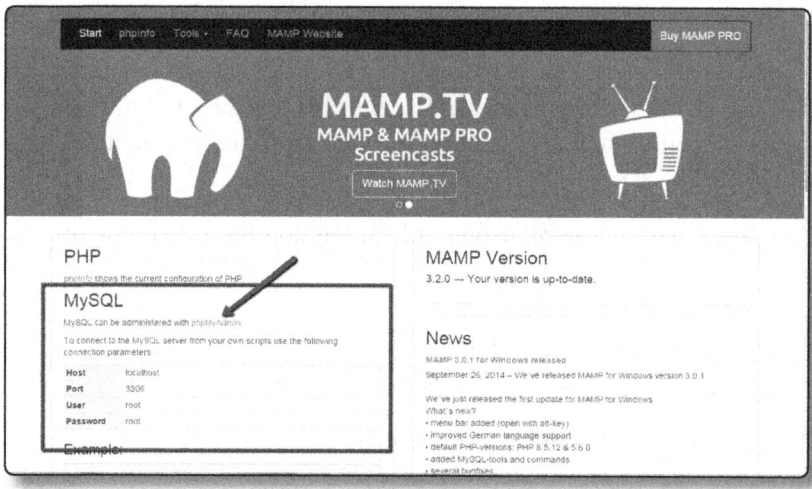

Desde esta página podemos acceder al panel de administración presionando sobre el enlace en el que pone **phpMyAdmin**, en la sección de MySQL. Al presionar sobre él veremos la siguiente pantalla:

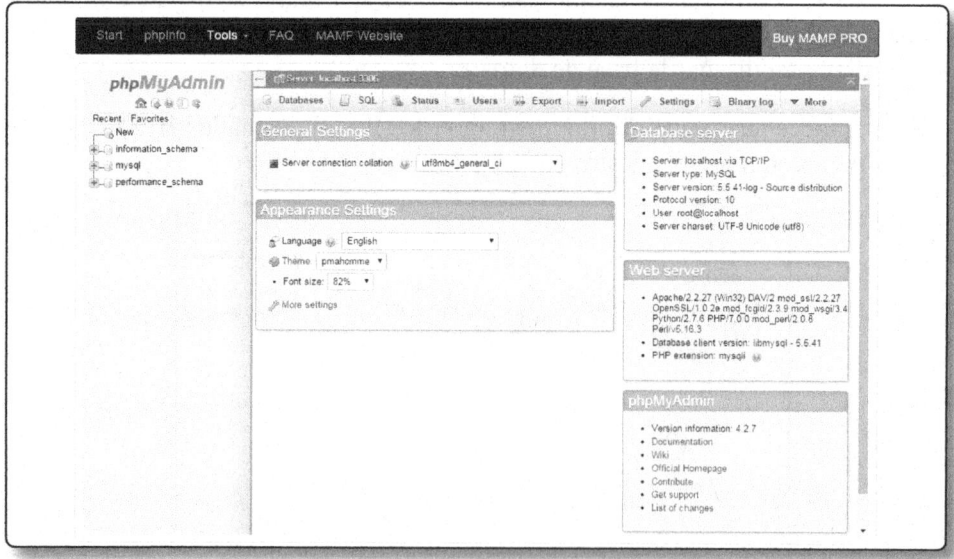

Con el panel de administración podemos crear, eliminar y editar bases de datos. Antes de crear nuestra base de datos para la aplicación vamos a estudiar los distintos apartados del panel.

En el menú izquierdo vemos el listado de bases de datos creadas. En el mismo menú tenemos un botón muy importante: la casa. Al presionar sobre el botón podemos volver al inicio del panel de control. Es útil en aquellos casos en los que nos perdamos por el **phpMyAdmin** y queramos volver a la pantalla inicial para volver a empezar:

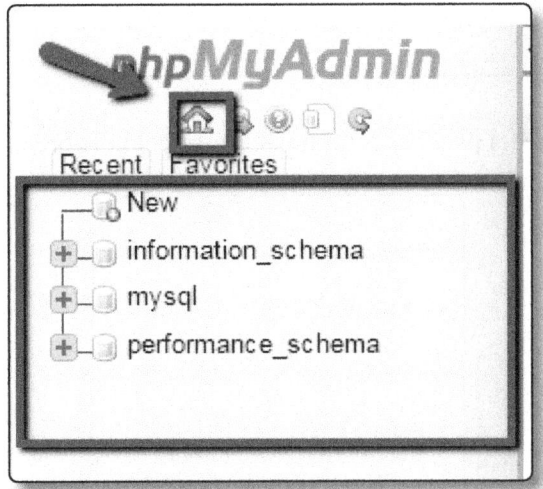

En la barra superior podemos ver un menú de herramientas. Este menú cambia según el elemento que tengamos seleccionado. En él podremos crear nuevos elementos (una base de datos por ejemplo), importar, exportar, etc.:

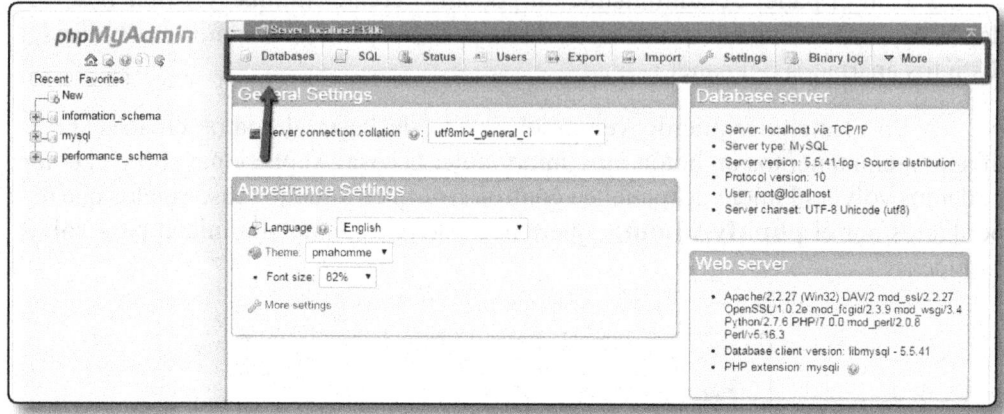

A la derecha del panel encontramos información sobre el servidor de la base de datos:

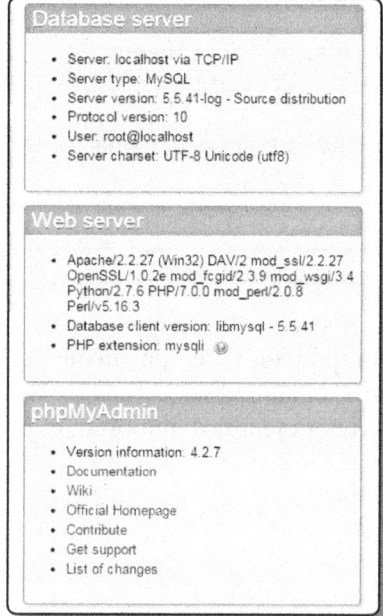

Vamos a crear una nueva base de datos encargada de almacenar los datos de nuestra aplicación de mensajes.

Nuestra base de datos va a tener que almacenar dos modelos principales:

1. Usuarios
2. Mensajes

Por lo que contendrá dos tablas capaces de almacenar dicha información. Las tablas se encontrarán relacionadas entre sí. Un usuario puede escribir de uno a muchos mensajes, y un mensaje es escrito por un usuario. Por lo que encontramos una relación **1-N**.

Las tablas que hemos de crear son las siguientes:

Usuarios

Id	Nombre	Correo	Password

Mensajes

Id	Mensaje	Fecha	Id_usuario

La información que queremos almacenar sobre un usuario es el nombre, correo y *password* para poder identificarse en la aplicación. Toda tabla debe contener un campo identificativo único (**Primary Key**) para poder identificar el registro insertado.

Por otra parte tendremos una tabla llamada **mensajes** en la que almacenaremos el texto del mensaje, la fecha y la **id** del usuario que ha creado el mensaje, para poder identificar quién es el creador.

Para crear una nueva base de datos accedemos al menú lateral izquierdo del panel y seleccionamos **New**:

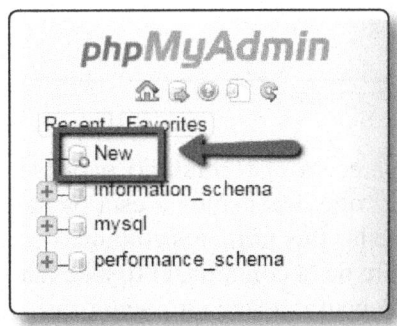

Introducimos un nombre (**db_mensajes**) y seleccionamos el tipo de codificación, en nuestro caso **utf8_general_ci**, el cual acepta tildes y caracteres especiales:

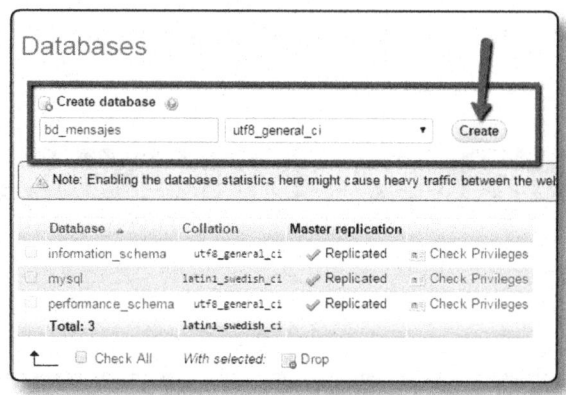

Una vez creada, podremos seleccionarla del menú lateral izquierdo. Si presionamos sobre nuestra base de datos veremos que la primera pantalla que nos aparece es la de creación de una tabla, ya que, como mínimo, una base de datos debe contener una.

Crearemos la primera tabla, llamada **usuarios**, e indicaremos que queremos cuatro columnas:

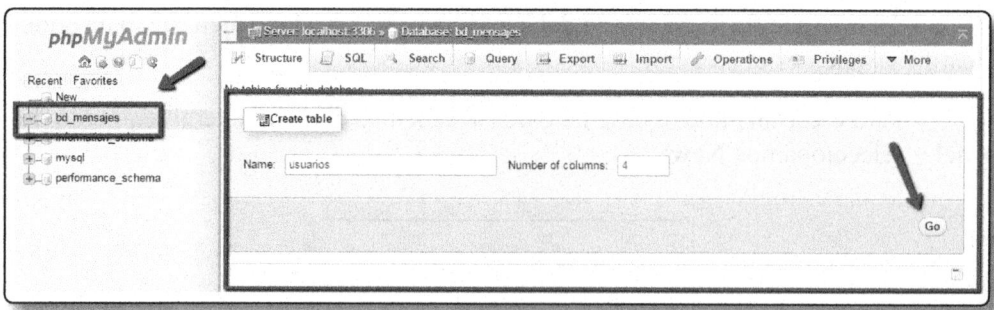

A continuación aparecerá el formulario para la creación de las columnas de la tabla. La primera vez que accedemos a esta pantalla puede parecernos muy complicada, pero realmente las tres primeras columnas son las más importantes. En ellas introducimos el nombre de la columna, el tipo de dato que podemos almacenar y la longitud del valor. Debemos tener en cuenta que solo en los datos de tipo **VARCHAR** es obligatorio indicar la longitud (255 es el máximo).

El único campo un poco diferente al resto es el primero, ya que debe ser el campo identificativo del registro. Para poder hacer un campo de tipo **Primary Key** tenemos que indicar en la columna de **Index** el valor **PRIMARY** y seleccionar el valor **A_I (Auto Increment)**. De esta forma, el índice del registro se autoincrementará de forma automática, facilitando el mantenimiento y manipulación de los registros. Introducimos el nombre, correo y *password* de tipo **VARCHAR** y la **id** de tipo **INT**, siendo **PRIMARY** y **Autoincrement**:

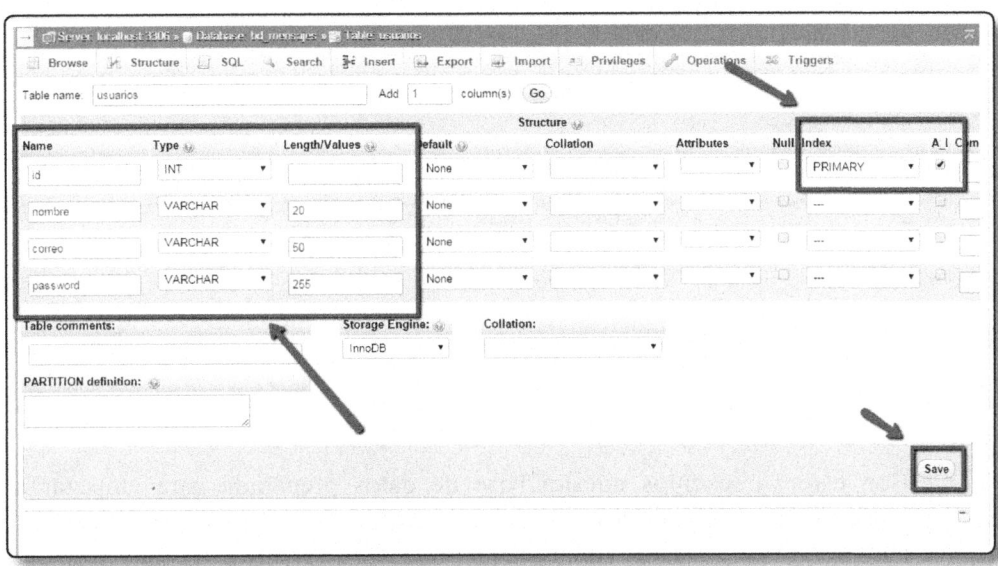

Al guardar veremos que nuestra base de datos ya contiene una tabla llamada **usuarios**. Al presionar sobre la base de datos accederemos a esta pantalla donde tendremos un listado de todas sus tablas y la opción de crear una nueva:

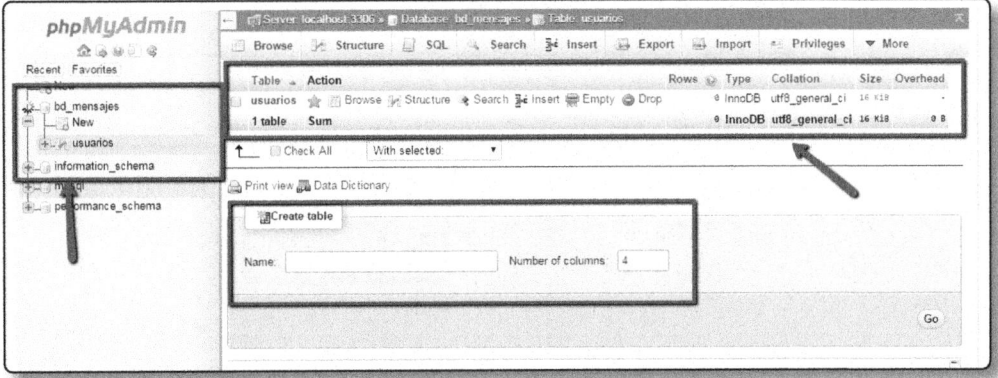

Aprovecharemos esta pantalla para crear la segunda tabla, llamada **mensajes**, formada por cuatro columnas. Rellenaremos los campos apropiados y presionaremos sobre **Guardar**. En este caso, el campo **mensaje** será de tipo **Texto**; de esta forma, podremos almacenar una descripción larga:

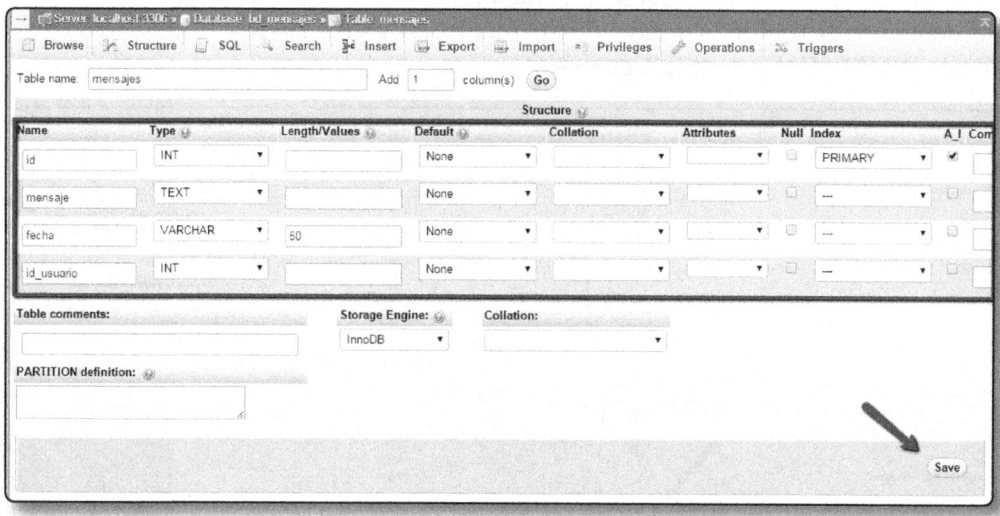

Con esto ya tenemos nuestra base de datos preparada para empezar a desarrollar con PHP la aplicación del servidor, la cual tendrá la capacidad de insertar, listar, editar y eliminar los datos almacenados.

Una vez creadas las tablas, podemos editarlas y eliminarlas. Para eliminar una tabla tenemos que presionar sobre la base de datos en el lateral izquierdo. En esta pantalla veremos un botón para eliminar una tabla:

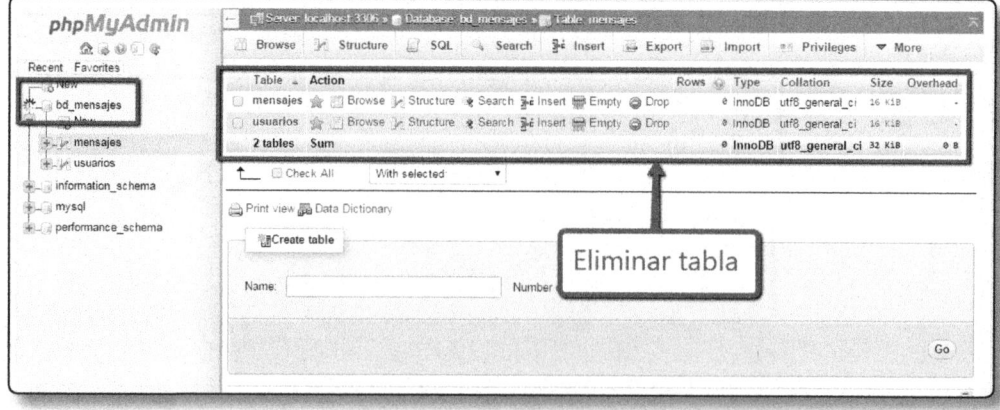

Si presionamos sobre una tabla veremos los datos almacenados en ella. En el menú de herramientas superior podemos presionar sobre **Structure** para acceder a la pantalla de edición donde podremos añadir, eliminar o modificar campos de una tabla:

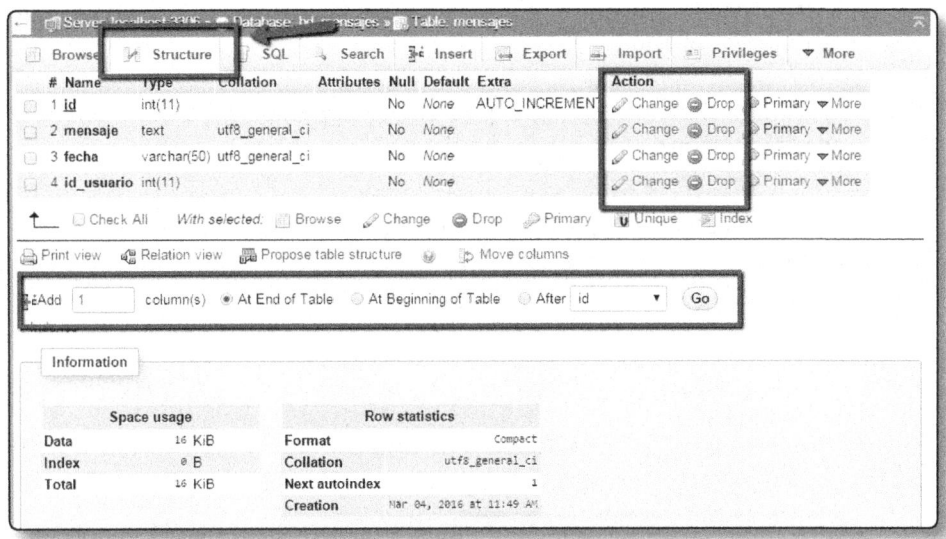

Recomiendo jugar un poco con el panel de administración para ganar soltura en la creación de bases de datos. Intenta crear una base de datos con tablas, investiga los distintos tipos de datos que podemos crear, etc.

Por último, es importante tener una copia de seguridad de la base de datos. Para realizar esta tarea, **phpMyAdmin** nos ofrece la posibilidad de exportar la base de datos. Este el mismo proceso que realizaremos para implantar la base de datos en un servidor real una vez lancemos nuestra aplicación al mercado.

Para exportar una base de datos tenemos que seleccionar del menú lateral izquierdo la base de datos de la que queramos realizar una copia de seguridad. Una vez seleccionada, en el menú de herramientas superior tendremos la opción **Export**:

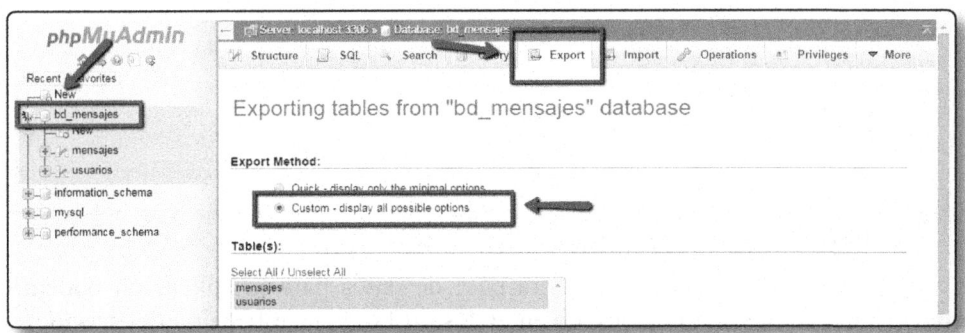

En **Export Method** seleccionaremos **Custom**. De esta forma podremos indicar qué tablas queremos exportar; y el formato:

1. **SQL**: tenemos el código SQL correspondiente para la creación de la base de datos completa.

2. **.ZIP**: un fichero **.sql** que podremos importar en otros paneles de administración.

En nuestro caso nos interesa generar un ZIP con la base de datos, por lo que, con la opción **Custom** seleccionada, buscamos el apartado **Output**, indicando que el tipo de compresión será ZIP:

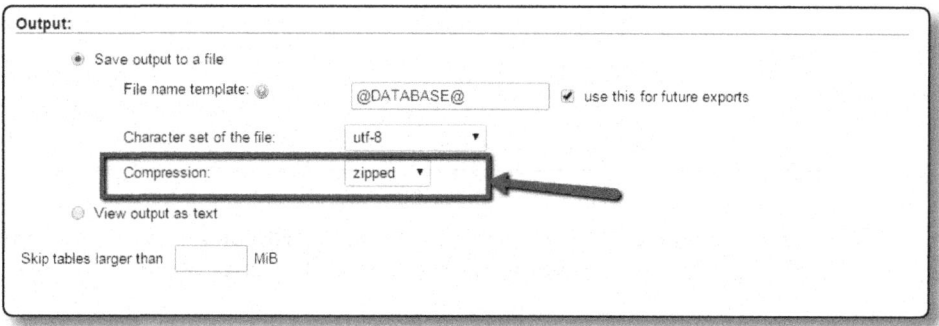

Finalmente, en la zona inferior de la pantalla **Export** (tenemos que hacer *scroll*) veremos el botón **Go**, el cual exportará nuestra base de datos:

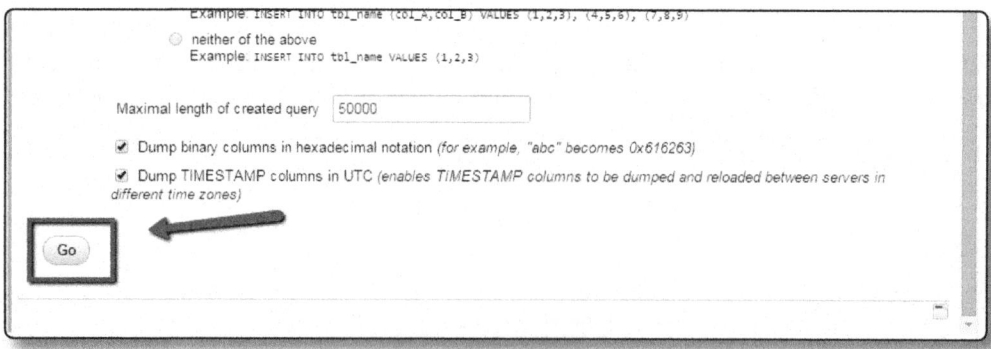

Ahora que ya tenemos nuestra base de datos para la aplicación podemos pasar al segundo punto, que consiste en el desarrollo de la aplicación del servidor.

5.4 WEB SERVICE CON PHP

El objetivo de desarrollar una aplicación de servidor es crear un servicio que cumpla las necesidades que pida el cliente. Recordemos que el cliente no es el usuario final, sino la aplicación desarrollada con iOS.

Cuando empezamos un proyecto deberían existir tres grandes etapas: análisis, diseño y, finalmente, desarrollo:

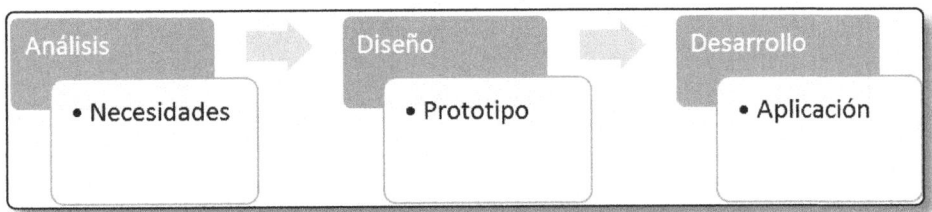

Nunca deberíamos empezar la fase de desarrollo hasta que no tengamos aprobado el diseño. En el diseño tendremos la documentación con todas las funcionalidades y pantallas que contendrá la aplicación para cumplir las necesidades de la fase de análisis.

Con las pantallas y funcionalidades definidas en la fase de diseño podremos saber los servicios que debe prestar la aplicación del servidor. Si vemos que existe un listado de mensajes sabemos que tendremos que generar una función que al ser llamada conteste con un fichero XML (al igual que en la aplicación de la previsión del tiempo).

Para el desarrollo de nuestro proyecto de mensajes tenemos las siguientes funcionalidades:

1. *Login*

2. Listado de mensajes con la fecha, nombre usuario y mensaje

3. Eliminar mensaje del propietario

4. Editar mensaje

Sabiendo estas cuatro funcionalidades podemos empezar a crear cada una de ellas.

Para desarrollar el proyecto utilizaremos el entorno de desarrollo NetBeans, instalado al principio de este tema.

Abrimos el NetBeans y creamos un nuevo proyecto de PHP, llamado **Mensajes_Service**. Recordemos que el proyecto debe de estar almacenado en la carpeta **htdocs** ubicada en la instalación del **MAMP**:

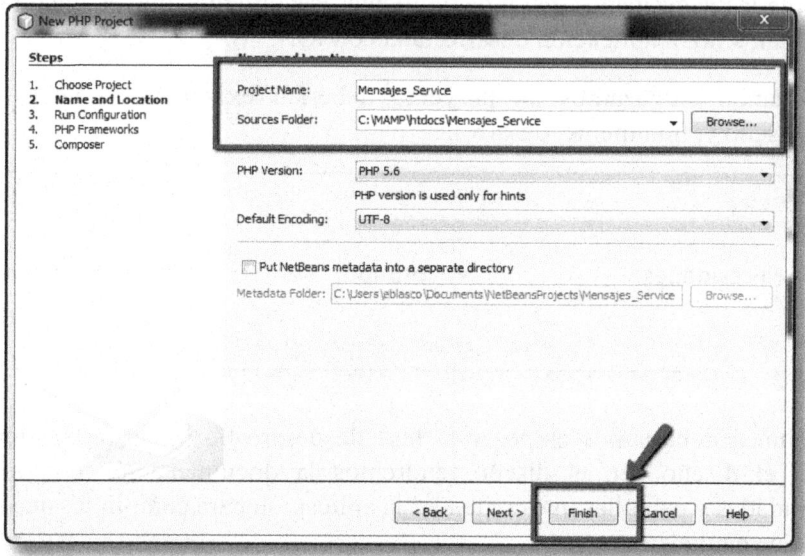

5.4.1 Fichero de conexión

Una vez creado el proyecto, crearemos un fichero responsable de realizar la conexión con la base de datos MySQL para poder realizar peticiones SQL para manipular y obtener los datos.

Este fichero lo introduciremos dentro de una carpeta llamada **inc** (**include**), ya que será un fichero que se incluirá en todas las funciones, las cuales necesitan de la conexión con la base de datos para poder trabajar. Por lo que crearemos una nueva carpeta llamada **inc** dentro de **Source Files** y dentro de ella un fichero PHP llamado **conexion.php**:

En este fichero tenemos que programar un conjunto de sentencias que consigan crear un objeto que represente a conexión con la base de datos. Por medio de este objeto podremos enviar peticiones SQL.

Los datos necesarios para establecer una conexión son cuatro:

1. Nombre de usuario de la base de datos

2. Contraseña de la base de datos

3. Nombre de la base de datos

4. Servidor donde se encuentra alojada la base de datos

Estos datos los podemos obtener en la pantalla de inicio de nuestro servidor MAMP:

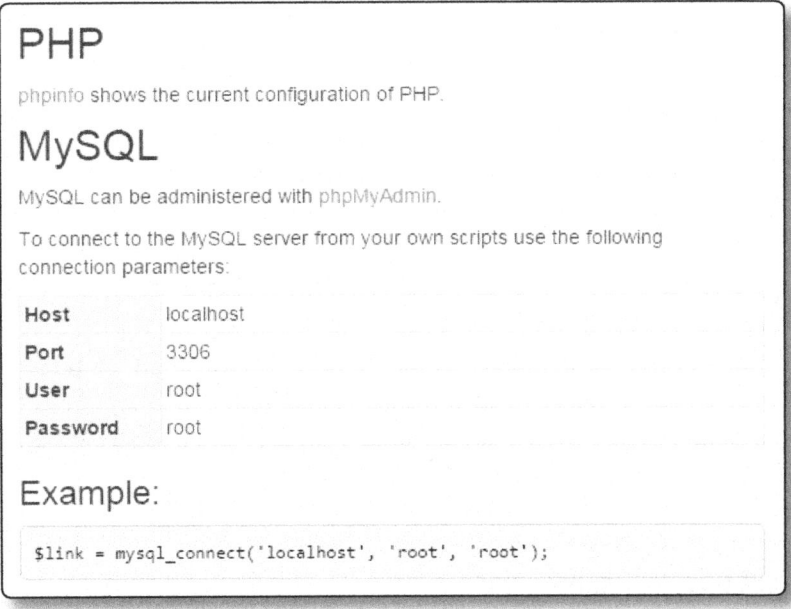

El lenguaje de programación PHP es muy sencillo. Para poder crear una variable tenemos que introducir el símbolo $ seguido del nombre de la variable:

```
$nombreVariable = valor;
```

El tipo de valor se determina según la información que se almacena en la variable. Si queremos introducir texto tenemos que utilizar las comillas:

```
$nombre = "Kike"
```

Llamar a una función es tan sencillo como introducir el nombre seguido de los parámetros de entrada necesarios:

```
Función(valor1, valor2);
```

Por lo que vamos a crear cuatro variables que contengan los datos necesarios para conectar con la base de datos y llamaremos a una función llamada **mysqli_connect()**, la cual devuelve un objeto que representa la conexión con la base de datos. Este objeto lo almacenamos en una variable llamada **$link**, que usaremos más adelante para formular peticiones a MySQL. El código, por tanto, queda de la siguiente forma:

```
<?php
/*
 * Datos de conexión a la base de datos mysql
 */
$host = "localhost";
$user = "root";
$password = "root";
$database = "bd_mensajes";
/*
 * Creamos objeto que representa la conexión con la base de
datos:
 */
$link = mysqli_connect($host, $user, $password, $database);
```

Guardamos el fichero y podemos empezar a crear las distintas funcionalidades encargadas de realizar el servidor.

5.4.2 Autentificación de usuario

La autentificación de usuario consiste en comprobar si un usuario y contraseña recibidos en nuestro servidor existen en nuestra base de datos, contestando si falla al autentificar o respondiendo con la **id** del usuario autentificado. El cliente, según el dato recibido por el servidor, accederá a la aplicación o cancelará el proceso.

Es importante saber cómo podemos recibir información enviada por el cliente. Para realizar esta tarea, PHP contiene una función que extrae todos los datos enviados al realizar la petición. Con la función **extract()** indicando el origen de los datos que queremos obtener, tendremos disponibles todas las variables enviadas por el cliente.

Los tres posibles medios por los que podemos recibir los datos son:

1. **GET**: la información se encuentra en la URL a la hora de realizar la petición. Para introducir una variable en la URL empleamos el signo de cierre de interrogación (**?**) al final de la URL seguido del nombre de la variable con su valor. Para añadir más de una variable introduciremos el ampersand (**&**) entre ellas:

2. **POST**: los datos no son visibles a simple vista, sino que se encuentran almacenados en la propia petición.

3. **REQUEST**: obtiene los datos encontrados en **GET** y **POST**.

Por lo que nosotros utilizaremos el método **REQUEST** dentro de la función **extract()** para poder obtener todos los datos enviados por el cliente:

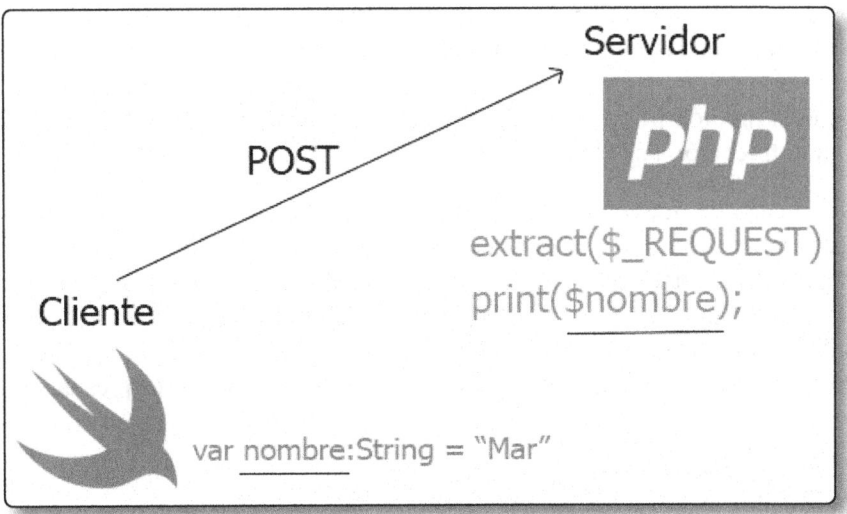

Para la autentificación deberemos enviar desde el cliente el correo y la contraseña introducidos por medio de Internet a nuestro servidor. El fichero PHP extraerá los datos y realizará la siguiente sentencia SQL:

```
SELECT id
FROM mensajes
WHERE correo = '$correo' AND password = '$password'.
```

Donde **$correo** y **$nombre** son las variables resultantes de ejecutar la función **extract()** de PHP. El valor de estas variables contendrá los datos enviados por el cliente.

En la sentencia SQL lo importante es el condicional. Estamos indicando que queremos la **id** de aquel usuario donde coincidían el correo y el *password* introducidos. Si encuentra alguna coincidencia obtendremos la **id** del usuario que ha realizado la autentificación; si no coincide esta condición con ningún registro de la base de datos, tendremos cero resultados. Lo que significa que el usuario ha introducido mal el usuario o la contraseña.

Para ejecutar una sentencia SQL utilizamos la función PHP **mysqli_query($link, $query);** indicando el objeto que representa la conexión y la sentencia SQL.

El objeto con la conexión lo tenemos gracias a que hemos incuido el fichero **conexión.php**.

Una vez ejecutada la sentencia, almacenaremos el resultado en una variable para comprobar con la función **mysqli_num_rows()** el número de filas de la sentencia. Si el resultado es cero significa que el usuario o la contraseña son incorrectos, por lo que con la función **print** contestaremos al cliente con el valor **false** para indicarle que la autentificación ha fallado.

En caso de que tengamos una fila, eso implica que existe una coincidencia en nuestra tabla de la base de datos con dicha condición. Por lo que el usuario y la contraseña son correctos. Con la función **mysqli_fetch_assoc()** podemos extraer y almacenar en una variable un *array* cuyas claves coinciden con el nombre del campo de la tabla resultante de ejecutar la sentencia SQL. En este caso la clave que queremos extraer es el campo **id.** El código del fichero de **login.php** es el siguiente:

```
<?php
//Incluimos el fichero que contiene la conexión
include './inc/conexion.php';
//extraemos todos los datos enviados por el cliente
extract($_REQUEST);
```

```
//Preparamos la sentencia sql para comprobar el usuario:
// $nombre y $password son las variables resultantes al ex-
traer los datos
$query = "SELECT id FROM usuarios WHERE correo='$correo' AND
password = '$password'";
//Ejecutamos la sentencia y almacenamos el resultado en una
variable:
$result = mysqli_query($link, $query);
//Comprobamos si tenemos resultados.
//Si no tenemos resultados significa que el usuario o contra-
seña son incorrectos
if(mysqli_num_rows($result) == 0){
    //contestamos con error
    print "false";
}else{
    //tenemos resultados por lo que el usuario y la contrase-
ña son correctos
    //obtenemos la id del usuario que ha realizado la auten-
tificación
    $fila = mysqli_fetch_assoc($result);
    print $fila['id'];
}
```

5.4.3 Registro de usuario

El registro de un usuario es un proceso complicado, ya que pueden aparecer muchos problemas de seguridad. El primer paso que debemos dar es comprobar que el usuario que intenta registrar no exista en nuestra base de datos. Para esta ocasión hemos decidido que el campo único por el que se identifican los usuarios es el correo. Por tanto, tenemos que comprobar que el correo recibido no exista en la tabla **usuarios**. Con la siguiente sentencia buscamos un correo:

```
$query = "SELECT correo FROM usuarios WHERE correo= '$co-
rreo'";
```

Donde **$correo** es la variable enviada por el cliente. Al ejecutar esta sentencia podemos contar el número de filas resultantes. Si obtenemos al menos una significa que el correo ya existe, por lo que no podremos insertar el usuario. En caso contrario obtenemos todos los datos y los insertamos. Una vez insertados, es interesante recuperar la **id** del usuario recién almacenado para poder devolvérsela al cliente:

```
<?php
//Incluimos el fichero que contine la conexión
include './inc/conexion.php';
```

```
//extraemos todos los datos enviados por el cliente
extract($_REQUEST);
//Sentencia para comprobar que el usuario no existe
$query = "SELECT correo FROM usuarios WHERE correo= '$co-
rreo'";
//ejecutamos
$result = mysqli_query($link, $query);
//contamos resultados, sino no tenemos filas insertamos el
usuario
//ya que significa que no existe el correo, en caso contrario
indicaremos
//que no podemos crear el usuario porque el correo ya existe:
if(mysqli_num_rows($result)>0){
    //Existe el correo
    echo "false";
}else{
   //Sentencia para crear un usuario
    $query = "INSERT INTO usuarios (nombre,correo,password)
VALUES ('$nombre','$correo',$password)";
    //Ejecutamos la sentencia
    mysqli_query($link, $query);
    //Sentencia para obtener la id del usuario recién inser-
tado
    $query = "SELECT id FROM usuarios WHERE
correo='$correo'";
    //Ejecutamos sentencia
    $result = mysqli_query($link, $query);
    //obtenemos la id
    $fila = mysqli_fetch_assoc($result);
    //contestamos al cliente:
    print $fila["id"];
}
```

5.4.4 Listado de mensajes

Ahora vamos a crear un listado de mensajes generando un XML para que pueda ser leído por el cliente.

Creamos el fichero PHP dentro de nuestra carpeta **Source Files** llamado **listaMensajes.php**. El primer paso es ver la sentencia SQL que tenemos que ejecutar para obtener los datos. Queremos todos los datos encontrados dentro de la tabla **Mensajes**, por lo que la sentencia es muy sencilla:

```
SELECT * FROM mensajes
```

Una vez tengamos la sentencia, la ejecutamos y almacenamos en una variable:

```
$result = mysqli_query($link, $query);
```

Recordemos que la variable **$link** la tenemos gracias a que hemos incluido el fichero **conexión**, al igual que hicimos con el fichero de *login*.

Para crear un fichero XML en PHP introducimos el siguiente código:

```
$xml = new SimpleXMLElement('<mensajes/>');
```

Donde introducimos entre paréntesis el nombre del nodo principal. **$xml** representa a nuestro fichero XML, pero tenemos que introducir subnodos con la información deseada.

Para obtener los datos de le sentencia ejecutada utilizamos la función **mysqli_fetch_assoc($result)** introduciendo los resultados que queremos obtener. Esta función obtiene los datos de una fila cada vez que es llamada, devolviendo **false** en caso de no existir más filas. Por eso introducimos la función dentro de un bucle **while** para ir obteniendo las filas de una en una, almacenando dicha información en una variable llamada **$fila**:

```
while($fila= mysqli_fetch_assoc($result)){
}
```

Por cada fila obtenida nos interesa crear un nodo dentro de nuestro XML. El primer paso es crear el nodo que indica que tenemos un mensaje. Con la función **addChild** añadimos un hijo a nuestro XML principal. En este caso, llamado **mensaje**. La referencia del nodo recién creado lo almacenaremos en una variable llamada **$mensaje**:

```
$mensaje = $xml->addChild("mensaje");
```

Dentro de cada nodo, **mensaje** contendrá la información obtenida de la sentencia SQL:

```
$mensaje->addChild("id",$fila['id']);
$mensaje->addChild("mensaje",$fila['mensaje']);
$mensaje->addChild("fecha",$fila['fecha']);
$mensaje->addChild("id_usuario",$fila['id_usuario']);
```

Para terminar tenemos que pintar por pantalla el XML resultante:

```
Header('Content-type: text/xml');
print($xml->asXML());
```

Si probamos nuestra aplicación aparecerá un listado XML (introduce datos de forma manual en MySQL para poder realizar la prueba). El resultado debe ser parecido al siguiente:

```
▼<mensajes>
  ▼<mensaje>
      <id>1</id>
      <mensaje>Esto es un mensaje de prueba</mensaje>
      <fecha>01/03/2016</fecha>
      <id_usuario>1</id_usuario>
   </mensaje>
  ▼<mensaje>
      <id>2</id>
      <mensaje>Otro mensaje de prueba</mensaje>
      <fecha>07/03/2016</fecha>
      <id_usuario>1</id_usuario>
   </mensaje>
</mensajes>
```

El código del fichero PHP queda de la siguiente forma:

```php
<?php
//Incluimos el fichero que contine la conexión
include './inc/conexion.php';
//Sentencia para seleccionar todos los mensajes de la tabla.
$query = "SELECT * FROM mensajes";
//Ejecutamos la sentencia y almacenamos el resultado en una
variable:
$result = mysqli_query($link, $query);
//Creamos el fichero xml indicando la etiqueta root
$xml = new SimpleXMLElement('<mensajes/>');

//Recorremos fila a fila
while($fila=  mysqli_fetch_assoc($result)){
    //creamos el nodo mensaje
    $mensaje = $xml->addChild("mensaje");
    //dentro de mensajes creamos los subnodos con el valor de
la fila
    $mensaje->addChild("id",$fila['id']);
    $mensaje->addChild("texto",$fila['mensaje']);
    $mensaje->addChild("fecha",$fila['fecha']);
    $mensaje->addChild("id_usuario",$fila['id_usuario']);
}
//Pintamos el XML para el cliente
Header('Content-type: text/xml');
print($xml->asXML());
```

Podemos observar en el XML generado que obtenemos la **id** del usuario que ha generado el mensaje, pero nos interesaría poder saber su nombre. Tendremos que modificar la sentencia SQL para obtener el nombre del usuario que ha creado el mensaje. En esta ocasión vemos que la información deseada se encuentra en una tabla nueva, por lo que participan dos tablas en la sentencia. En este caso tendremos que usar un **INNER JOIN**; la tabla **mensajes** será la principal y **usuarios** la secundaria donde obtendremos el nombre del usuario según la **id_usuario** obtenida. Modificamos nuestra sentencia SQL, la cual quedará de la siguiente forma:

```
$query = "SELECT mensajes.*, usuarios.nombre FROM mensajes
INNER JOIN usuarios ON mensajes.id_usuario = usuarios.id";
```

Para terminar debemos crear en el bucle **while** el nuevo nodo para nuestro XML:

```
$mensaje->addChild("nombre",$fila['nombre']);
```

Si ejecutamos ahora nuestro fichero, tendremos un XML más completo:

```
▼<mensajes>
  ▼<mensaje>
     <id>1</id>
     <mensaje>Esto es un mensaje de prueba</mensaje>
     <fecha>01/03/2016</fecha>
     <id_usuario>1</id_usuario>
     <nombre>Enrique</nombre>
  </mensaje>
```

5.4.5 Crear mensaje

Crear un mensaje (**nuevoMensaje.php**) es tan sencillo como preparar la sentencia SQL que inserte toda la información necesaria dentro la tabla **mensaje** y ejecutarla. Una vez realizada esta acción contestamos al cliente indicando que el mensaje ha sido insertado. Para insertar un mensaje necesitamos la **id** del usuario y el mensaje, la fecha será obtenida del sistema. La sentencia SQL queda de la siguiente forma:

```
$query = "INSERT INTO mensajes (mensaje,fecha,id_usuario) VA-
LUES ('$mensaje','$fecha',$id_usuario)";
```

En esta ocasión será el servidor quien inserte la fecha, por lo que antes de crear la sentencia tenemos que obtener la fecha y la hora del sistema. Con PHP podemos ejecutar la función **getDate()**, la cual obtiene la fecha completa almacenando el resultado en un *array*:

```
Array
(
    [seconds] => 40
    [minutes] => 58
    [hours]   => 21
    [mday]    => 17
    [wday]    => 2
    [mon]     => 6
    [year]    => 2003
    [yday]    => 167
    [weekday] => Tuesday
    [month]   => June
    [0]       => 1055901520
)
```

Una vez tengamos la fecha podemos montar el **String** con la información que nos interese:

```
//Creamos la fecha:
$hoy = getdate();
$fecha=$hoy[mday]."/".$hoy[mon]."/".$hoy[year]."-".$hoy[hours
].":".$hoy[minutes].":".$hoy[seconds];
```

Con el punto realizamos la concatenación, al igual que el símbolo + con Swift.

El código final del fichero para insertar un mensaje es el siguiente:

```
<?php
//Incluimos el fichero que contine la conexión
include './inc/conexion.php';
//extraemos todos los datos enviados por el cliente
extract($_REQUEST);
//Creamos la fecha:
$hoy = getdate();
$fecha = $hoy[mday]."/".$hoy[mon]."/".$hoy[year]."-".$hoy[hou
rs].":".$hoy[minutes].":".$hoy[seconds];
//Sentencia para eliminar el mensaje indicado. La variable
$id_mensaje es obtenida del cliente
$query = "INSERT INTO mensajes (mensaje,fecha,id_usuario) VA-
LUES ('$mensaje','$fecha',$id_usuario)";
```

```
//Ejecutamos la sentencia
mysqli_query($link, $query);
//contestamos al cliente:
print "insertado";
```

5.4.6 Eliminar mensaje

Un usuario podrá eliminar mensajes escritos por él. Tendremos que crear un fichero en el servidor, el cual reciba el código del mensaje y lo elimine de la tabla llamado **eliminarMensaje.php**. Este proceso es muy sencillo en PHP, ya que tan solo tendremos que ejecutar la sentencia que elimine el mensaje y terminar la función contestando al cliente si ha sido posible o no.

La sentencia SQL:

```
$query = "DELETE FROM mensajes WHERE id = $id_mensaje";
```

Donde la variable **$id_mensaje** es obtenida al extraer los datos del cliente.

Una vez tengamos la sentencia ejecutamos y contestamos al cliente:

```
//Ejecutamos la sentencia
mysqli_query($link, $query);
//contestamos al cliente:
print "elimninado";
```

Esta vez no almacenamos en una variable la tabla resultante de ejecutar la sentencia, ya que no estamos realizando obteniendo datos.

El código del fichero queda de la siguiente forma:

```
<?php
//Incluimos el fichero que contine la conexión
include './inc/conexion.php';
//extraemos todos los datos enviados por el cliente
extract($_REQUEST);
//Sentencia para eliminar el mensaje indicado. La variable
$id_mensaje es obtenida del cliente
$query = "DELETE FORM mensajes WHERE id = $id_mensaje";
//Ejecutamos la sentencia
mysqli_query($link, $query);
//contestamos al cliente:
print "elimninado";
```

5.4.7 Editar mensajes

El último fichero que nos falta (**editarMensaje.php**) sería el de editar mensajes. Al igual que ocurre con el de eliminar, es un fichero muy sencillo. Lo único que necesitamos es todos los datos por parte del cliente y crear la sentencia SQL de actualizar según la **id** del mensaje a editar:

```
$query = "UPDATE MENSAJES SET mensaje='$mensaje' WHERE id =
$id_mensaje";
```

Recordamos que las variables de la sentencia son obtenidas al extraer los datos del cliente:

```
extract($_REQUEST);
```

Finalmente ejecutamos la sentencia y contestamos al cliente. El código final queda de la siguiente forma:

```
<?php
//Incluimos el fichero que contine la conexión
include './inc/conexion.php';
//extraemos todos los datos enviados por el cliente
extract($_REQUEST);
//Sentencia para eliminar el mensaje indicado. La variable
$id_mensaje es obtenida del cliente
$query = "UPDATE MENSAJES SET mensaje='$mensaje' WHERE id =
$id_mensaje";
//Ejecutamos la sentencia
mysqli_query($link, $query);
//contestamos al cliente:
print "editado";
```

5.4.8 Postman

Con todo esto ya tendríamos nuestro servidor preparado para recibir peticiones por parte del cliente. Podemos efectuar pruebas de rendimiento y funcionamiento antes de empezar con el cliente instalando la aplicación Postman para Chrome:

En Chrome accedemos a **Configuración** → **Extensiones** → **Obtener más extensiones** y buscamos la aplicación Postman:

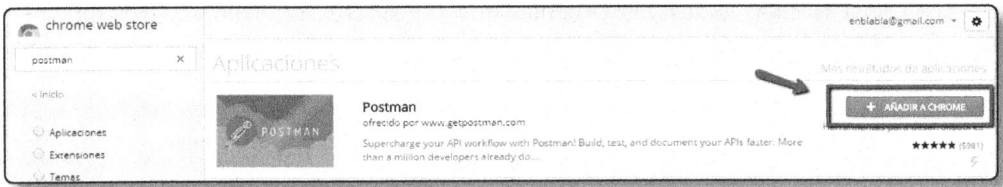

Una vez instalada podemos acceder por medio del menú de aplicaciones de Chrome. Al ejecutarlo nos aparecerá la opción de autentificar, pero podemos saltar este paso:

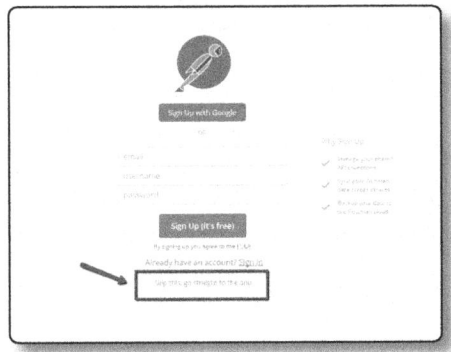

En Postman podemos introducir la URL del servidor que queramos probar, seleccionamos el tipo de envío **Post** e introducimos todas las variables que necesita el fichero para poder funcionar. Si queremos probar a insertar un mensaje introduciremos la URL correspondiente y las variables de mensaje e **id_usuario**:

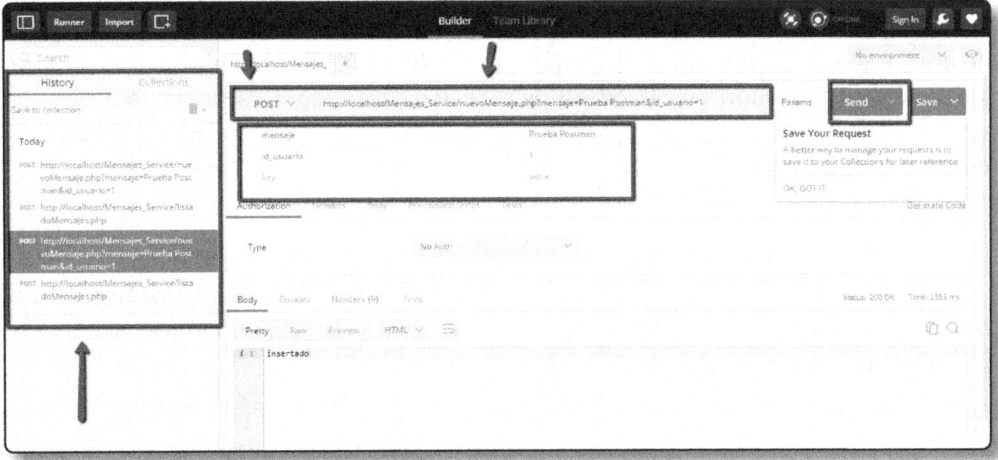

Lleva a cabo todas las pruebas que consideres oportunas. Crea nuevos usuarios, elimina mensajes, edita y lista para probar que todo funciona correctamente antes de pasar a la aplicación cliente.

El proyecto creado con NetBeans queda de la siguiente forma:

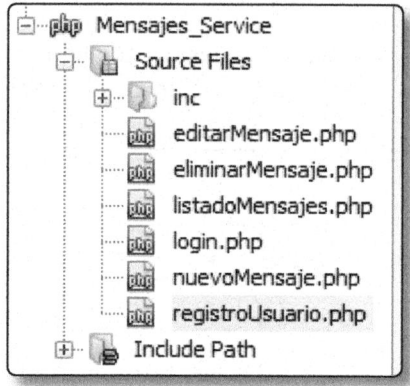

5.5 CONECTAR CON EL SERVIDOR

Una vez tengamos preparada la aplicación del servidor podemos empezar a desarrollar en iOS el cliente. En esta aplicación crearemos un **Login** para identificar al usuario previamente registrado. Una vez dentro de la aplicación podremos ver todos los mensajes escritos por los usuarios, donde añadiremos nuevos.

En esta aplicación existen dos fases principales. La lectura de datos para mostrar todos los mensajes utilizando un fichero XML generado por nuestra aplicación del servidor, cuyo código para realizar esta tarea ya conocemos por la práctica del tiempo realizada anteriormente, y el envío de datos al servidor para realizar el **login**, registro y crear un nuevo mensaje cuyo proceso aprenderemos con esta práctica.

Para empezar crearemos un nuevo proyecto para iOS en Xcode creando como pantalla inicial un **Navigation Controller**. El **root** será una **View** normal en la que encontraremos el **login**. No olvidemos crear el controlador de la vista de tipo **ViewController** llamado **LoginViewController.swift**.

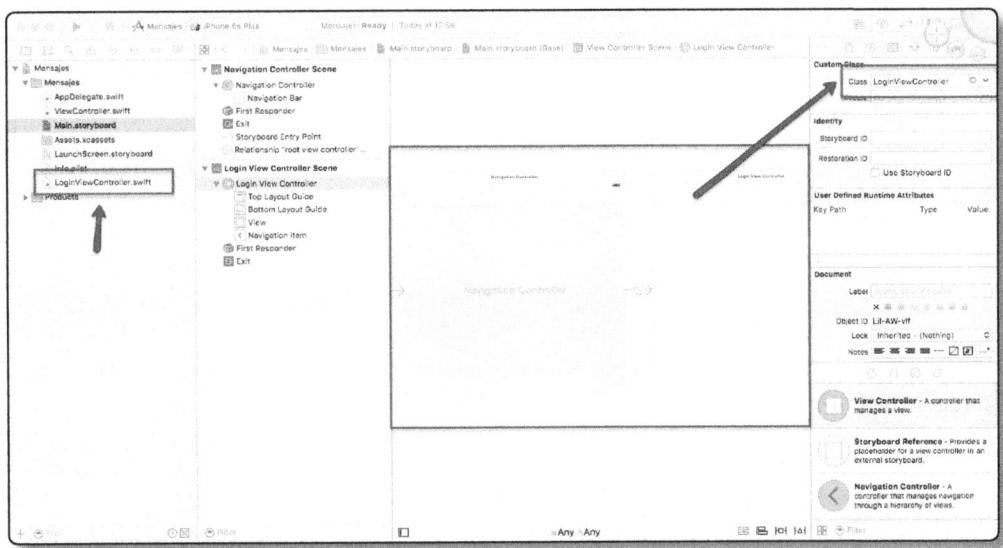

Diseñamos la ventana de **login** para poder introducir nuestro correo y la contraseña. Insertaremos dos botones para realizar la autentificación y el registro. La ventana tiene el siguiente aspecto:

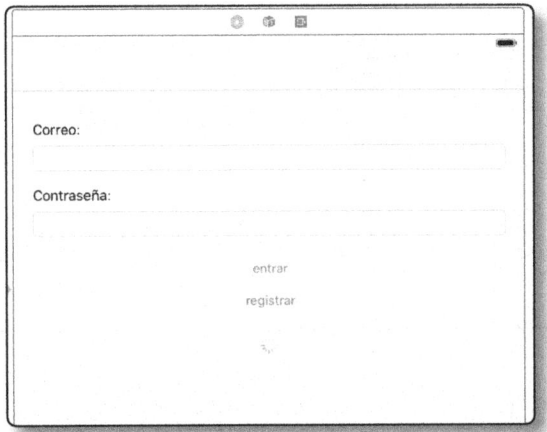

Introduciremos un **Activity Indicator View** y en el **Text Field** de la contraseña marcaremos la opción de **Secure Text Entry**:

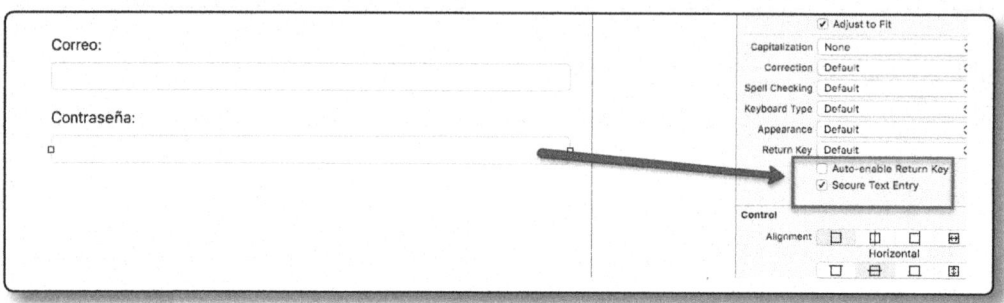

Ahora añadimos una nueva **View** con su controlador para diseñar la ventana de registro. Esta ventana será llamada al presionar sobre el botón de registro:

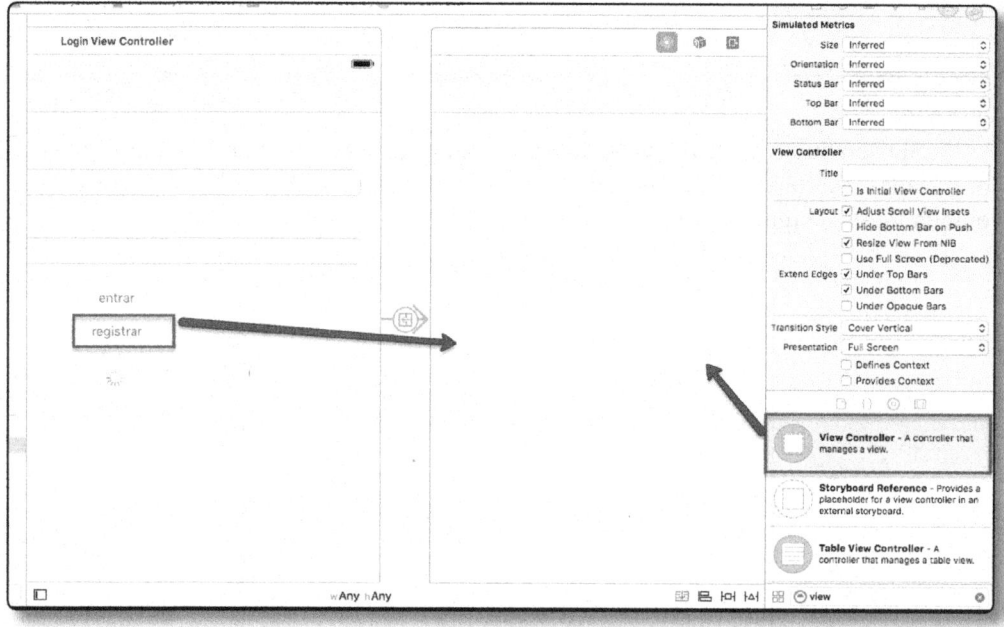

Recordemos que para mostrar una nueva ventana, al presionar en un botón debemos seleccionar con la tecla **Ctrl** el botón y arrastrar a la ventana que haya que mostrar. En el menú que aparecerá seleccionamos **show**.

Creamos el controlador llamado **RegistroViewController.swift** y diseñamos la vista para introducir los datos necesarios en el registro. El servidor necesita de un nombre, correo y password por lo que introduciremos tres **TextFields**. Finalmente añadimos un **Activity Indicator View** y el botón para registrar:

5.5.1 Registro

Con estas dos ventanas ya podemos empezar a programar. Primero vamos a permitir que se pueda registrar un usuario. Este proceso es muy sencillo, tenemos que obtener el valor de los **TextFields** (no olvidemos realizar los **Outlets**) y enviárselos a nuestro fichero PHP que se encuentra en el servidor, el cual almacenará dicha información en la base de datos.

Crearemos un **Action** (al que llamaremos **registrar**) en el que realizaremos todo el proceso de enviar las variables al servidor y definiremos una variable de clase llamada **respuesta** para almacenar el mensaje del PHP. Por lo que nuestro controlador de registro queda:

```
import UIKit
class RegistroViewController: UIViewController {
    @IBOutlet weak var txtNombre: UITextField!

    @IBOutlet weak var txtCorreo: UITextField!

    @IBOutlet weak var txtPassword: UITextField!

    @IBOutlet weak var loading: UIActivityIndicatorView!

  var respuesta:String?;
  override func viewDidLoad() {
      super.viewDidLoad()
  }
  @IBAction func registrar(sender: AnyObject) {
  }
}
```

El proceso para enviar datos a un servidor consta de los siguientes pasos:

1. Preparar la información que se va a enviar al servidor: tendremos que identificar el nombre de las variables que necesita PHP para realizar la tarea. Las identificaremos porque son aquellas que utilizan el símbolo $, por ejemplo:

```
//Sentencia para crear un usuario
    $query = "INSERT INTO usuarios (nombre,correo,password)
VALUES ('$nombre','$correo',$password)";
```

En esta sentencia PHP de nuestra aplicación vemos que necesita tres variables —**nombre**, **correo** y **password**— para insertar en la tabla usuarios, por lo que en la aplicación de iOS crearemos estas tres variables para enviárselas al servidor con el mismo nombre.

2. Preparar el método de envío (**POST/GET**), la dirección (URL donde se encuentran alojados nuestros ficheros PHP) y empaquetar la información que se vaya a enviar.

   La dirección la podemos obtener si navegamos con MAMP activo al fichero que queramos lanzar, en mi caso es el siguiente:

   http://localhost:8888/Mensajes_Service/registroUsuario.php

   Podemos ver que tenemos **localhost**. **Localhost** apunta a la máquina local pero tenemos que pensar que estamos programando en la aplicación cliente, por lo que ejecutaremos la aplicación desde un dispositivo móvil. Si dejamos la palabra **localhost** intentará buscar el fichero en el propio dispositivo y no en nuestro ordenador, donde tenemos programado el servidor. Por eso tenemos que introducir la dirección indicando la IP de nuestro ordenador y no la palabra **localhost** para que, si estamos en la misma red local, pueda acceder al fichero PHP y de esta forma enviarle las variables necesarias:

   http://192.168.1.37:8888/Mensajes_Service/registroUsuario.php

3. Crear un proceso que, con la información preparada, envíe los datos a la dirección indicada utilizando un hilo en *background*. Este proceso terminará de forma automática cuando reciba la respuesta del servidor; puede tener un error en caso de no poder establecer la conexión o la respuesta del fichero PHP.

4. Una vez tengamos la respuesta de PHP significa que todo se ha realizado correctamente, por lo que podremos analizar la respuesta y actuar según su valor.

Para realizar este proceso tenemos que cancelar el hilo creado al lanzar el proceso para poder llamar a una función de nuestra clase y de esta forma analizar la respuesta:

```
dispatch_async(dispatch_get_main_queue(), {

                self.comprobarRespuesta();

        });
```

Crearemos una nueva función llamada **comprobarRespuesta**, que será llamada una vez finalice el proceso de envío de datos al fichero PHP:

```
@IBAction func registrar(sender: AnyObject) {
}

func comprobarRespuesta(){
}
```

Y ahora podemos ver cómo queda nuestra función de registrar traduciendo los cuatros pasos anteriores a código:

```
@IBAction func registrar(sender: AnyObject) {

        //1° Mostrar el loading
        loading.hidden = false;
        //2° Preparamos el paquete
        let nombre = txtNombre.text!;
        let password = txtPassword.text!;
        let correo = txtCorreo.text!;
        let datos = "nombre=\(nombre)&password=\
(password)&correo=\(correo)";


        //Dirección de envio:
        let URL:String = "http://192.168.1.37:8888/Mensajes_
Service/registroUsuario.php";
        let request = NSMutableURLRequest(URL: NSURL(string:
URL)!);
        //Método de envio:
        request.HTTPMethod = "POST";
        //Información a enviar:
        request.HTTPBody = datos.dataUsingEncoding(NSUTF8Stri
ngEncoding);
```

```
            //4°CREAR UN PROCESO NUEVO PARA ENVIAR LA INFORMACIÓN
            let proceso = NSURLSession.sharedSession().dataTaskWi
thRequest(request,completionHandler:{(data:NSData?,response:N
SURLResponse?,error:NSError?) in

                //En caso de error finalizamos tarea
                if error != nil{
                    self.respuesta = "Error";
                    self.comprobarRespuesta();

                //Sino teneos error obtendremos la respuesta del
fichero PHP
                }else{

                    self.respuesta = NSString(data: data!, enco-
ding: NSUTF8StringEncoding) as? String;

                    //Cancelamos el proeceso actual y volvemos al
principal:
                    dispatch_async(dispatch_get_main_queue(), {
                        //Llamar a la función de la clase para
analizar la respuesta:
                        self.comprobarRespuesta()
                    });
                }

            });
            //5°Lanzar el proceso
            proceso.resume()


    }
```

1. Variables para el fichero PHP:

```
//1° Mostrar el loading
        loading.hidden = false;
        //2° Preparamos el paquete
        let nombre = txtNombre.text!;
        let password = txtPassword.text!;
        let correo = txtCorreo.text!;
        let datos = "nombre=\(nombre)&password=\
(password)&correo=\(correo)";
```

Vemos que hemos creado tres variables con el valor de los **TextFields**, estas variables se llaman igual que las utilizadas en PHP.

2. Preparar el método de envío con la URL del fichero PHP:

```
//Dirección de envio:
        let URL:String = "http://192.168.1.37:8888/Mensa-
jes_Service/registroUsuario.php";
        let request = NSMutableURLRequest(URL:
NSURL(string: URL)!);
        //Método de envio:
        request.HTTPMethod = "POST";
        //Información a enviar:
        request.HTTPBody = datos.dataUsingEncoding(NSUTF8St
ringEncoding);
```

3. Crear el proceso de envío y esperar respuesta:

```
/4°CREAR UN PROCESO NUEVO PARA ENVIAR LA INFORMACIÓN
        let proceso = NSURLSession.sharedSession().dataTask
WithRequest(request,completionHandler:{(data:NSData?,respon
se:NSURLResponse?,error:NSError?) in

            //En caso de error finalizamos tarea
            if error != nil{
                self.respuesta = "Error";
                self.comprobarRespuesta();

            //Sino teneos error obtendremos la respuesta
del fichero PHP
            }else{

                self.respuesta = NSString(data: data!, en-
coding: NSUTF8StringEncoding) as? String;

                //Cancelamos el proeceso actual y volvemos
al principal:
                dispatch_async(dispatch_get_main_queue(), {
                    //Llamar a la función de la clase para
analizar la respuesta:
                        self.comprobarRespuesta()

                });
            }

        });
        //5°Lanzar el proceso
        proceso.resume()
```

Una vez mate el proceso y llamemos a la función **comprobarRespuesta**, significa que ya ha terminado todo: los datos han sido enviado y podemos seguir con nuestra aplicación. Si analizamos la respuesta almacenada en la variable **respuesta**, podremos mostrar un mensaje al usuario indicando que ya se encuentra registrado o que ha habido un error al intentar realizar la conexión.

Este código tiene una ventaja y es que siempre es el mismo para cualquier petición a un servidor. Lo único que cambia son las variables de envío y la dirección, el resto es exactamente igual.

Finalmente, programaremos nuestra función de comprobar respuesta. El servidor puede contestar con la **id** del usuario registrado o con **false** en caso de que ya exista, por lo que con un **Switch** podemos mostrar un mensaje de alerta en caso de error o navegar a la pantalla de **login**. La función queda de la siguiente forma:

```
func comprobarRespuesta(){
        //Ocultamos el loading
        loading.hidden = true;

        //Analizamos respuesta de PHP
        switch(respuesta!){

        case "false":
            let alert:UIAlertView = UIAlertView(title: "Men-
saje IOS", message: "Ya existe el usuario, vuelva a inten-
tar", delegate: nil, cancelButtonTitle: "Ok");
            alert.show();
            break;
        case "Error":
            let alert:UIAlertView = UIAlertView(title: "Men-
saje IOS", message: "Error al registrar, vuelva a intentar",
delegate: nil, cancelButtonTitle: "Ok");
            alert.show();
            break;
        default:
            let alert:UIAlertView = UIAlertView(title: "Men-
saje IOS", message: "Usuario registrado", delegate: nil, can-
celButtonTitle: "Ok");
            alert.show();
            //Volvemos a la ventana de login
            self.navigationController?.popViewControllerAnima
ted(true);

        }
    }
```

5.5.2 Login

El **login** es exactamente igual que el registro, pero enviando otras variables y llamando a otro fichero PHP.

En el controlador de **login** crearemos los **Outlets** de los **TextFields** para poder obtener su información, así como un **action** para envíar dicha información al servidor. Crearemos la función para recibir la respuesta y navegaremos a la pantalla donde se listan todos los mensajes.

Antes de ponernos a programar tenemos que pensar para qué sirve la autentificación de usuario. La principal tarea consiste en identificar de algún modo al usuario que utiliza la aplicación. Esta identificación se puede realizar de muchas formas, en nuestro caso hemos programado en el servidor que, cada vez que se registra un usuario, obtenemos una **ID** única para él, la cual es enviada al proyecto cliente. Esta **ID** será crucial para el resto de las ventanas, ya que mostraremos una información determinada según la **ID** obtenida. (En Facebook veo las entradas para mi usuario). Para poder tener acceso a dicha **ID** desde cualquier ventana tenemos que almacenarla en algún sitio de donde el resto de vistas puedan obtener dicha información.

En iOS existe un almacenamiento local para cada aplicación instalada. En ella podemos almacenar variables con persistencia de valor accesibles desde cualquier ventana dentro de una misma aplicación. Por lo que en la autentificación de usuario, una vez tengamos la **ID** del usuario por parte de PHP, almacenaremos dicho valor en el almacenamiento local del dispositivo. En el resto de ventanas podremos hacer una lectura de la variable para saber qué usuario ha sido autentificado y poder mostrar la información correspondiente. También podemos usar esta funcionalidad para recordar al usuario autentificado y no tener que pedir cada vez la contraseña. Si al acceder a la ventana de **login** tenemos almacenada la variable con la **ID** de usuario significa que ya ha sido autentificado, por lo que le redireccionaremos directamente a la aplicación principal. En caso de no existir significa que no ha sido nunca autentificado, por lo que le pediremos que introduzca el correo y la contraseña.

Para poder almacenar una variable en el almacenamiento local crearemos un objeto con:

```
NSUserDefaults.standardUserDefaults();
```

Con la función **setObject** añadimos una variable, indicando el nombre y el valor:

```
let localStorage = NSUserDefaults.standardUserDefaults();
localStorage.setObject("valor", forKey: "clave");
```

Una vez creada podemos obtener el valor desde cualquier ventana con la función **stringForKey**, indicando el nombre clave de la variable:

```
let id_usuario = localStorage.stringForKey("id_usuario")
```

El resto del código para nuestra ventana de autentificación es el mismo que el de registro. Creamos los **Outlets**, preparamos los datos que se hayan de enviar, indicamos la URL del fichero PHP y, en esta ocasión, obtendremos de respuesta la **ID** del usuario o **false** en caso de que exista el correo en la base de datos. Una vez tengamos la **ID**, la almacenamos en el almacenamiento local para que pueda ser usada en el resto de las ventanas. El código del controlador para la vista de autentificación queda de la siguiente forma:

```
import UIKit
class LoginViewController: UIViewController {
    @IBOutlet weak var txtCorreo: UITextField!

    @IBOutlet weak var txtPassword: UITextField!

    @IBOutlet weak var loading: UIActivityIndicatorView!

    var respuesta:String?;

    override func viewDidLoad() {
        super.viewDidLoad()
        //COMPROBAR QUE SI TENEMOS LA ID ALMACENADA, DIRECTA-
MENTE MOSTRAMOS LA VENTANA PRINCIPAL
        let localStorage = NSUserDefaults.standardUserDe-
faults();
        if let id_usuario = localStorage.stringForKey("id_
usuario"){
            //Existe la variable id_usuario en el localStora-
ge
            //redireccionamos a la ventana principal, el lis-
tado
            let viewLista = self.storyboard?.instantiateViewC
ontrollerWithIdentifier("MensajesTableView") as! MensajesTa-
bleViewController;
            self.navigationController?.
pushViewController(viewLista, animated: false);
        }else{
            //Sino existe la variable id_usuario en el lo-
calStorage
```

```
        }
    }
    override func didReceiveMemoryWarning() {
        super.didReceiveMemoryWarning()
        // Dispose of any resources that can be recreated.
    }
    @IBAction func login(sender: AnyObject) {
        //1° Mostrar el loading
        loading.hidden = false;
        //2° Preparamos el paquete
        let correo = txtCorreo.text!;
        let password = txtPassword.text!;
        let datos = "correo=\(correo)&password=\(password)";

        //3°
        //Dirección de envio:
        let URL:String = "http://192.168.1.37:8888/Mensajes_
Service/login.php";
        let request = NSMutableURLRequest(URL: NSURL(string:
URL)!);
        //Método de envio:
        request.HTTPMethod = "POST";
        //Información a enviar:
        request.HTTPBody = datos.dataUsingEncoding(NSUTF8Stri
ngEncoding);

        //4°CREAR UN PROCESO NUEVO PARA ENVIAR LA INFORMACIÓN
        let proceso = NSURLSession.sharedSession().dataTaskWi
thRequest(request,completionHandler:{(data:NSData?,response:N
SURLResponse?,error:NSError?) in

            if error != nil{
                self.respuesta = "desconocido";

            }else{

                self.respuesta = NSString(data: data!, enco-
ding: NSUTF8StringEncoding) as? String;

            }

            dispatch_async(dispatch_get_main_queue(), {

                self.comprobarRespuesta();
```

```
        });

    });
    //5°Lanzar el proceso
    proceso.resume()


}
//FUNCIONES
func comprobarRespuesta(){
    //esdoncemos el loading
    loading.hidden = true;
    //analizamos la respuesta
    switch(respuesta!){
    case "desconocido":
        let alert:UIAlertView = UIAlertView(title: "Men-
saje IOS", message: "Error al conectar", delegate: nil, can-
celButtonTitle: "Ok");
        alert.show();
        break;
    case "false":
        let alert:UIAlertView = UIAlertView(title: "Men-
saje IOS", message: "Usuario o contraseña incorrectos", dele-
gate: nil, cancelButtonTitle: "Ok");
        alert.show();
        break;
    default:
        //almacenamos la id en el local storage
        let localStorage = NSUserDefaults.standardUserDe-
faults();
        localStorage.setObject(respuesta!, forKey: "id_
usuario");

        //Mostrar la ventana principal
        let view = self.storyboard?.instantiateViewContr
ollerWithIdentifier("MensajesTableView") as! MensajesTable-
ViewController;
        self.navigationController?.
pushViewController(view, animated: true);

        break;
    }
  }
}
```

De todo el código veremos que aparece un error justo cuando queremos navegar a la ventana principal. El error existe porque no tenemos creada la ventana destino. Si vemos el código:

```
let view = self.storyboard?.instantiateViewControllerWithIden
tifier("MensajesTableView") as! MensajesTableViewController;
            self.navigationController?.
pushViewController(view, animated: true);
```

Podemos ver que intenta instanciar un objeto por medio del Storyboard con identificación **MensajesTableView** con el controlador **MensajesTableViewController**. Esta ventana no la tenemos creada, por lo que nos genera el error.

Arrastramos a nuestro Storyboard un **TableView** e introducimos en sus propiedades una identificación dentro del Storyboard:

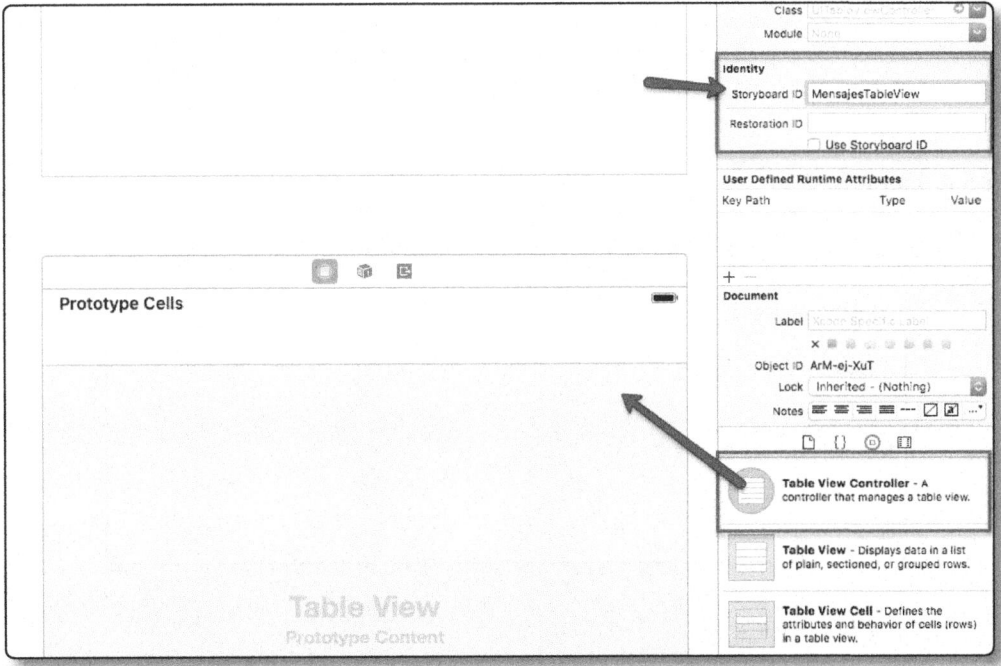

El nombre del identificador debe coincidir con el introducido al código. A continuación, creamos el controlador llamado **MensajesTableViewController.swift** y lo vinculamos a la vista. Ahora ya no tendremos el error y podremos probar nuestra aplicación. Debería poder registrar un usuario y generar la autentificación navegando a la ventana de la lista. Recuerda añadir los permisos en el fichero **plist**.

Llegados a este punto la aplicación se repite en el código. Para la lectura de los mensajes tendremos que llamar a nuestro servidor que genera el fichero XML con el que podremos crear los objetos y almacenarlos en un *array* para poder mostrarlos en la lista (mira la práctica de previsión del tiempo). En la creación de mensajes enviaremos la información solicitada por el PHP, al igual que hemos hecho en registro. Debemos tener en cuenta en obtener la **id** del usuario de nuestro almacenamiento local en aquellos casos en que sea necesario. A continuación vemos el código necesario para realizar la aplicación:

5.5.3 Mensaje.swift (el modelo)

```
import UIKit
class Mensaje: NSObject {
    var mensaje:String?;
    var fecha:String?;
    var usuario:String?;
    override init() {}
}
```

5.5.4 La celda

```
import UIKit
class TableViewCell: UITableViewCell {
    @IBOutlet weak var txtUsuario: UILabel!
    @IBOutlet weak var txtFecha: UILabel!
    @IBOutlet weak var txtMensaje: UILabel!
    override func awakeFromNib() {
        super.awakeFromNib()
        // Initialization code
    }
```

5.5.5 Mensajes Table View Controller

En el controlador de la tabla tenemos que leer el fichero XML creado por nuestro servidor PHP. Esta parte ya la conocemos, pero vamos a ver cómo podemos crear una actualización de los datos al realizar un *scroll* hacia abajo.

Si seleccionamos nuestra vista de la tabla, tiene una propiedad llamada **Refreshing** que podemos activar:

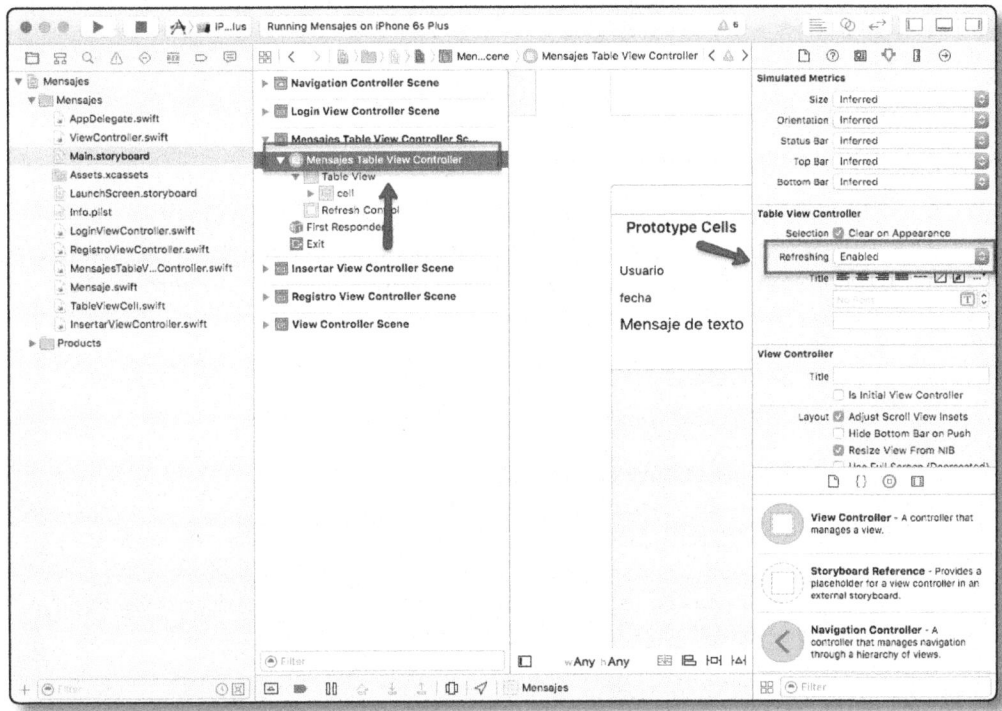

En nuestro código activar la actualización al realizar *scroll*, el cual llamará a una función llamada **loadData** que genere la lectura de los datos XML:

```
//para que funciones el refresh
self.refreshControl?.addTarget(self, action: "loadData", for-
ControlEvents: UIControlEvents.ValueChanged);
```

Para realizar el **logout** basta con navegar a la ventana de **login** eliminando previamente la variable almacenada en el almacenamiento local. El código final queda de la siguiente forma:

```
import UIKit
class MensajesTableViewController: UITableViewController,NSXM
```

```
LParserDelegate {
    //VARIABLES GLOBALES
    var listaMensajes:[Mensaje] = [];
    var mensaje:Mensaje?;

    //VARIABLES PARA EL XML
    var parser:NSXMLParser = NSXMLParser(); //el encargado de
recorrer el XML
    var textNodo:NSMutableString?; //almacenar el texto de
los nodos


    override func viewDidLoad() {
        super.viewDidLoad()

        //Añadir un botón al navigation controller
        let rightButton:UIBarButtonItem = UIBarButtonItem(ba
rButtonSystemItem: UIBarButtonSystemItem.Add, target: self,
action: "addMensaje");

        self.navigationItem.setRightBarButtonItem(rightButt
on, animated: true);

        let leftButton:UIBarButtonItem =
UIBarButtonItem(title: "Log out", style:
UIBarButtonItemStyle.Done, target: self, action: "logOut");

        self.navigationItem.setLeftBarButtonItem(leftButton,
animated: true)


        //para que funciones el refresh
        self.refreshControl?.addTarget(self, action:
"loadData", forControlEvents: UIControlEvents.ValueChanged);
    }

    override func viewWillAppear(animated: Bool) {
        //cuando aparezca esta ventana que cargue datos
        loadData();
    }

    override func viewWillDisappear(animated: Bool) {

        if (self.isMovingFromParentViewController()){
            //eliminamos la variable del localStorage
```

```
            let localStorage = NSUserDefaults.
standardUserDefaults();
            localStorage.removeObjectForKey("id_usuario");


        }
    }

    //Funciones propias:
    //===============================

    func logOut(){
        let localStorage = NSUserDefaults.
standardUserDefaults();
        localStorage.removeObjectForKey("id_usuario");
        self.navigationController?.popViewControllerAnimated(
true);
    }

    func addMensaje(){
        let insertarView = self.storyboard?.instanti
ateViewControllerWithIdentifier("InsertarView") as!
InsertarViewController;
        self.navigationController?.pushViewController(inserta
rView, animated: true)
    }


    func loadData(){
        self.refreshControl?.endRefreshing();
        listaMensajes = [];
        //INDICAR AL PARSER DONDE ESTA EL XML A PARSEAR
        parser = NSXMLParser(contentsOfURL:(NSURL(string:"ht
tp://192.168.1.37:8888/Mensajes_Service/listadoMensajes.php"
)))!)!;
        //INDICAR AL PARSER QUIEN CONTIENE LAS FUNCIONES DEL XML
        parser.delegate = self;
        //INDICAR QUE EMPIECE A PARSERAR
        parser.parse();


    }

    // MARK: - Table view data source
    //===============================
```

```swift
    override func numberOfSectionsInTableView(tableView:
UITableView) -> Int {

        return 1
    }

    override func tableView(tableView: UITableView,
numberOfRowsInSection section: Int) -> Int {

        return listaMensajes.count
    }


    override func tableView(tableView: UITableView,
cellForRowAtIndexPath indexPath: NSIndexPath) ->
UITableViewCell {
        let cell = tableView.dequeueReusableCellWithIdentifie
r("cell", forIndexPath: indexPath) as! TableViewCell

        let mensaje = listaMensajes[indexPath.row];

        cell.txtFecha.text = mensaje.fecha;
        cell.txtMensaje.text = mensaje.mensaje;
        cell.txtUsuario.text = mensaje.usuario;


        return cell
    }
    // MARK: - xml functions
    //=========================
    func parser(parser: NSXMLParser, didStartElement
elementName: String, namespaceURI: String?, qualifiedName qName:
String?, attributes attributeDict: [String : String]) {

        if elementName == "mensaje"{
            mensaje = Mensaje();
        }
        //Limpiar el texto del nodo
        textNodo = NSMutableString();

    }
    func parser(parser: NSXMLParser, foundCharacters string:
String) {
        textNodo?.appendString(string);
    }
```

```
        func parser(parser: NSXMLParser, didEndElement
elementName: String, namespaceURI: String?, qualifiedName
qName: String?) {

            if(elementName == "texto"){
                mensaje?.mensaje = textNodo as! String;
            }else if(elementName == "fecha"){
                mensaje?.fecha = textNodo as! String;
            }else if(elementName == "nombre"){
                mensaje?.usuario = textNodo as! String;
            }else if(elementName == "mensaje"){
                listaMensajes.append(mensaje!);
            }else if(elementName == "mensajes"){
                self.tableView.reloadData();

            }

        }

    }
```

5.5.6 Insertar View Controller

Finalmente tenemos la ventana para insertar un nuevo mensaje. Esta es llamada desde el botón creado de forma manual en el fichero de la tabla. El código es el mismo que el de registrar, pero llamando a un fichero PHP distinto (recordad obtener la ID del usuario del almacenamiento local):

```
import UIKit
class InsertarViewController: UIViewController {
    @IBOutlet weak var txtMensaje: UITextField!
    //GLOBALES
    let URL:String = "http://192.168.1.37:8888/Mensajes_Ser-
vice/nuevoMensaje.php";
    var respuesta:String?;
    override func viewDidLoad() {
        super.viewDidLoad()
    }
    @IBAction func enviarMensaje(sender: AnyObject) {
        //2° Preparamos el paquete
        let mensaje = txtMensaje.text!;

        //OBTENER LA ID DEL LOCALSTORAGE
        let localStorage = NSUserDefaults.standardUserDefaults();
```

```
        let id_usuario = localStorage.stringForKey("id_usuario")

        let datos = "mensaje=\(mensaje)&id_usuario=\(id_usuario!)";

        //3° El cartero:
        //Dirección de envío:
        let request = NSMutableURLRequest(URL: NSURL(string: URL)!);
        //Método de envío:
        request.HTTPMethod = "POST";
        //Información a enviar:
        request.HTTPBody = datos.dataUsingEncoding(NSUTF8Stri
ngEncoding);

        //4°CREAR UN PROCESO NUEVO PARA ENVIAR LA INFORMACIÓN
        let proceso = NSURLSession.sharedSession().dataTaskWi
thRequest(request,completionHandler:{(data:NSData?,response:N
SURLResponse?,error:NSError?) in

            if error != nil{
                self.respuesta = "Error";

            }else{
                self.respuesta = NSString(data: data!, enco-
ding: NSUTF8StringEncoding) as? String;
            }

            dispatch_async(dispatch_get_main_queue(), {
                self.comprobarRespuesta();

            });

        });
        //5°Lanzar el proceso
        proceso.resume()
    }

    func comprobarRespuesta(){

        if respuesta == "Error" {
            let alert = UIAlertView(title: "Error", message:
"Error al insertar", delegate: nil, cancelButtonTitle: "ok")
            alert.show();
        }else if respuesta == "insertado"{
            let alert = UIAlertView(title: "Mensajes iOS", messa-
ge: "Mensaje insertado", delegate: nil, cancelButtonTitle: "ok")
```

```
                    alert.show();
                    txtMensaje.text = "";
            }
        }
    }
```

Si ejecutamos nuestra aplicación, veremos que podemos realizar la autentificación, registro de usuarios, lectura de ficheros, así como insertar mensajes. Todo esto conectando a una aplicación creada en un servidor local en nuestra máquina con PHP.

Podemos comprobar, al realizar esta práctica, la dificultad que conllevan estos proyectos. Ya que no solo tenemos que conocer el lenguaje del cliente, sino PHP para la parte de servidor. En estos proyectos suelen participar programadores con conocimientos en distintos campos.

Intenta crear otro tipo de aplicación; o mejora la práctica añadiendo eliminar y editar.

6

EVENT KIT

En este tema vamos a aprender a manejar audio, vídeo y fotografía, los tres principales elementos multimedia disponibles en un dispositivo. En la gran mayoría de las aplicaciones el manejo de datos es textual, donde se muestra cierta información, pero muchas veces esos datos vienen acompañados de imágenes, audios o vídeos Un ejemplo claro son las aplicaciones de redes sociales en las que podemos publicar una entrada que introduce texto con una imagen o un vídeo del momento.

Estos tres elementos multimedia han ido tomando mayor importancia a raíz de la mejora en las conexiones de Internet y las capacidades de los dispositivos. Trabajar con estos elementos multimedia genera mucha carga por lo que a la memoria y a Internet se refiere, de modo que debemos tener cuidado al usarlos.

6.1 CÁMARA Y PHOTO LIBRARY

En iOS tenemos dos formas de obtener una imagen: accediendo a la cámara y obteniendo una foto nueva o accediendo a la librería de fotos. Vamos a crear una práctica donde aprenderemos a obtener una imagen tanto de la cámara como de la librería. Creamos un nuevo proyecto para iOS, pero esta vez dejamos la **View Controller** que viene por defecto. En ella añadiremos una **Image View** donde cargaremos la foto obtenida e insertaremos un **ToolBar** en la parte inferior de la pantalla:

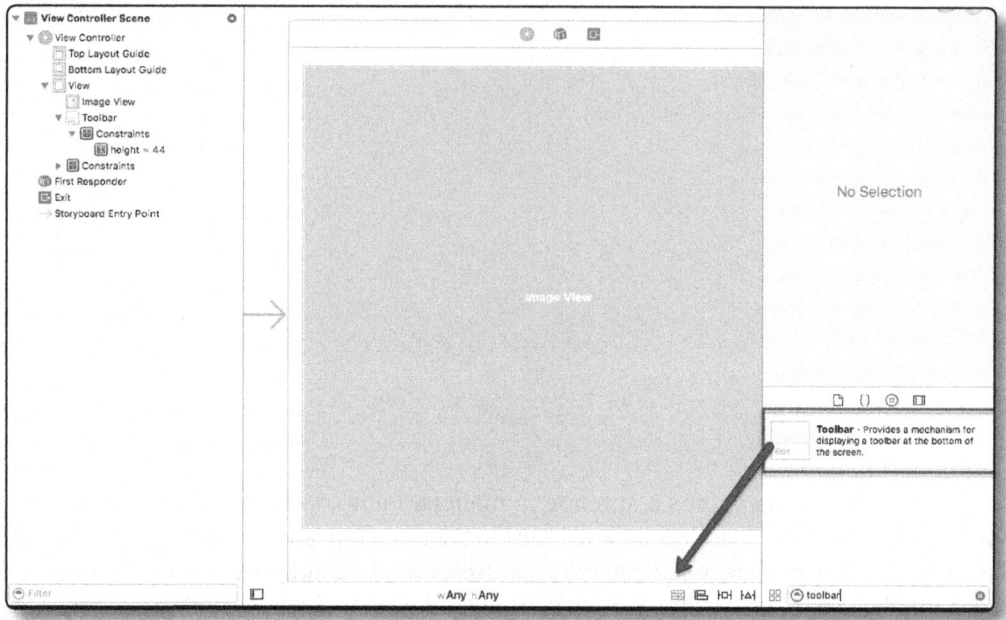

En el **ToolBar** añadiremos dos botones de tipo **Bar Button Item** y entre ellos un **Fixed Space** para separar los botones. Uno de los botones lo utilizaremos para lanzar la cámara de fotos y el otro para mostrar la librería:

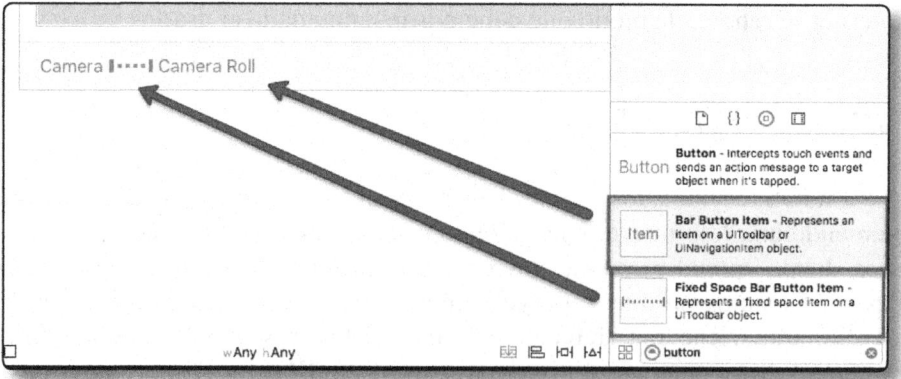

A continuación, creamos el **outlet** de la imagen y dos acciones que serán activadas al presionar sobre los botones del **ToolBar**, llamadas **useCamera** y **useCameraRoll** respectivamente:

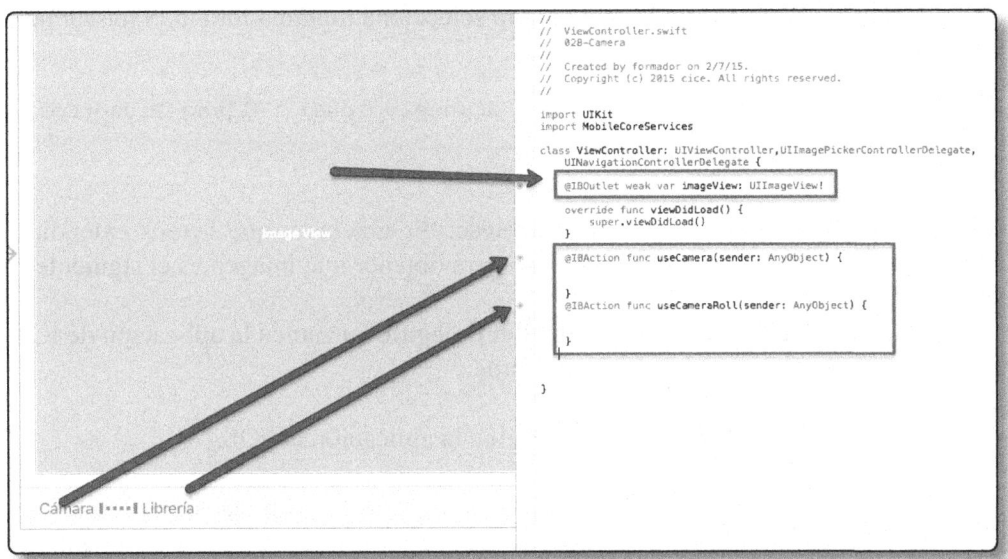

Para poder manejar las funciones de la cámara y la librería tenemos que extender nuestro controlador de **UIImagePickerControllerDelegate** y **UINavigationControllerDelegate**.

El proceso para lanzar la cámara de fotos o la librería es siempre el mismo. Tenemos que crear un objeto de tipo **UIImagePickerController** que contiene los atributos y funciones necesarias para lanzar la cámara y la librería de fotos. Una vez lancemos la aplicación de la cámara o librería, el controlador estará esperando a recibir la respuesta del usuario. Las respuestas pueden ser dos:

1. Ha seleccionado una foto o ha realizado una

2. Presiona sobre **Cancelar**

Automáticamente, cuando termina este proceso iOS buscará en nuestro controlador una función llamada:

```
func imagePickerController(picker: UIImagePickerController,
didFinishPickingMediaWithInfo info: [String : AnyObject]) {
}
```

En el caso de que el usuario seleccione o realice una foto. En el atributo **Info** de la función tendremos toda la información necesaria de la foto.

Si el usuario cancela la acción y no selecciona ninguna foto, iOS buscará en nuestro controlador la siguiente función:

```
func imagePickerControllerDidCancel(picker: UIImagePickerCon-
troller) {
}
```

Estas funciones las podemos sobrescribir gracias a que hemos extendido nuestro controlador. Por lo que el proceso para obtener una imagen es el siguiente:

1. Con **UIImagePickerControllerDelegate** lanzamos la aplicación de iOS de la librería o la cámara de fotos.

2. El controlador espera que termine la aplicación de iOS.

3. Una vez el usuario realice una acción y termine la aplicación de fotos, iOS busca en nuestro controlador una de las dos funciones correspondientes a la acción realizada por el usuario.

Ahora vamos a programar la función que lanzará nuestra biblioteca de fotos: **useCameraRoll()**.

En primer lugar tenemos que comprobar que tenemos disponible la aplicación de la librería de fotos en iOS, llamada **PhotoLibrary**. Con un **if** y llamando a la función **isSourceTypeAvailable** de la clase **UIImagePickerController** podemos obtener dicha información:

```
if  UIImagePickerController.isSourceTypeAvailable (UIImage-
PickerControllerSourceType.PhotoLibrary){
}
```

En caso de que cumpla la condición, ya podemos lanzar la aplicación **PhotoLibrary** para que el usuario seleccione una foto. Por lo que creamos un objeto tipo **UIImagePickerControllerDelegate** e indicamos qué clase contiene las funciones del **Delegate**, en este caso **self**:

```
//1° Creamos objeto que tiene las acciones para lanzar la
photolibrary o la camera
         let imagePicker:UIImagePickerController = UIIma-
gePickerController();
         imagePicker.delegate  = self;
```

A continuación tenemos que indicar qué aplicación mostrar, en este caso PhotoLibrary:

```
//2° vamos a decirle que queremos la photolibrary
imagePicker.sourceType = UIImagePickerControllerSourceType.
PhotoLibrary;
imagePicker.mediaTypes = [kUTTypeImage as String];
```

Ahora podemos añadir opciones al seleccionar la foto, como permitir editar la foto una vez ha sido seleccionada:

```
//3° OPCIONES AL SELCCIONAR LA PHOTO
imagePicker.allowsEditing = true;
```

Finalmente lanzamos la aplicación de **PhotoLibrary** y esperamos la respuesta:

```
self.presentViewController(imagePicker, animated: true, com-
pletion: nil);
```

Ahora tenemos que esperar la interacción del usuario final. Una vez finalice y seleccione una foto, llamará automáticamente a la función:

```
func imagePickerController(picker: UIImagePickerController,
didFinishPickingMediaWithInfo info: [String : AnyObject]) {
}
```

Donde podremos obtener la foto seleccionada por el usuario y la mostrará en nuestra ventana. Vamos a programar la función.

Lo primero es ocultar la aplicación **PhotoLibrary** o la cámara:

```
self.dismissViewControllerAnimated(true, completion: nil);
```

Extraemos la foto del parámetro de entrada **info**:

```
//OBTENER LA PHOTO QUE NOS ENVÍA IMAGEPICKER
let mediaType = info[UIImagePickerControllerMediaType] as!
NSString;
//por seguridad, preguntamos si el media seleccionado es una
image
if mediaType.isEqualToString(kUTTypeImage as! String){
        //OBTENEMOS LA IMAGEN SELECCIONADA
        let image = info[UIImagePickerControllerOriginalI
mage] as! UIImage;
      //Añadimos la foto a nuestro ImageView de la vista
        imageView.image = image;
}
```

Y con esto ya podemos probar nuestra aplicación. Veremos que lanza la librería de fotos y, al seleccionar una, automáticamente aparece en nuestro visor de la vista. Esta función que acabamos de sobrescribir es la misma que utilizaremos cuando lancemos la cámara. Ahora ya podemos programar la otra función para obtener una foto de la cámara de fotos. Este proceso no podemos probarlo en un simulador, ya que no contiene una cámara de fotos.

La acción **useCamerRoll()** creada por nosotros es el mismo código que el utilizado en la función para mostrar la librería, pero esta vez seleccionamos la cámara de fotos:

```
@IBAction func useCamera(sender: AnyObject) {
        //vamos a lanzar la bibiloteca de fotos
        if UIImagePickerController.isSourceTypeAvailable(UIIm
agePickerControllerSourceType.Camera){
            //1° Creamos objeto que tiene las accioens para
lanzar la photolibrary o la camera
            let imagePicker:UIImagePickerController = UIIma-
gePickerController();
            imagePicker.delegate  = self;

            //2° vamos a decirle que queremos la cámara
            imagePicker.sourceType = UIImagePickerController-
SourceType.Camera;
            imagePicker.mediaTypes = [kUTTypeImage as
String];
            //3° OPCIONES AL SELCCIONAR LA PHOTO
            imagePicker.allowsEditing = true;
            //4° CONTROLAR LA NUEVA VENTANA QUE LANZA PARA
MOSTRAR LA LIBRARY
            self.presentViewController(imagePicker, animated:
true, completion: nil);

        }
    }
```

6.2 AVPLAYER VIDEO

Reproducir vídeo en iOS es muy sencillo, ya que incorpora una vista llamada **Player View Controller**, la cual está automatizada para que si le pasas un vídeo o un audio, este automáticamente comience a reproducirse. Disponemos de los controles de play/pause y volumen.

Pero antes de programar tenemos que importar la librería **AVKit** a nuestro proyecto. Creamos un nuevo proyecto de iOS con Xcode y dejamos la vista y controlador que aparecen por defecto. A continuación, seleccionamos el proyecto del árbol de ficheros al menú izquierdo y buscamos la pestaña de **Build Phases**. En ella podemos añadir una librería a nuestro proyecto seleccionando el apartado **Link Binary With Libraries**:

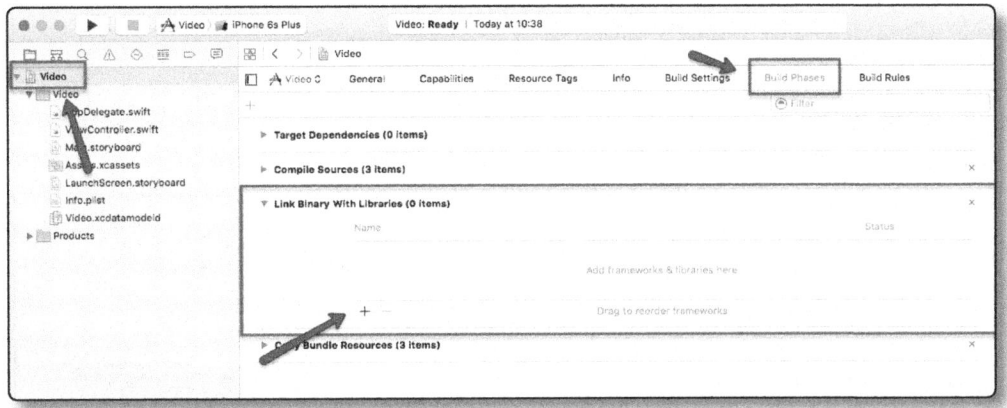

Si presionamos el botón de añadir, aparecerá una ventana con todas las librerías disponibles. Buscaremos **AVKit** y la añadiremos al proyecto:

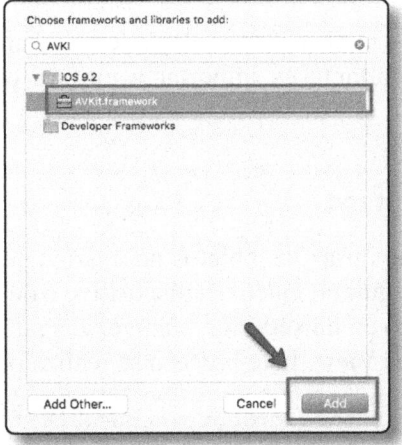

Ahora ya podemos empezar a desarrollar nuestra vista. Tenemos una **View Controller** normal que viene por defecto, vinculada con su controlador. En ella añadiremos un botón en el que ponga "play". Seguidamente arrastraremos a nuestro

Storyboard del menú de componentes la vista tipo **AVKit: Player View Controller**. Con el botón de la vista seleccionado y la tecla **Ctrl** presionada, pincharemos y arrastraremos al **Player View** indicando en el menú de opciones **Show**. De esta forma, al pinchar sobre el botón navegaremos al reproductor:

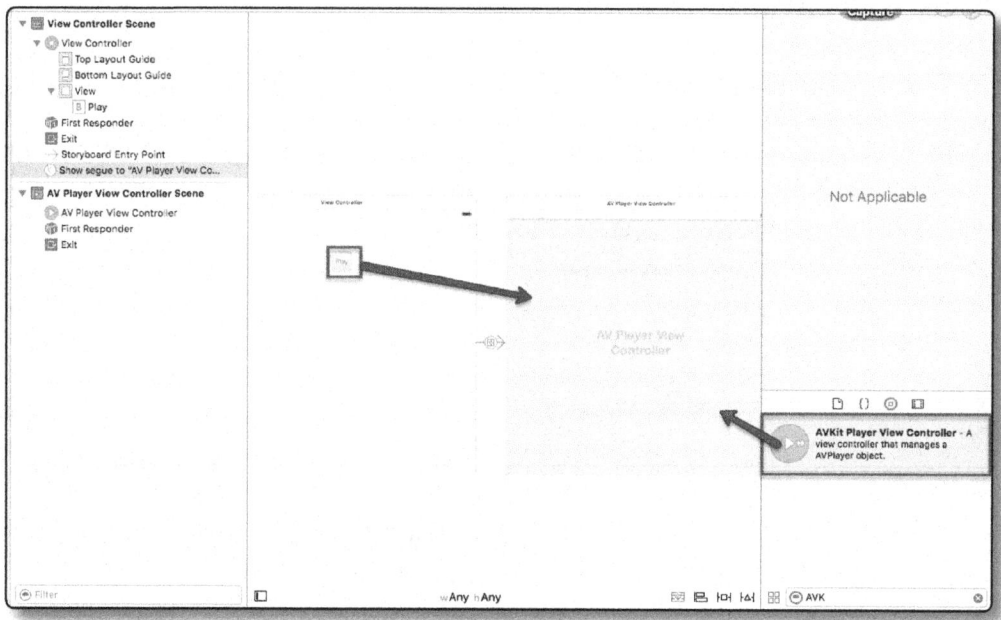

Una vez tengamos la vista preparada podemos empezar a programar nuestro controlador. Lo más importante es importar a nuestra clase **ViewController** las librerías:

```
import AVKit
import AVFoundation
```

Con esto podremos usar los objetos necesarios para poder lanzar el vídeo. Ahora el objetivo es conseguir un vídeo del dispositivo o de Internet. Este caso vamos a obtener un vídeo alojado en un servidor. Una vez tengamos el vídeo, tenemos que pasar este objeto al **Player View**. Este proceso se realiza por medio de la función:

```
override func prepareForSegue(segue: UIStoryboardSegue, sen-
der: AnyObject?) {

}
```

Recordamos que esta función es llamada automáticamente justo antes de navegar a la siguiente ventana. En este proyecto tenemos vinculado el **segue** entre el botón y el **Player View**, por lo que podemos utilizar esta función para crear un objeto distinto que represente a la ventana, en este caso el **Player View**, y enviarle el vídeo obtenido de Internet para que pueda empezar a reproducirse.

Añadiremos la función **prepareForSegue** a nuestro **ViewController** y lo primero que haremos será crear un objeto que represente a la vista destino:

```
//objeto que representa la vista destino del segue
let reproductor = segue.destinationViewController as! AVPla-
yerViewController;
```

A continuación, obtendremos el vídeo por medio de una URL (puedes utilizar el siguiente link *http://www.webdisseny.es/video.mp4*):

```
//Crear el objeto URL donde se encuentra el vídeo
let url = NSURL(string: "http://www.webdisseny.es/video.
mp4");
```

Por último enviamos el vídeo al reproductor:

```
//pasar esta url al avplayer
reproductor.player = AVPlayer(URL: url!);
```

Al acceder a una URL externa tenemos que acordamos de añadir permisos de Internet en nuestro **plist**:

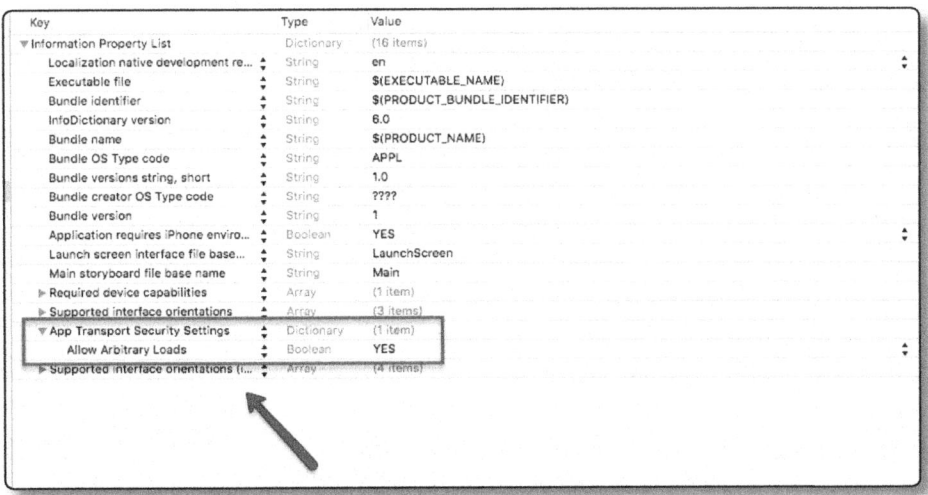

¡Ahora ya podemos ejecutar la aplicación y darle al play!

6.3 AVAUDIO PLAYER

La reproducción de audio es exactamente igual que la de vídeo, pero para cambiar un poco vamos a aprender a crear un reproductor propio.

Creamos un nuevo proyecto de iOS dejando la vista y el controlador que vienen por defecto. En la vista añadiremos dos botones, uno para **play** y otro para **stop**; y un *slider* para controlar el volumen:

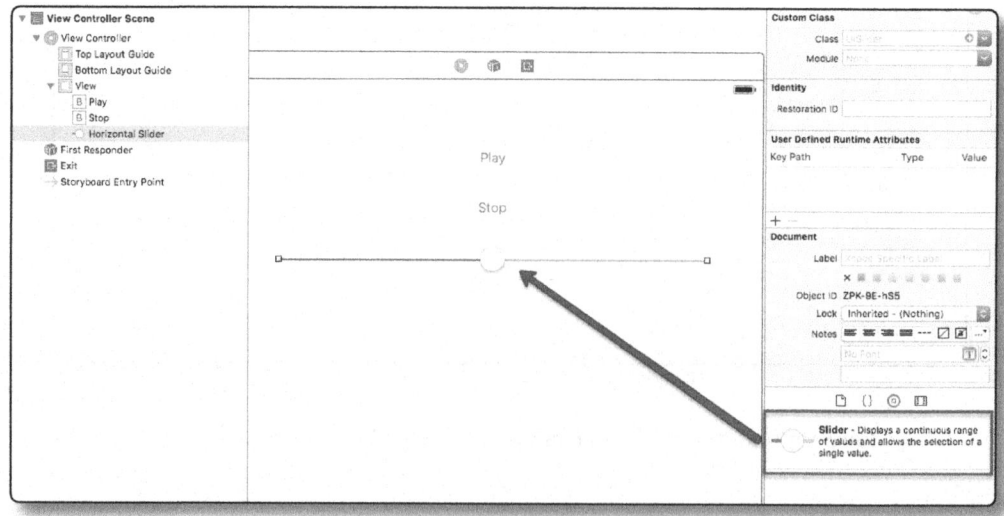

Ahora creamos en el controlador el **outlet** del *slider*, al que llamaremos **volumen**, y tres acciones, una por cada botón y otra del *slider*. De esta forma, al modificar el valor del *slider*, llamará a la función donde modificaremos el volumen del audio:

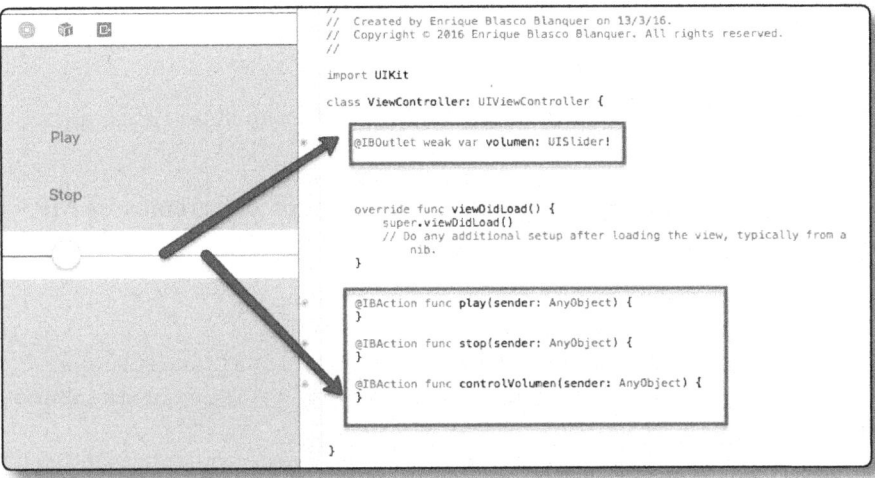

Importamos las librerías a nuestra clase **ViewController**:

```
import UIKit
import AVFoundation
class ViewController: UIViewController {
```

Buscamos un MP3 que queramos reproducir y lo añadimos al proyecto como si de una imagen se tratase. Del Finder de Mac buscamos el MP3 y lo arrastramos al árbol de ficheros indicando que queremos copiarlo si es necesario:

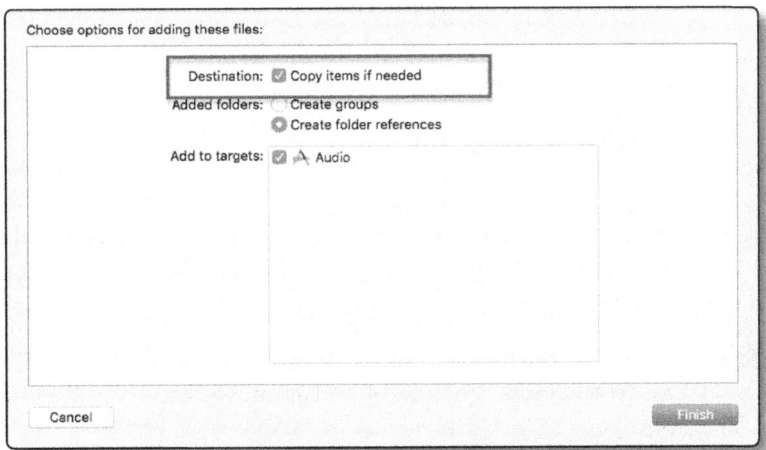

Crearemos en la clase **ViewController** un atributo que representa a nuestro MP3:

```
class ViewController: UIViewController {

    @IBOutlet weak var volumen: UISlider!


    var audioPlayer:AVAudioPlayer?; //representa al mp3
```

En la función **viewDidLoad()** del controlador cargaremos el MP3 en el atributo **audioPlayer** de la clase:

```
override func viewDidLoad() {
        super.viewDidLoad()
        //1°Cargar el mp3 e introducirlo al audioPlayer
        let url = NSURL.fileURLWithPath(NSBundle.mainBund-
le().pathForResource("Atlanta", ofType: "mp3")!);
        audioPlayer = try? AVAudioPlayer(contentsOfURL: url);
    }
```

En la función **pathForResource** tenemos que indicar el nombre del MP3 que tengamos en nuestro árbol de ficheros de Xcode.

Finalmente, con el objeto **audioPlayer** tiene las funciones necesarias para reproducir y pausar un MP3, así como controlar el volumen del audio; por lo que en las funciones de **play** y **stop** añadiremos las funcionalidades correspondientes utilizando el objeto **audioPlayer**:

```
@IBAction func play(sender: AnyObject) {
        audioPlayer?.play();
 }

@IBAction func stop(sender: AnyObject) {
        audioPlayer?.stop();
}
```

Para terminar, en la función de control de volumen que se llama al modificar el valor del *slider* vamos a controlar el volumen del audio. Esto se realiza por medio del atributo **volumen** del objeto **audioPlayer**, en el que añadimos el valor del slider:

```
@IBAction func controlVolumen(sender: AnyObject) {
        audioPlayer?.volume = volumen.value;
    }
```

Como puedes comprobar, es muy sencillo reproducir audio y vídeo. Ejecuta la aplicación y disfruta de tu música.

Puedes practicar creando un servidor en el que se alojen todas tus canciones favoritas y, por medio de una base de datos con MySQL, puedas obtener las URL que se listan en un **Table View** y se reproduzcan en tu dispositivo al presionar en ellas. Es un reto complicado, pero puedes repasar todos los conceptos vistos hasta el momento.

7

MAPAS

En este tema vamos a aprender a manejar la localización y los mapas en un dispositivo iOS utilizando Swift. Encontraremos muchos tipos de aplicaciones en las que los mapas mejoran notablemente la experiencia final del usuario. En otras ocasiones la localización es parte fundamental de la aplicación (por ejemplo, en las aplicaciones deportivas en las que controlamos la distancia recorrida; también en los GPS, etc.).

El primer paso es aprender a obtener la información (la latitud, longitud o altura) de los sensores del dispositivo. A continuación veremos cómo podemos aplicar estos conocimientos a un mapa desarrollado por Apple.

7.1 LOCALIZACIÓN Y GPS

En iOS existe una clase llamada **CLLocationManager** con la que podemos obtener la latitud, longitud, altura, precisión y grados de nuestro dispositivo. Extendiendo nuestra clase de **CLLocationManagerDelegate** sobrescribiremos una función que es llamada automáticamente por el sistema cada vez que obtiene del GPS o de Internet una nueva posición del dispositivo.

La posición obtenida del GPS es mucho más precisa, pero más costosa en cuanto a tiempo y recursos, sobre todo para la batería. En cambio, por medio de Internet obtendremos una posición menos exacta, pero la velocidad de obtención de los datos es bastante más elevada y menos los recursos utilizados. Aprenderemos a utilizar los dos sistemas.

Creamos un nuevo proyecto de iOS con Xcode dejando la vista y el controlador que nos vienen por defecto. En esta aplicación obtendremos la posición del dispositivo y la mostraremos en pantalla por medio de unas etiquetas. También podremos obtener la distancia recorrida entre la posición inicial y la última recogida.

Una vez tengamos creado el proyecto añadimos a la vista cinco **labels** con sus respectivos **Outlets** para:

1. **Latitude**
2. **Longitude**
3. **H.Accuracy**
4. **V.Accuracy**
5. **Altitude**

A continuación añadiremos dos **Labels** más para indicar la distancia entre la posición inicial y la final, y otro para mostrar la distancia total recorrida por el usuario:

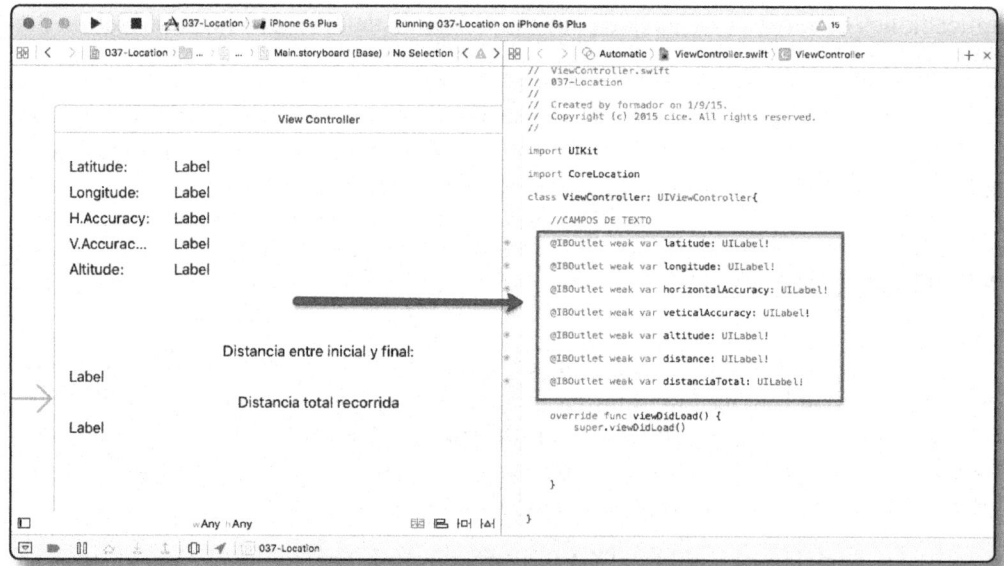

Ahora necesitamos extender nuestra clase de **CLLocationManagerDelegate** e importar la librería a la clase **CoreLocation**:

```
import UIKit
import CoreLocation
class ViewController: UIViewController ,CLLocationManagerDe-
```

```
legate{
    //CAMPOS DE TEXTO

    @IBOutlet weak var latitude: UILabel!

    @IBOutlet weak var longitude: UILabel!

    @IBOutlet weak var horizontalAccuracy: UILabel!

    @IBOutlet weak var veticalAccuracy: UILabel!

    @IBOutlet weak var altitude: UILabel!

    @IBOutlet weak var distance: UILabel!

    @IBOutlet weak var distanciaTotal: UILabel!


    override func viewDidLoad() {
        super.viewDidLoad()


    }
}
```

Nos hacen falta cuatro atributos de la clase:

1. Objeto tipo **CLLocation**, en el que se puede almacenar una posición y obtener de ella los datos desdeados. Necesitaremos uno para almacenar la posición inicial del dispositivo:

   ```
   var startLocation:CLLocation! = nil; //obtener la posi-
   ción inical, y así calcular distancia entre puntos
   ```

2. *Array* de objetos tipo **CLLocation** para almacenar todas las posiciones obtenidas y poder calcular el recorrido total:

   ```
   var listaPosiciones:[CLLocation]! = []; //Almacenar to-
   das las posiciones detectadas
   ```

3. Una variable para almacenar la distancia total recorrida:

   ```
   var distanciaRecorrida = 0.0;
   ```

4. Finalmente, necesitamos uno de los objetos más importantes. Con **CLLocationManager** lanzamos el proceso de capturar la posición y le indicaremos cuál es la clase que contiene las funciones necesarias para manejar los eventos enviados por el sistema cada vez que obtenga una nueva posición:

```
//El manager del location.
var locationManager:CLLocationManager = CLLocationMana-
ger();
```

El siguiente paso es sobrescribir las funciones que serán llamadas por el sistema. En esta ocasión podemos sobrescribir dos funciones:

1. Función que será llamada cada vez que obtenemos una posición:

```
func locationManager(manager: CLLocationManager, didUpdate-
Locations locations: [CLLocation]) {
    }
```

2. Función que será llamada en caso de error al intentar obtener la posición. Normalmente falta de permisos por parte del usuario:

```
//en caso de error en el location
func locationManager(manager: CLLocationManager, di-
dFailWithError error: NSError) {
    }
```

Ahora ya tenemos todo preparado para lanzar el evento para que empiece a obtener la posición del dispositivo. En la función **viewDidLoad()** configuraremos el objeto tipo **CLLocationManager**, indicaremos quién es su **delegate** y lanzaremos el evento:

1. Indicar la precisión. Si queremos GPS o WIFI, en este caso seleccionamos que obtenga la mejor posición posible:

```
locationManager.desiredAccuracy = kCLLocationAccuracyBest;
```

2. Indicar al objeto **locationManager** quién es su **delegate**, es decir, qué clase contiene las funciones que serán llamadas por parte del sistema. En este caso, **self**:

```
locationManager.delegate = self;
```

3. Pedir permiso al usuario al iniciar la aplicación:

```
locationManager.requestWhenInUseAuthorization();
```

4. Empezar a obtener la posición del dispositivo:

```
locationManager.startUpdatingLocation()
```

Llegados a este punto pueden ocurrir dos cosas. El sistema no puede obtener la posición, por lo que llamará a la función de error programada en nuestra clase, en la que mostraremos un mensaje de error; u obtiene la posición con éxito y enviará a la función correspondiente un objeto tipo **CLLocationManager** con toda la información.

Primero programamos la función de error mostrando un mensaje por consola:

```
//en caso de error en el location
func locationManager(manager: CLLocationManager, didFai-
lWithError error: NSError) {

      print("Error al localizar");
   }
```

En la función de éxito realizaremos los siguientes pasos:

1. Obtener del *array* **locations** (parámetro de entrada) la última posición conocida:

```
let latestLocation:AnyObject = locations[locations.count - 1];
```

2. Una vez tengamos la posición, podemos extraer la información deseada y mostrarla en los **labels** correspondientes. El dato que obtenemos es de tipo **float** y lo tendremos que convertir a **String** para poder añadirlo como valor del atributo **text** del **Label**:

```
      latitude.text = String(format:"%.4f",latestLocati
on.coordinate.latitude);
      longitude.text = String(format:"%.4f",latestLocati
on.coordinate.longitude);
      horizontalAccuracy.text = String(format:"%.4f",late
stLocation.horizontalAccuracy);
      veticalAccuracy.text = String(format:"%.4f",latestL
ocation.verticalAccuracy);
      altitude.text = String(format:"%.4f",latestLocati
on.altitude);
```

3. Creamos una variable llamada **startLocation**. Si es vacía significa que es la primera posición que obtenemos. Por lo que asignamos a **startLocation** la última posición obtenida y la almacenamos en nuestro *array* de posiciones para poder calcular la distancia total recorrida:

```
if startLocation == nil {
    startLocation = latestLocation as! CLLocation;
    //Almacenar la última posición en el array
    listaPosiciones.append(latestLocation as! CLLocation);
}
```

4. Preguntamos si se mueve el usuario:

```
let newDistance:CLLocationDistance =
listaPosiciones[listaPosiciones.count - 1].distanceFromLocation(latestLocation as! CLLocation);
        if newDistance >= 1 {
            //Tenemos un cambio de posición, al menos un metro
            listaPosiciones.append(latestLocation as! CLLocation);
            distanciaRecorrida += newDistance as Double;

        }
        print("distancia recorrida: \(distanciaRecorrida)")

        distanciaTotal.text = String(format:"%.2f",distanciaRecorrida)
```

5. Finalmente, podemos obtener la distancia entre los dos últimos puntos:

```
        let distanceBetween:CLLocationDistance = latestLocation.distanceFromLocation(startLocation)
        distance.text = String(format:"%.2f",distanceBetween);
```

Nuestra clase ViewController queda de la siguiente forma:

```
import UIKit
import CoreLocation
class ViewController: UIViewController ,CLLocationManagerDelegate{
    //CAMPOS DE TEXTO
```

```
@IBOutlet weak var latitude: UILabel!

@IBOutlet weak var longitude: UILabel!

@IBOutlet weak var horizontalAccuracy: UILabel!

@IBOutlet weak var veticalAccuracy: UILabel!

@IBOutlet weak var altitude: UILabel!

@IBOutlet weak var distance: UILabel!

@IBOutlet weak var distanciaTotal: UILabel!

var startLocation:CLLocation! = nil; //obtener la posi-
ción inical, y así calcular distancia entre puntos

var listaPosiciones:[CLLocation]! = []; //Almacenar todas
las posiciones detectadas


var distanciaRecorrida = 0.0;


//El manager del location.
var locationManager:CLLocationManager = CLLocationMana-
ger();

override func viewDidLoad() {
    super.viewDidLoad()

    //1° INDICAR EL ACCURACY
    locationManager.desiredAccuracy = kCLLocationAccura-
cyBest;
    //2° AL MANAGER DE LOCATION INDICARLE A QUIEN TIENE
QUE DARLE LOS DATOS
    locationManager.delegate = self;
    //3° PEDIR PERMISO AL USUARIO
    locationManager.requestWhenInUseAuthorization();
    //4° INICAR EL LOCATION
    locationManager.startUpdatingLocation()


}
override func didReceiveMemoryWarning() {
```

```swift
        super.didReceiveMemoryWarning()
        // Dispose of any resources that can be recreated.
    }
    //   FUNCIONES DEL LOCATION
    //función que se llama cada vez que obtenemos una posi-
ción
    func locationManager(manager: CLLocationManager, didUpda-
teLocations locations: [CLLocation]) {
        //Obtenemos la última posición conocida
        let latestLocation:AnyObject = locations[locations.
count - 1];


        //Obtener los datos de la posición
        latitude.text = String(format:"%.4f",latestLocation.
coordinate.latitude);
        longitude.text = String(format:"%.4f",latestLocation.
coordinate.longitude);
        horizontalAccuracy.text = String(format:"%.4f",latest
Location.horizontalAccuracy);
        veticalAccuracy.text = String(format:"%.4f",latestLoc
ation.verticalAccuracy);
        altitude.text = String(format:"%.4f",latestLocation.
altitude);


        //Obtener distancia, entre dos puntos

        if startLocation == nil {
            startLocation = latestLocation as! CLLocation;
            //Almacenar la última posición en el array
            listaPosiciones.append(latestLocation as! CLLoca-
tion);
        }

        //Preguntamos si se mueve el usuario, (la posición)
        let newDistance:CLLocationDistance =
listaPosiciones[listaPosiciones.count - 1].distanceFromLocati
on(latestLocation as! CLLocation);
        if newDistance >= 1 {
            //Tenemos un cambio de posición, al menos un metro
            listaPosiciones.append(latestLocation as! CLLocation);
            distanciaRecorrida += newDistance as Double;

        }
```

```
        print("distancia recorrida: \(distanciaRecorrida)")

        distanciaTotal.text = String(format:"%.2f",distanciaR
ecorrida)
        let distanceBetween:CLLocationDistance = latestLoca-
tion.distanceFromLocation(startLocation)
        distance.text = String(format:"%.2f",distanceBetween);



    }
    //en caso de error en el location
    func locationManager(manager: CLLocationManager, didFai-
lWithError error: NSError) {

        print("Error al localizar");
    }
}
```

Si probamos nuestra aplicación veremos que aparece el mensaje de error. Esto es porque necesitamos hacer dos cosas.

1. Configurar el fichero **plist** para poder añadir permisos de localización. Añadiremos dos nuevas filas llamadas:

   a.   NSLocationWhenInUseUsageDescription
   b.   NSLocationAlwaysUsageDescription

Key		Type	Value
▼ Information Property List		Dictionary	(17 items)
Localization native development re...	◆	String	en
Executable file	◆	String	$(EXECUTABLE_NAME)
Bundle identifier	◆	String	es.cice.$(PRODUCT_NAME:rfc1034identifier)
InfoDictionary version	◆	String	6.0
Bundle name	◆	String	$(PRODUCT_NAME)
Bundle OS Type code	◆	String	APPL
Bundle versions string, short	◆	String	1.0
Bundle creator OS Type code	◆	String	????
Bundle version	◆	String	1
Application requires iPhone enviro...	◆	Boolean	YES
Launch screen interface file base...	◆	String	LaunchScreen
Main storyboard file base name	◆	String	Main
▶ Required device capabilities	◆	Array	(1 item)
▶ Supported interface orientations	◆	Array	(3 items)
NSLocationWhenInUseUsageDesc...	◆	String	
NSLocationAlwaysUsageDescription	◆	String	
▶ Supported interface orientations (i...	◆	Array	(4 items)

2. Activar la localización en nuestro simulador. Una vez tengamos la aplicación en marcha y aceptemos los permisos podemos simular una posición activando el icono de localización en el menú inferior:

7.2 MAPKIT

Ahora que sabemos obtener la posición del dispositivo podemos jugar con los mapas. Apple nos ofrece desde hace relativamente poco un componente nuevo llamado **Map View**, el cual nos proporciona un mapa donde podremos marcar posiciones, crear rutas, etc.

Para practicar con los mapas vamos a crear un nuevo proyecto en iOS y en la vista inicial añadiremos un **ToolBar** en la parte inferior. También incorporaremos un botón para cambiar el tipo de mapa (satélite o normal).

Finalmente, arrastramos un **Map View** que ocupe el resto de la ventana:

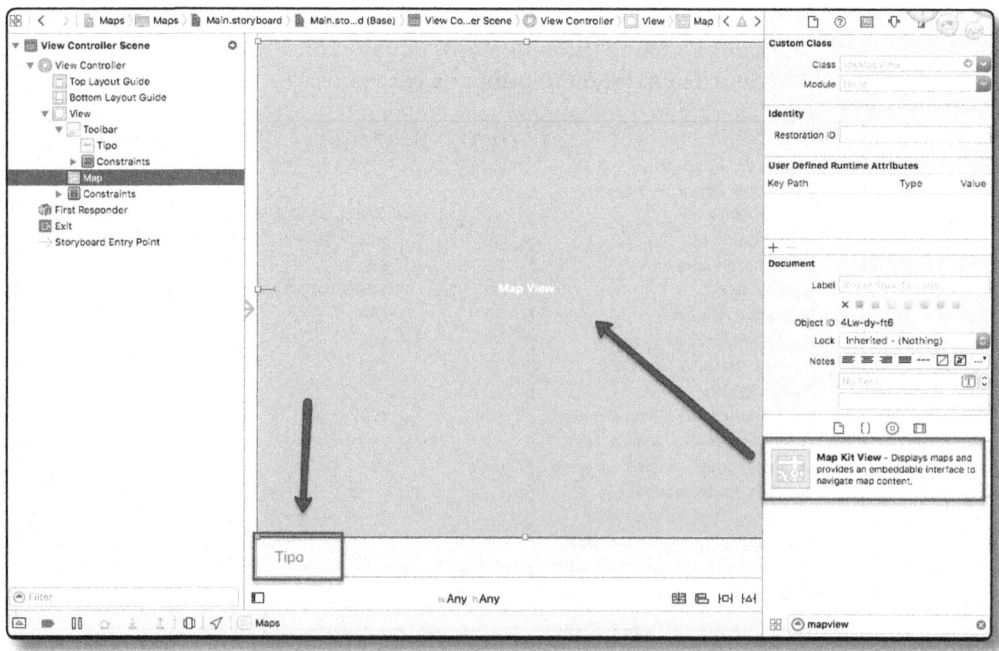

Si ejecutamos la aplicación veremos que obtenemos un error y no puede se ejecutar:

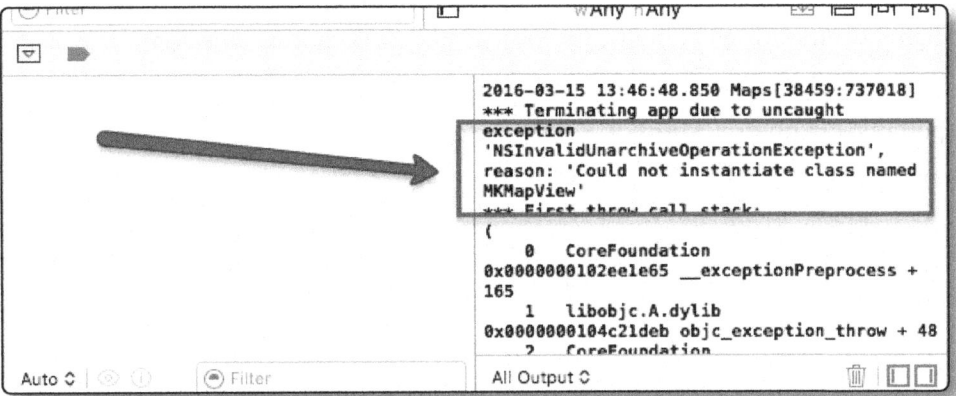

Esto ocurre porque necesitamos importar una librería a nuestro proyecto, al igual que hicimos con la librería para audio y vídeo.

Seleccionamos el **Target** de nuestro proyecto en el árbol de ficheros y después la pestaña **Build Phases**. A continuación, desplegamos el menú de **Link Binary With Libraries** y añadimos la librería **MapKit**:

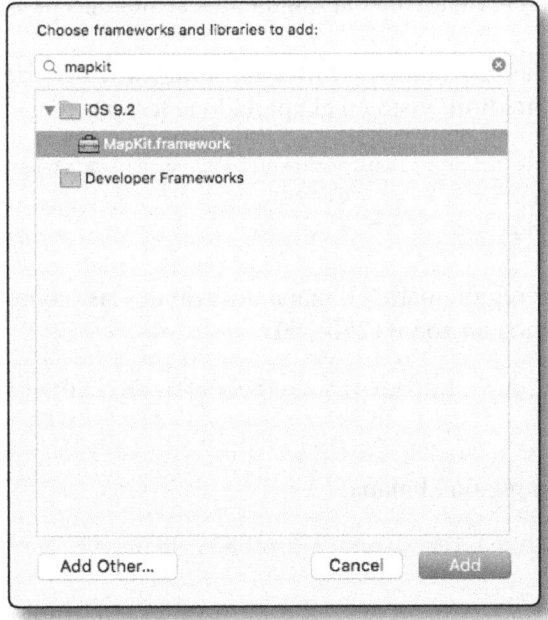

Ahora ya podemos probar nuestra aplicación y veremos que aparece el mapa. El primer paso consistirá en centrar el mapa en la posición del dispositivo, por lo que necesitamos obtener las coordenadas del usuario. En esta práctica, para simplificar el código y centrarnos en el mapa, vamos a añadir unas coordenadas fijas.

Creamos el **outlet** del mapa en nuestro controlador llamado **map** e importamos la librería **MapKit**:

```
import UIKit
import MapKit
class ViewController: UIViewController {
        @IBOutlet weak var map: MKMapView!

    override func viewDidLoad() {
        super.viewDidLoad()
    }
}
```

Ahora programaremos una función llamada **ponerRegionInicial()**, que será llamada desde la función **viewDidLoad()**, la cual obtendrá las coordenadas del dispositivo y creará una nueva región para el mapa. De esta forma mostraremos la posición del usuario en el mapa al iniciar la aplicación. Una región es el objeto necesario para el mapa en el que se indican latitud, longitud y un *zoom*.

En la función realizaremos las siguientes sentencias de código:

1. Obtener las coordenadas (**latitude** y **longitude** deberíamos obtenerlas del objeto **Location**, visto en el apartado anterior):

```
var cord:CLLocationCoordinate2D = CLLocationCoordinate2D();
cord.latitude = 39.4078969;
cord.longitude = -0.4315509;
```

2. Crear la región para el mapa utilizando las coordenadas anteriores. Añadiremos un zoom (250 250):

```
let region = MKCoordinateRegionMakeWithDistance(cord, 250,
250)
```

3. Añadir la región al mapa:

```
map.setRegion(region, animated: true)
```

Para finalizar llamamos a la función desde **viewDidLoad()** y probamos la aplicación. Ahora aparecerá el mapa marcando nuestra posición. El código de la clase queda de la siguiente forma:

```
import UIKit
import MapKit
class ViewController: UIViewController {

    @IBOutlet weak var map: MKMapView!

    override func viewDidLoad() {
        super.viewDidLoad()
        //llamar a la función para obtener la posición inical
        ponerRegionInicial()
    }

    func ponerRegionInicial(){

        //Obtener coordenadas para la posición inicial.
        //Introducimos manuales para facilitar el código:
        var cord:CLLocationCoordinate2D = CLLocationCoordinate2D();
        cord.latitude = 39.4078969;
        cord.longitude = -0.4315509;

        //el zoom
        let region = MKCoordinateRegionMakeWithDistance(cord,
250, 250)
        //AÑADIMOS AL MAPA LA REGIÓN
        map.setRegion(region, animated: true)
    }
}
```

Con los mapas podemos añadir puntos y ver información sobre la posición. Estos puntos se llaman **MKPointAnnotation** y necesitan unas coordenadas donde posicionarse. Crearemos una nueva función llamada **ponerPunto()** donde crearemos un **MKPointAnnotation** que indique nuestra posición exacta e introduciremos información sobre ella. Esta función será llamada en **viewDidLoad()** justo después de llamar a la función que centra nuestra posición en el mapa.

En la función **ponerPunto()** crearemos las siguientes sentencias de código:

1. Creamos el objeto tipo **MKPointAnnotation**:

```
let annotation:MKPointAnnotation = MKPointAnnotation();
```

2. Añadimos unas coordenadas a nuestro punto. En este caso deberían ser las coordenadas obtenidas del objeto **Location**:

```
annotation.coordinate = CLLocationCoordinate2D-
Make(39.4704817, -0.3804823);
```

3. Ponemos un título y añadimos el punto al mapa:

```
annotation.title = "Valencia";
map.addAnnotation(annotation);
```

El código de la clase queda de la siguiente forma:

```
import UIKit
import MapKit
class ViewController: UIViewController {

    @IBOutlet weak var map: MKMapView!

    override func viewDidLoad() {
        super.viewDidLoad()
        //llamar a la función para obtener la posición inical
        ponerRegionInicial()
        ponerPunto()
    }

    func ponerRegionInicial(){

        //Obtener coordenadas para la posición inicial.
        //Introducimos manuales para facilitar el código:
        var cord:CLLocationCoordinate2D = CLLocationCoordinate2D();
        cord.latitude = 39.4704817;
        cord.longitude = -0.3804823;

        //el zoom
        let region = MKCoordinateRegionMakeWithDistance(cord,
250, 250)
        //AÑADIMOS AL MAPA LA REGIÓN
        map.setRegion(region, animated: true)
    }

    func ponerPunto(){
        let annotation:MKPointAnnotation = MKPointAnnotation();
        annotation.coordinate = CLLocationCoordinate2D-
Make(39.4704817, -0.3804823);
        annotation.title = "Valencia";
        map.addAnnotation(annotation);
    }
}
```

Al ejecutar el código aparecerá nuestro mapa con un punto en el centro. Si presionamos sobré él podemos obtener el título:

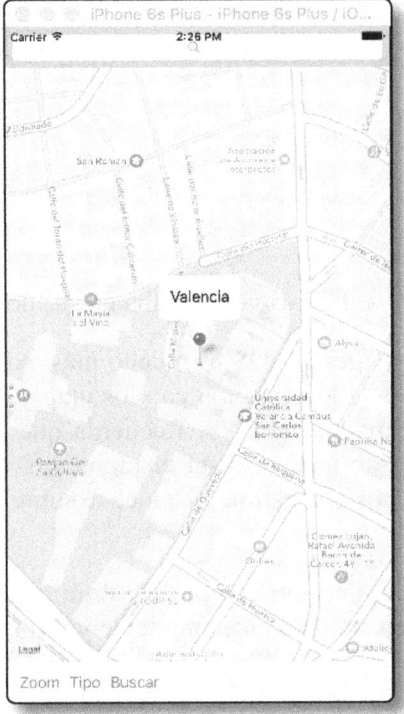

Para finalizar la práctica vamos a crear una acción llamada **cambiarTipo()** que será activada desde el botón del **ToolBar**:

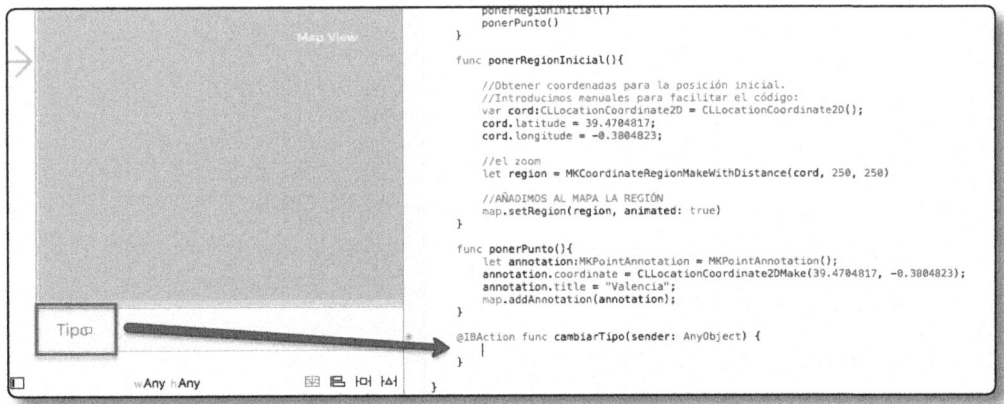

En ella programaremos un condicional donde podremos cambiar el tipo de mapa. El atributo **mapType** del mapa permite saber si es de tipo **Standard** o **Satellite**. Podemos modificar su valor con el atributo de la clase **MKMapType**:

```
@IBAction func cambiarTipo(sender: AnyObject) {
        if map.mapType == MKMapType.Standard{
            map.mapType = MKMapType.Satellite;
        }else{
            map.mapType = MKMapType.Standard;
        }
    }
```

Prueba tu aplicación. Podrás ver el mapa en sus dos formas distintas.

El mundo de los mapas en iOS es mucho más extenso. Prueba a crear una aplicación donde combines la localización con los mapas, creando las coordenadas de forma automática por medio del GPS. Recuerda que puedes combinar en una misma aplicación todo lo aprendido hasta el momento. Crea navegaciones entre vistas, con un listado de posiciones que al pinchar sobre un ítem muestre con un punto la posición exacta.

Intenta crear una aplicación completa y terminada para poder subirla a la App Store. Proceso que se estudiará en el siguiente y último tema de este manual.

¡Buena suerte!

8

APP STORE

No sirve de nada programar una aplicación si no la distribuimos en la App Store. En este último tema vamos marcar los pasos que se deben dar para subir y publicar una aplicación terminada. Intenta con todo lo aprendido crear una aplicación simple pero terminada. El único requisito que debe cumplir la aplicación es que contenga una funcionalidad, por muy básica que sea. Si al probar tu aplicación compruebas que no contiene funcionalidad, se considerará publicidad y será rechazada.

Debemos tener en cuenta el tiempo de publicación. En la App Store suelen tardar una media de dos semanas en validar la *app*. Por lo que debes tener cuidado si estás sometido a unos plazos de entrega.

Para poder subir una aplicación debes poseer una **Id** de Apple. En el primer tema de se explica cómo conseguirla. A continuación debes de darte de alta en el Member Center.

8.1 CERTIFICACIONES

Antes de nada, si es la primera vez que publicas una aplicación, tendrás que crear un certificado de Apple para publicar una *app* en la App Store. Para poder realizar certificados tienes que darte de alta con tu **ID** de Apple en el Member Center. Este proceso no es gratuito y debes pagar una cuota anual para poder trabajar.

Accede a la dirección web *https://developer.apple.com/* y presiona sobre el botón **Member Center**:

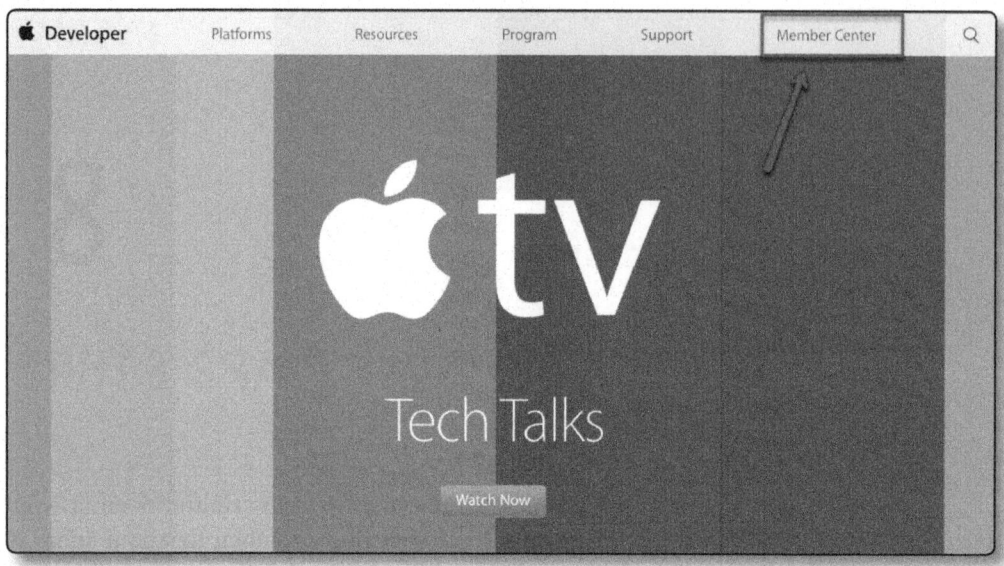

Introduce tu **ID** de Apple y empezará el contrato de alta para el Member Center. Es como la compra de un producto de Apple en su web. Introduce el método de pago y recibirás el alta para poder acceder. Una vez realizado este proceso accederás al panel del Member Center:

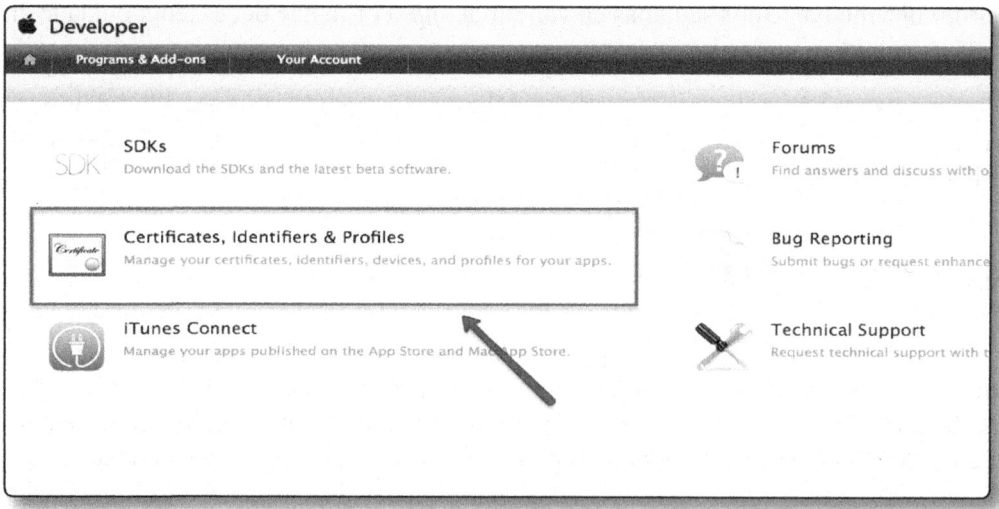

Accede al menú de **Certificados**, **Identifiers** y **Profiles**. Desde esta aplicación web podrás gestionar y preparar las aplicaciones para subirlas a la App Store. El proceso es el siguiente:

1. Crear un certificado firmado para la publicación de *apps* (solo una vez).

2. Crear un identificador único para la aplicación.

3. Descargar e instalar el fichero **Provisioning Profile** en la aplicación que vayamos a subir.

El objetivo final es conseguir el fichero **Provisioning Profile** donde viene incluido el certificado para certificar que la aplicación es tuya y la **id** asociada al proyecto. Para poder crear el fichero, primero debemos tener un certificado.

Accedemos en el menú lateral al apartado de certificados y seleccionamos la opción **Production**:

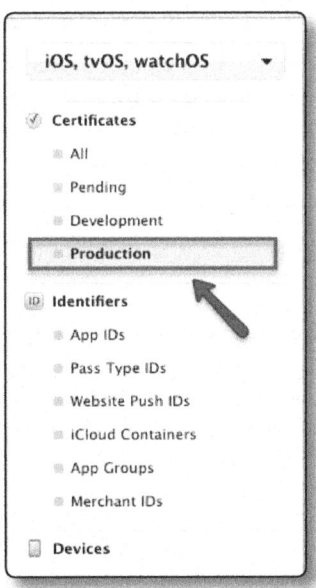

Presionamos sobre el botón de añadir y seleccionamos un certificado de **App Store and Ad Hoc**:

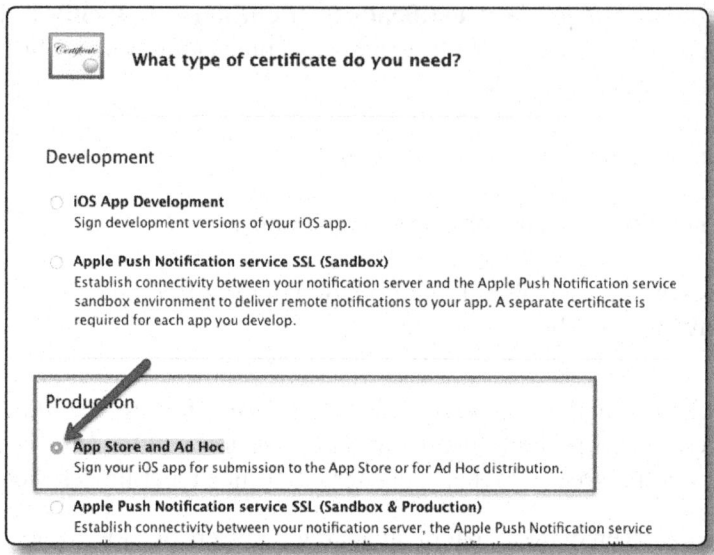

Presionamos sobre **Continuar** y nos pedirá el **CSR file**. Este fichero es una firma digital para identificar al desarrollador. Esta firma se realiza en Mac accediendo a la aplicación de acceso a llaveros. Una vez ejecutada la aplicación en nuestro equipo accedemos al **menú principal → Acceso a llaveros → Asistente para certificados → Solicitar un certificado de autoridad de certificación**. Nos aparecerá la ventana donde indicaremos nuestro correo electrónico y seleccionaremos que queremos guardar el fichero CSR en nuestro disco. Al presionar **Continuar** guardamos el fichero en un directorio:

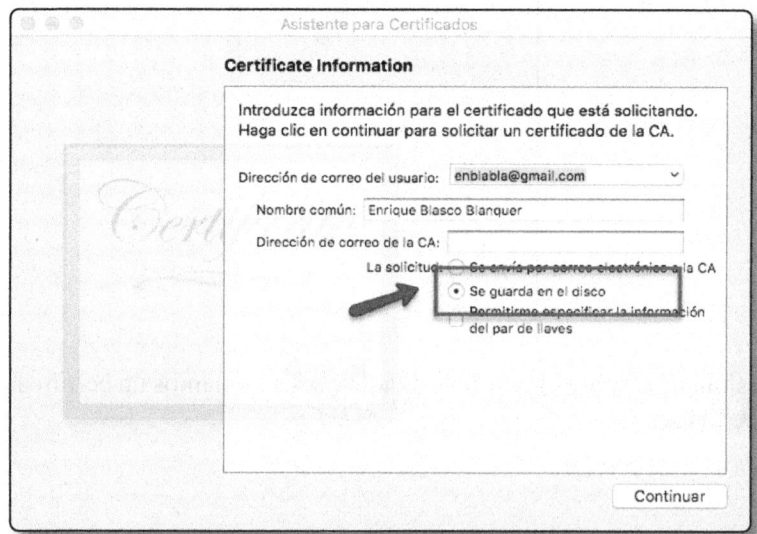

Una vez tengamos el fichero podemos volver a la web de Member Center, presionar **Continuar** y subir el fichero CSR recién creado:

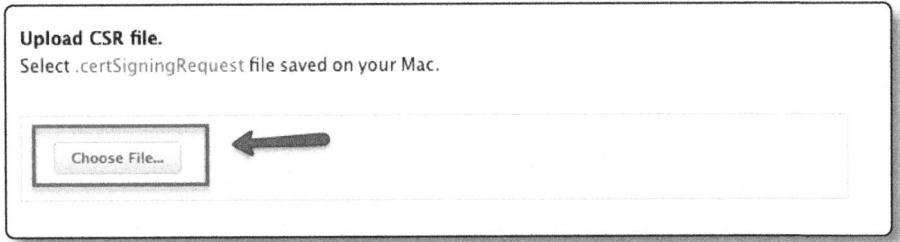

Presionamos en **Continuar** y nos creará el certificado para poder publicar aplicaciones en la App Store. Este fichero es único para un equipo Mac. Antes de continuar tendremos que descargarlo e instalarlo en nuestro llavero haciendo doble clic sobre el fichero descargado. Una vez instalado lo tendremos disponible en nuestra aplicación de acceso a llaveros, en el apartado de certificados:

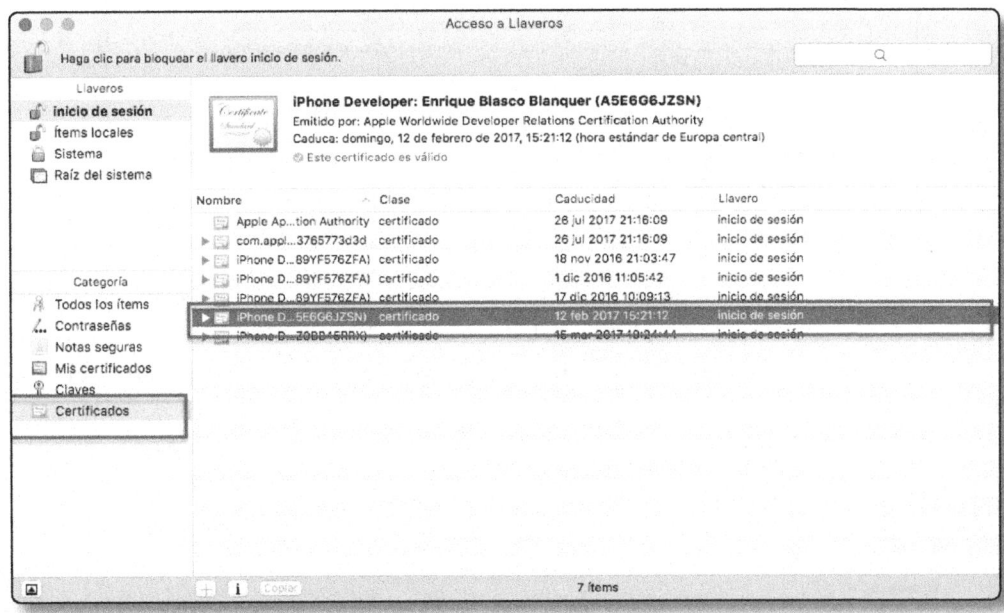

Una vez tengamos el certificado preparado, podemos crear la identificación para nuestra aplicación. Desde la página web de Member Center seleccionamos, en el menú de **Identifiers**, la opción de **App IDs**:

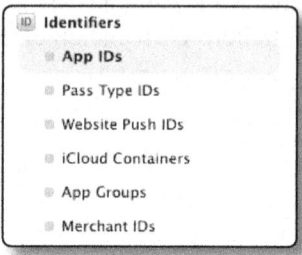

Presiona sobre el botón de añadir e introduce una descprición breve de la *app*. Por ejemplo: "aplicación bloc de notas". A continuación selecciona la opción de **Explicit App ID** y añade una identificación única para tu aplicación. Esta ID será la que tendremos que poner en el proyecto Xcode que queramos subir a la App Store:

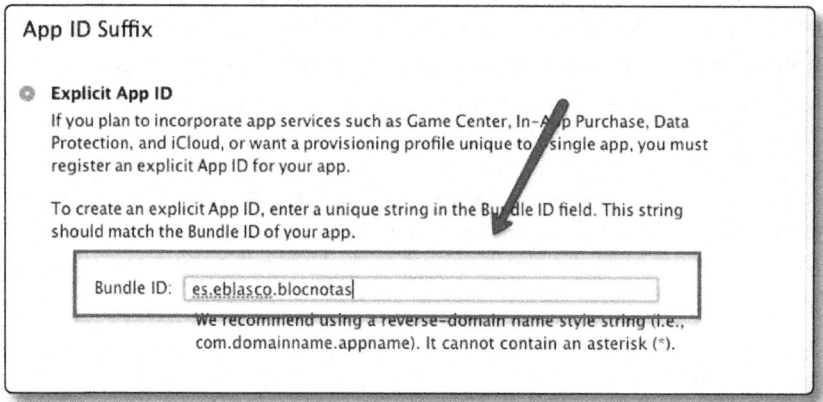

En nuestro Xcode seleccionamos el **Target** de la aplicación e introducimos la misma ID:

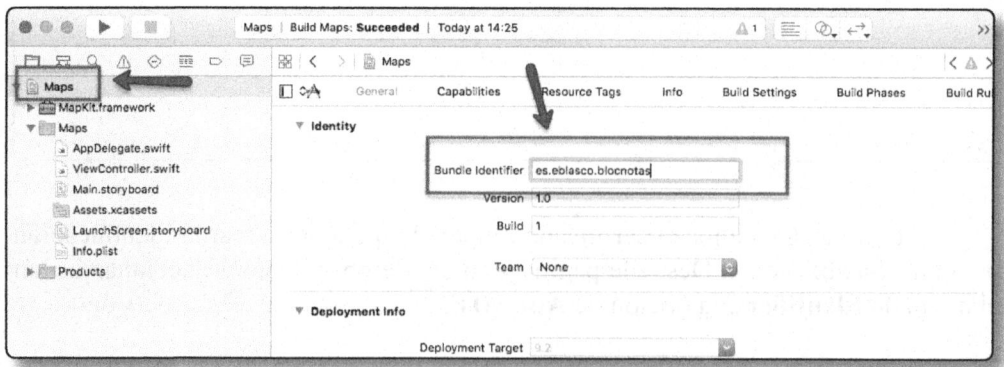

Volvemos al Member Center y presionamos sobre **Continuar**. Veremos el resumen y podremos registrar la ID para la *app*.

Ahora ya tenemos todo lo necesario para el último paso, crear el **Provisioning Profile**:

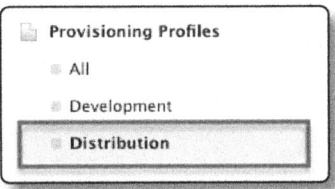

Al seleccionar la opción de distribución podremos añadir un nuevo **Provisioning** y seleccionar la opción de distribución en la App Store:

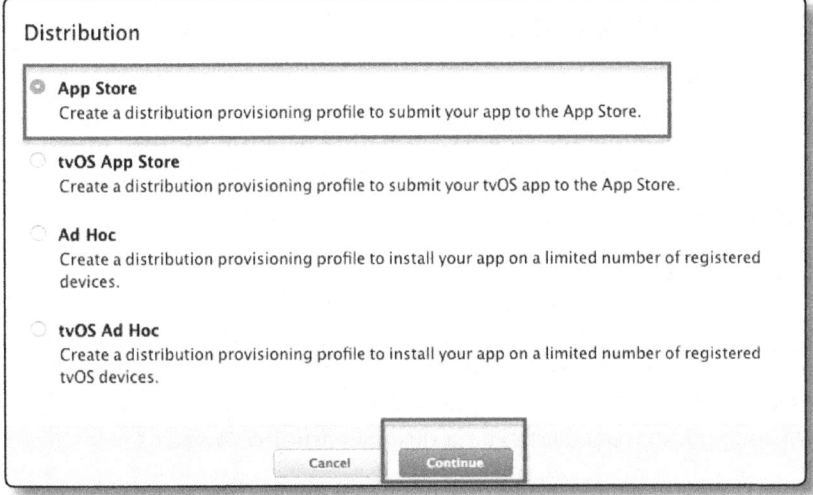

Seleccionamos la **App ID** recién creada en el paso anterior:

Firmamos el fichero con nuestro certificado creado para la distribución y añadimos un nombre al fichero. Con esto ya tenemos preparado el certificado para la aplicación que vamos a publicar:

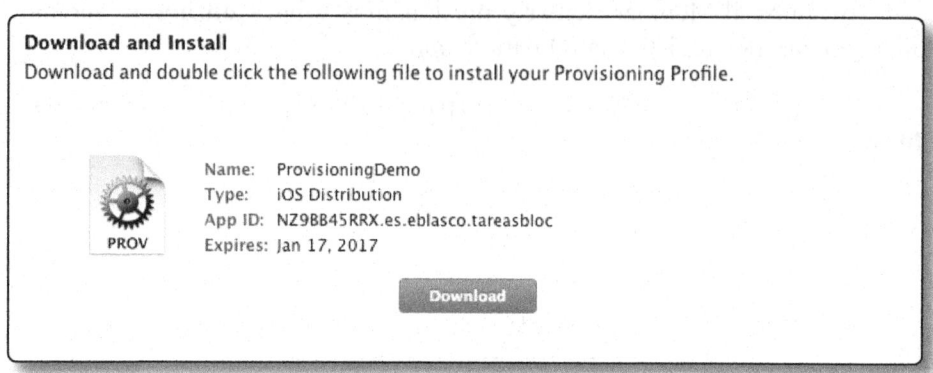

No es necesario descargar el fichero.

8.2 PREPARAR LA APLICACIÓN

Antes de subir la aplicación debemos preparar nuestro proyecto para que todo funcione correctamente. Una vez estemos seguros de que la aplicación se compila, lo siguiente es preparar la pantalla de inicio y los iconos.

8.2.1 Pantalla de inicio

La pantalla de inicio es aquella que se mostrará cuando iniciemos nuestra aplicación desde un dispositivo. Es una pantalla, llamada **splash**, para mostrar cierta información al usuario mientras la aplicación es cargada en la memoria. En nuestro proyecto Xcode podemos seleccionarla desde el árbol de ficheros:

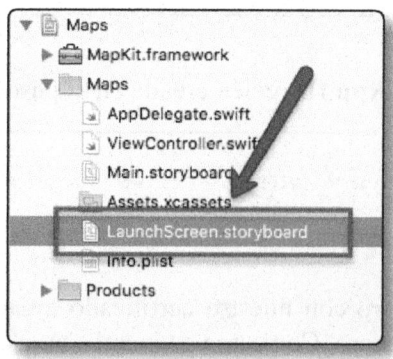

Diseñamos la pantalla igual que hacíamos nuestras vistas.

8.2.2 Los iconos

Debemos crear iconos para todos los tipos de resoluciones. Este icono es el que aparecerá en el escritorio del dispositivo una vez instalado. Este proceso es muy engorroso y puede tardar mucho tiempo, pero por suerte existen herramientas gratuitas que nos ayudan en este proceso. Lo primero es crear un icono de tamaño 1024×1024 píxeles en formato PNG. Una vez lo tengamos, vamos a crear todas las resoluciones necesarias con una aplicación web.

Accedemos a la dirección: *https://makeappicon.com/* y podremos añadir nuestro icono recién creado:

Automáticamente, la aplicación creará con nuestra plantilla todos los iconos necesarios para iOS y Android. Introducimos nuestro correo y recibiremos un fichero con todo el material:

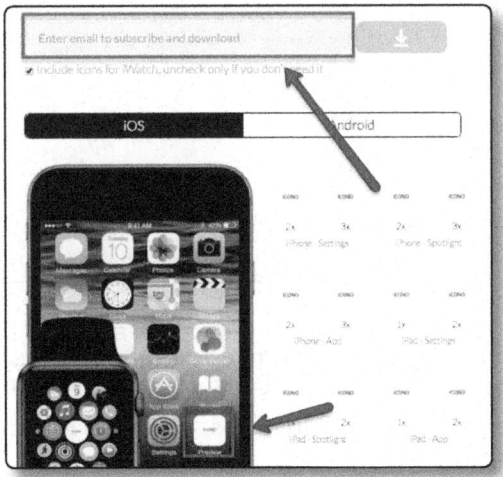

Una vez tengamos nuestros iconos en la bandeja de entrada nos descargamos el fichero y lo descomprimimos. A nosotros nos interesa una carpeta llamada **AppIcon.appiconset** dentro de la carpeta iOS. Esta carpeta la tendremos que sustituir por la original de nuestro proyecto. Buscamos la ubicación del proyecto y, dentro la carpeta **assets.xcassets**, veremos **AppIcon.appiconset**; la sustituiremos por la nueva carpeta descargada.

Con esto ya tenemos los iconos instalados en nuestra aplicación. Puedes probar de ejecutarla en el simulador y observar que aparece correctamente la pantalla de Splash y el icono.

8.3 ITUNES CONNECT

El último paso, y con esto terminamos de publicar la aplicación, es preparar la ficha para la App Store. Este proceso lleva su tiempo ya que habrá que subir todas las capturas de pantalla de nuestro proyecto por cada uno de los dispositivos disponibles.

El proceso para crear la ficha se realiza por medio de la aplicación web iTunes Connect: *https://itunesconnect.apple.com/*. Introducimos nuestra ID de Apple y aparecerá la siguiente pantalla:

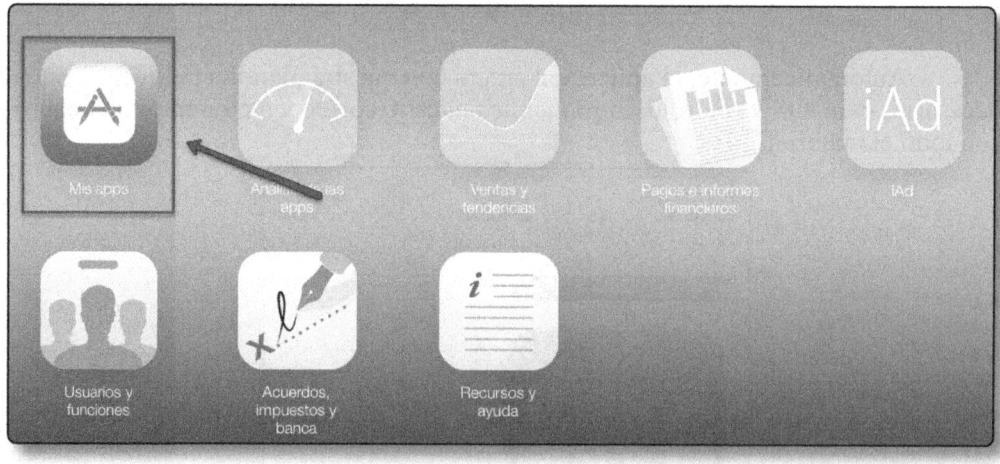

En ella podremos gestionar todas nuestras *apps* publicadas, así como obtener información de ventas, tendencias, pagos e informes, etc. Ahora nos interesa crear una nueva aplicación, por lo que presionamos sobre **Mis apps**.

Una vez dentro podremos presionar sobre añadir nueva aplicación:

Aparecerá una nueva pantalla en la que introduciremos el nombre de la aplicación y el idioma, y seleccionaremos la ID creada en el Member Center de la *app* que subiremos a la tienda:

Presionamos sobre **Crear** y accederemos a la ficha (que tendremos que rellenar con mucha paciencia):

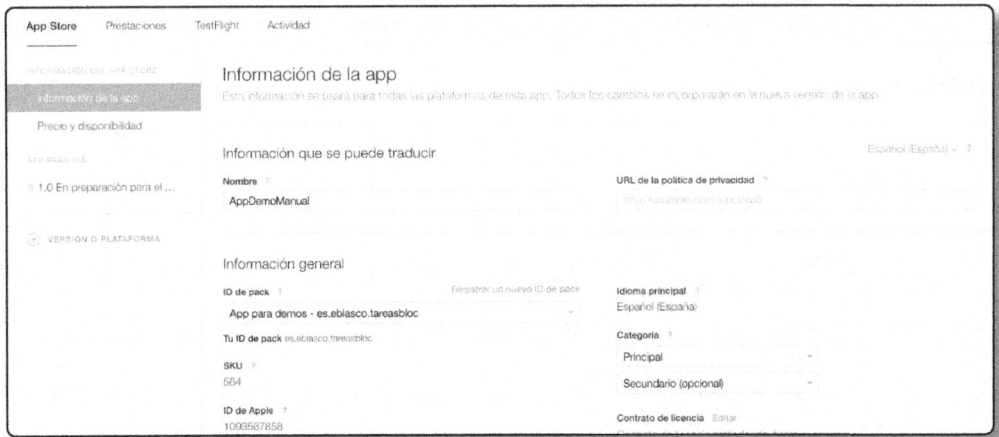

Introduce todos los campos que pide. Capturas, iconos, comentarios y descripciones, precios, etc. Recuerda guardar los cambios con frecuencia, ya que puede ocurrir un problema y tener que volver a realizar toda la tarea. Una vez tengas todo preparado verás que existe un apartado que no puedes rellenar. En el apartado **Actividad** pide que envíes la compilación de la aplicación que vas a publicar:

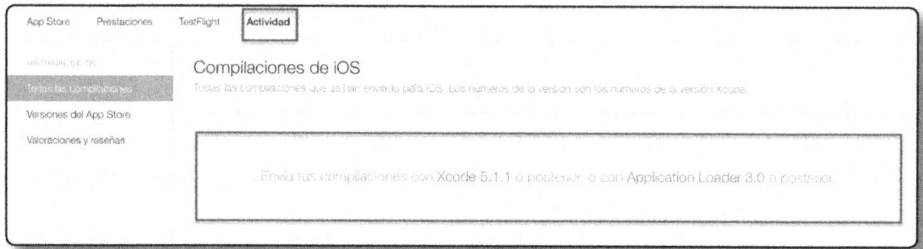

Este proceso se realiza por medio de Xcode. Abrimos el proyecto y nos aseguramos de que tenemos en nuestro **target** el equipo insertado. Es decir, nuestra ID de Apple vinculada con el proyecto:

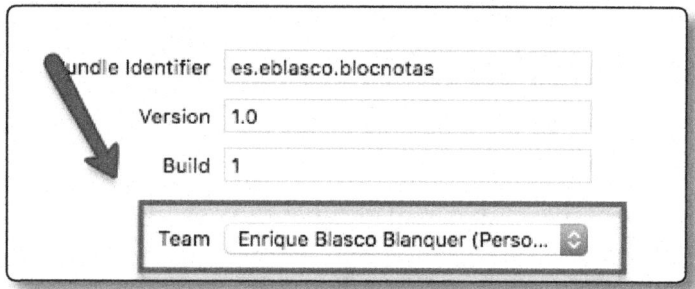

Para poder compilar la aplicación y que se encuentre disponible en el iTunes Connect debemos asegurarnos de no tener ningún dispositivo físico conectado en nuestra máquina por medio del USB; y, en el apartado de dispositivo de Xcode, seleccionar **Generic iOS Device**:

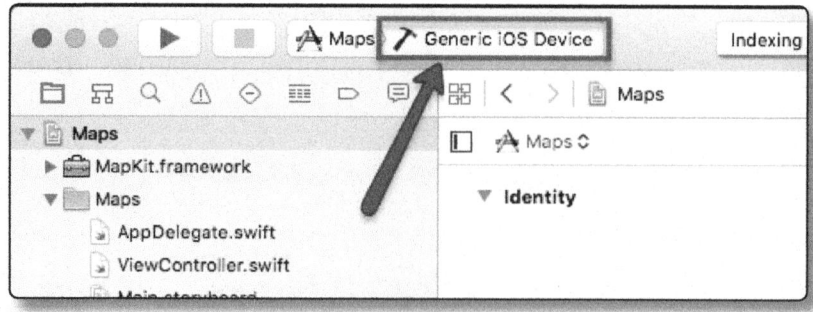

A continuación, en el menú principal de Xcode seleccionamos **Product** → **Archive** y nos aparecerá una ventana donde podremos seleccionar **Upload to App Store**:

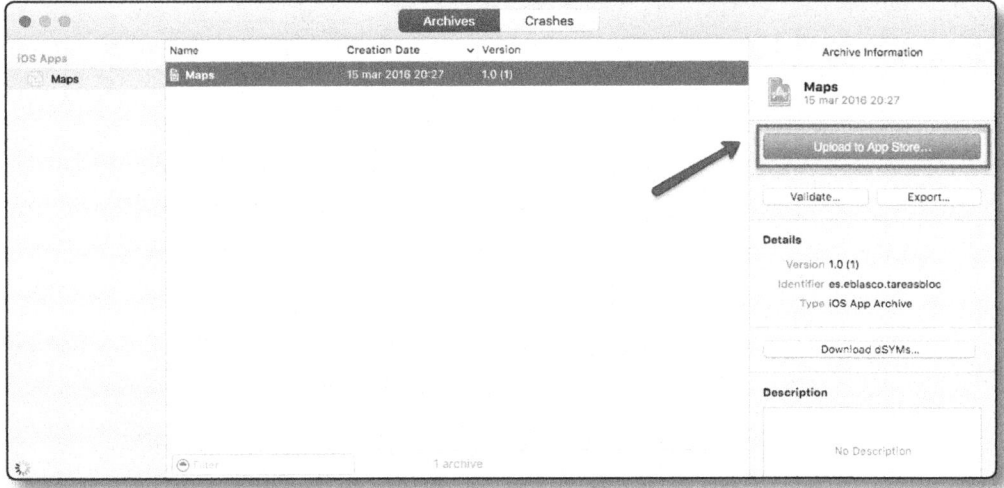

Una vez tengamos la aplicación cargada, podemos volver a la web de iTunes Connect y, pasado un tiempo (recarga la página varias veces), la aplicación recién subida aparecerá disponible en compilaciones. ¡Ahora a esperar la respuesta de Apple! Una vez ha sido aceptada podrás ver tu pequeña obra de arte disponible en la App Store.

Con esto concluimos este manual de desarrollo de aplicaciones iOS con Swift, pero para nada queda concluido el aprendizaje de esta tecnología. El único secreto para aprender bien es desarrollar un proyecto real donde te enfrentarás a problemas no planteados en los manuales. El mejor mecanismo para programar es aprender a aprender y saber resolver los problemas buscando alternativas para poder llevar adelante un proyecto.

1

ÍNDICE ALFABÉTICO

SÍGUENOS EN INSTAGRAM Y ACCEDE GRATIS A NUESTRA BIBLIOTECA DIGITAL DURANTE 30 DÍAS.

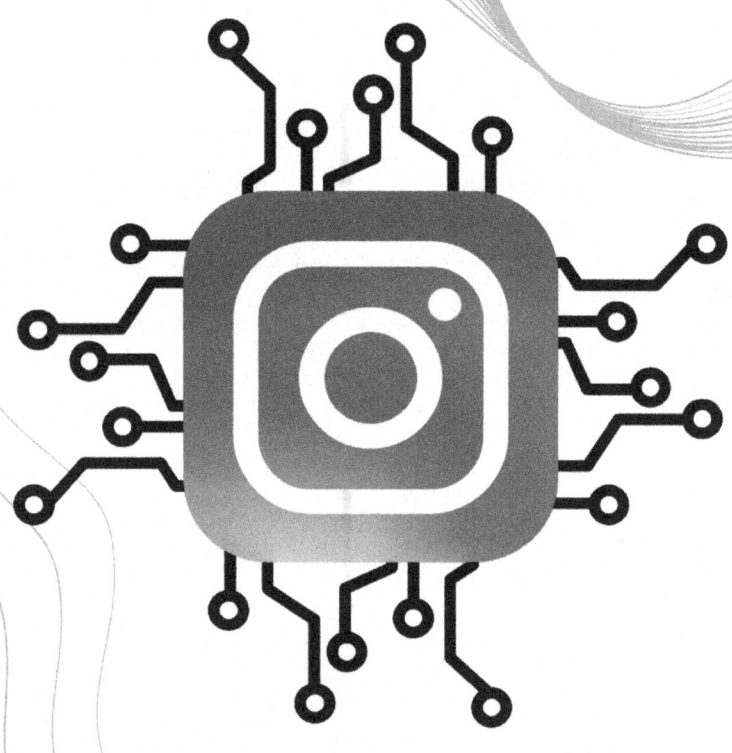

@grupoeditorialrama

¡ENVIANOS TU MAIL POR PRIVADO!

Grupo Editorial
ra-ma

40 ANIVERSARIO